旅游服务与管理专业“十二五”规划系列教材
国家示范院校专业建设项目成果

旅游政策与法规

LVYOU ZHENGCE YU FAGUI

主　编　张　涛
副主编　邹　萍　王继蒲
　　　　张高勇　陈文广

旅游政策法规作为调整旅游领域中各种社会关系的法律规范，对于解决旅游经济纠纷，理顺旅游活动中各利益主体之间的社会关系，促进我国旅游业的健康、快速发展，具有极其重要的意义

中国商业出版社

图书在版编目(CIP)数据

旅游政策与法规/张涛主编. —北京,中国商业出版社,(2019.8 重印)
ISBN 978-7-5044-7746-0

Ⅰ.①旅… Ⅱ.①张… Ⅲ.①旅游业-方针政策-中国②旅游业-法规-中国 Ⅳ.①F592.0②D922.296

中国版本图书馆 CIP 数据核字(2012)第 118698 号

责任编辑:唐伟荣

中国商业出版社出版发行
010-63180647 www.c-chook.com
(100053 北京广安门内报国寺1号)
新华书店发行
涿州市荣升新创印刷有限公司印刷

* * * * *

787×1092 毫米 开本:1/16 印张:11.25 字数:230 千字
2012 年 8 月第 1 版 2019 年 8 月第 3 次印刷

定价:28.80 元

* * * *

(如有印装质量问题可更换)

总序

随着中国经济发展的日新月异，人们的生活方式和生活观念也在悄然发生变化，在工作之余，越来越多的人们把休闲旅游度假作为一种时尚生活。同时，人们也认识到，通过休闲旅游不仅可以让人身心放松，还可以开阔视野，增长见识，增加知识。正可谓："读万卷书，行万里路"。因此，未来我国更加需要大量旅游服务管理专业人才来为人们进行专业引导和服务，旅游市场大有可为。

放眼世界，各国旅游业经历了持续快速的发展，旅游业已成了世界上最大规模的产业，越来越多的旅游目的地对旅游者开放，使旅游业成为了世界经济发展的重要推动力。即使在国际金融危机爆发的大背景下，旅游业虽然受到一定重创，但该产业的规模仍然占全球GDP9.4个百分点，为世界提供了2.35亿个工作岗位。世界每11.8个工作中，就有1个是旅游业提供的。就全世界范围而言，旅游业已成为世界上最重要的绿色产业之一。长远来看，旅游在推动世界经济发展中保持领先的角色。同时在保障就业和消除贫困方面，旅游业必定有更大贡献。

再就我国旅游业来看，虽然起步较晚，但发展迅猛。为此国家旅游局又修订并出台新的旅游法律法规。2009年底，国家出台《国务院关于加快发展旅游业的意见》(国发[2009]41号)，将旅游业定为全国战略支柱产业。2010年上海世博会上，每天接待游客达45万人次，足以证明旅游业成就不俗。再者，旅游业是关联性很强的产业，直接或间接带动相关联的产业和部门多达100多个，其产业关联效应明显。目前全国已有20多个省区市都把旅游定为支柱产业来优先重点发展。我们有理由相信，有政府的重视将使旅游业在国民经济增长和社会和谐发展方面扮演更加重要的角色。因此，我们特邀请全国部分旅游院校的领导和专家，齐聚北京，针对当前旅游业的发展和人才培养方面进行了研讨，从而组织编写了本套教材。

本教材在编写过程中主要突出以下几个特点：

1. 针对性

本套教材为旅游院校教材，针对当前的旅游从业人员的特点，安排教材内容和体系。采取课堂教学和实际操作、校外指导相结合的教学方式，从而使授者易教、学者易学。

2. 实用性

本套教材在编写之初就本着“必需”、“实用”的宗旨，既参考以前出版的教材内容进行“取舍”，又参考教育部教学大纲以及国家旅游局导游资格考试的新标准设置各科内容。使学生通过系统学习之后，掌握基础知识的同时又能在工作中发挥实际作用。

3. 创新性

本套教材在内容编排上，努力在总结专家学者经验的基础上，吸收和借鉴如德国的双元制教学模式、澳大利亚的 TAEF 模式、加拿大的 CBE 教学模式、瑞士旅游酒店管理教学模式等国外先进的教学模式进行编写。打破传统教材从概念到概念的写法。同时本套教材都配备 PPT 课件，以方便课堂教学。

诚然，本系列教材是示范院校教育教材改革与创新的阶段性成果，难免有不足之处，恳请广大专家、读者提出宝贵意见，以便日后修订时，使之不断完善。

旅游服务管理专业教材编委会

编写说明

伴随我国旅游业的快速发展，旅游对经济、社会生活产生的影响也越来越大。旅游政策法规作为调整旅游领域中各种社会关系的法律规范，对于解决旅游经济纠纷，理顺旅游活动中各利益主体之间的社会关系，促进我国旅游业的健康、快速发展，具有极其重要的意义。然而，需要我们清醒认识到的是，我国旅游高等教育在快速发展过程中也存在一定的问题，比如在人才培养目标上定位不清晰、在教学培养模式上理论教育与实践教学脱节等。有鉴于此，在本书的编写过程中，贯彻了国家最新颁布的有关旅游政策与法规的精神和要求。在内容选择和结构编排上注重高职高专学生的特点，在阐述旅游政策法规基础理论知识的同时，密切结合旅游服务和管理工作的实际。每章以“课前导读”开篇，让学生“知其然”，通过对本章的学习使学生“知其所以然”，最后通过单元实训的分析，让学生能够独立思考和举一反三，以增强学生对本章知识的理解和把握。

本书的编写突出了以下三个方面：

1. 理论完整，内容深入浅出，适合高职高专教学和学生阅读，使学生拿来能看，看了能懂，看完会用；

2. 课前导读、章节重点和单元实训的引入，使得章节体系更趋合理，阅读性强，淡化空洞的理论，强化学生实际解决问题的能力；

3. 部分知识内容具有前沿性，例如2009年新颁布的《旅行社条例》、《食品卫生安全法》在本书中都有涉及；有些章节内容有所创新，例如第二章，从我国传统文化出发讲解职业道德，使学生在了解我国厚重文化底蕴的基础上理解掌握职业道德的重要性，起到醍醐灌顶的作用；最后附录提供了解决旅游纠纷的文书和表格，实用性更强。

本书全面系统地介绍了与旅游相关的政策与法规，并注重将旅游政策与法规同旅游行业的实践紧密结合起来，通过案例分析等形式将相关的法律法规融会其中，充分体现了“学以致用”的理念，理论性与实践性兼备，学术性、知识性、适应性兼容，可作为高等职业学校旅游服务与管理专业教材，也可作为旅行社岗位培训和导游人员等级考试用书。

本教材共十一章，编写提纲由张涛拟定。具体分工为:第一章、第二章、第三章由张涛编写;第四章由桂林旅游高等专科学校邹萍编写;第五章、第六章由中国商报新闻出版总社培训中心王继蒲编写,第七、十一章由桂林国际旅行社高级导游员张高勇编写;第八章由桂林国际旅行社中级导游员，英文、日文双语导游员，中级翻译陈文广编写;第九章、第十章由张涛、邹萍编写。最后，由张涛对全书进行统稿。

在本书编写过程中，参考了大量的文献，并得到了许多专家、教授的热心指导与关注。此外，还吸收了许多网上专家学者的观点，如新浪、网易、维普资讯网、导游资格考试网、旅游指南网等网站，在此，谨向支持和帮助我们的老师、前辈及有关文献的作者和网站表示最诚挚的谢意!

由于我们的学术水平有限，书中难免有不当之处，恳请读者批评指正，以便再版时修改完善。

编者

2019 年 8 月

目 录

第一章　旅游法律、法规

※章节重点

1. 旅游政策
2. 旅游法律关系
3. 我国旅游法制建设的基本要求

※课前导读

党的十七大报告结合旅游发展的实际，提出在新时代、新形势之下找准旅游业的关注点，形成旅游业的新位置，要求旅游服务工业化，旅游改善招商引资的环境，成为工业发展的助力，通过工业旅游的发展，形成工业延伸的领域，进一步成为工业污染的制约因素；促进城镇化，旅游对于城市，具有整合资源、提升价值、改变形象、创造品牌的战略作用。同时，形成城市经济的增长极和扩散极，改善人居环境，进一步成为城市发展导向。在发展过程中，不仅培育了旅游产业，也使城市形成旅游发展的目的地，全面拉动城市发展质量和居民生活品位的提升；推动国际化，旅游是国际化窗口，是向国际化过渡的桥梁，需要国际化机制的培育，促进社会的开放，并使广大群众的国际化心态正常化；参与新农村建设，旅游是新农村建设的亮点，创造了农村市场化发展的模式，形成了农业资源的全面整合，使农产品附加值就地提高。同时，增强了农民对于当地文化的自信心，促进了传统文化的保护，提高了农民生活的尊严感。

第一节　旅游法律关系

1. 旅游法律关系的概念及特征

旅游法律关系，是指由旅游法律规范所确认、调整的，在旅游活动过程中形成的具有旅游权利和旅游内容的当事人之间的权利与义务关系。在现实生活中，公民之间、法人之间、公民与法人之间随时都会发生这样或那样的社会关系，上述主体在旅游活动中所形成的社会关系，一旦被旅游法律调整后，就具有旅游权利、义务的内容，成为旅游法律关系。旅游法律关系具有不同于其他社会关系的特征。第一，必须以现存的旅游法律规范为前提。没有相应的法律规定，当事人之间发生的关系，就不具有法律关系的性质。第二，旅游法律关系具有旅游权利和旅游义务的内容，双方当事人相互享有旅游权利，承担旅游义务。第三，旅游法律关系是由国家强制力作保障，具有强制性的社会关系。第四，旅游法律关系，属于思想的社会关系，具有特殊的意志性。旅游法律关系表现为旅游法律规范，体现国家意志；旅游法律关系的产生、变更和消灭要通过当事人的意志表示来完成。

2. 旅游法律关系的构成要素

旅游法律关系同其他法律关系一样，也是由主体、客体、内容三大要素构成的，三要素相互联系和制约，缺一不可。

(1)旅游法律关系的主体。旅游法律关系的主体是指旅游法律关系中享有旅游权利和承担旅游义务的当事人。在旅游法律关系中，必须有两个以上的当事人参加，才能构成旅游法律关系。旅游法律关系的主体，必须具备旅游法律关系的主体资格，这种资格是由法律规定的。在我国，能够作为旅游法律关系主体的当事人主要有：旅游者（包括国际旅游者、国内旅游者）、旅游企事业单位（如各类旅行社、各类旅游饭店、各类旅游交通运输部门、各类旅游资源管理部门）、各级旅游行政管理部门（包括国家旅游局和各级地方旅游局）以及外国旅游组织。

(2)旅游法律关系的客体。旅游法律关系的客体是指旅游法律关系主体之间权利和义务所指向的对象，通常主体都是围绕一定事物设定权利、义务的，没有客体，主体的权利、义务就会失去目标，权利、义务是否实现也无法衡量。旅游法律关系的客体主要有以下四种：

①物。指在旅游法律关系中可以作为财产权利对象的物品或其他物质财富。这些物品或物质能为人们所控制，并且具有经济价值。作为旅游法律关系客体的物十分繁多，可分为五大类：

a. 旅游景观，如旅游景区、景点等。

b. 旅游设施，如旅游酒店、车辆等。

c. 旅游商品，如地方特产等。

d. 货币和有价证券。

e. 其他，如旅游者的物品等。

②行为。指在旅游法律关系中主体行使权利、履行义务的活动。例如，旅游企业职工利用旅游资源或设施为旅游者提供的一系列分工合作的劳务活动，像翻译、导游服务等；再如，各级旅游行政管理部门、旅游经营单位内部行使与担负的与旅游职能相适应的管理活动所做出的行为等。

③智力成果。指旅游法律关系主体在从事智力活动中所创造的成果。例如某旅游企业的注册商标（包括商品和服务）、法人名称、标识、某一项管理方案等。

④人身权益。指和人身不可分离、不直接具有财产内容但和财产有着密切联系的利益。包括名誉、荣誉、姓名、名称、生命健康、智力成果中的人身利益等。

旅游法律关系的客体具有交互性特点，表现为主体之间的权利、义务共同指向的对象不一定是单一的。如旅游者与旅行社订立的旅游合同，除了得到相应的服务外，最终目的还要通过旅游资源、旅游设施满足旅游者的旅游需要，这种客体我们称之为复合客体。

(3)旅游法律关系的内容。旅游法律关系的内容是指旅游法律关系主体所享有的旅游权利和承担的旅游义务，它反映着旅游法律关系主体的具体要求，决定着旅游法律关系的实质。在旅游法律关系中，一般情况下，旅游权利和旅游义务是相互对立、同时存在的，一方主体的旅游权利，就是另一方主体的旅游义务，反之亦然。只有双方主体都依照旅游法律、法规的规定，既享受旅游权利，又履行旅游义务，旅游法律关系才能正常地实现。

3. 旅游法律关系的产生、变更和终止

旅游法律关系的产生，是指在当事人之间建立起旅游法律关系；旅游法律关系的变更，是指旅游法律关系的主体、客体、内容发生了变化；旅游法律关系的终止，是指当事人之间的旅游法律关系消灭。旅游法律关系的产生、变更和终止要有一定的根据，这根据就是旅游法律事实。所谓旅游法律事实，是由旅游法律所确认的，能够引起旅游法律关系的产生、变更和终止的客观情况。

旅游法律事实包括旅游法律事件和旅游法律行为两种。

(1)旅游法律事件，是指不以当事人的主观意志为转移的客观事件。例如在旅游活动中发生的地震、滑坡、水灾、风灾等自然现象或因战争、动乱等社会现象导致旅游活动受阻，或者旅游者的伤病、死亡、失踪事件，以及旅游活动中的其他意外事故等。

(2)旅游法律行为，是指旅游法律关系主体有意识的、自觉活动的结果。在旅游活动中，旅游法律行为是引起旅游法律关系发生、变更和消灭最常见、最普遍的现象。例如旅游团队办理住店手续、离店手续，前者使旅游法律关系产生，后者使旅游法律关系终止。旅游法律关系一经形成，就受国家法律的保护。国家对旅游法律关系的保护，是通过监督旅游法律关系主体正确行使权利、切实履行义务，并对侵犯旅游法律关系主体或不履行法定义务依法追究法律责任、实施法律制裁来实现的。旅游法律关系的保护机构主要有仲裁机构、审判机构、检察机构以及银行机构等；旅游法律关系保护的法律手段主要是民事法律手段、经济法律手段、行政法律手段和刑事法律手段。

旅游法律事实具有以下三个特征：

①由旅游法律确认。没有由旅游法律确认的事实，不能作为旅游法律事实，不能引起旅游法律关系的产生、变更和终止。如涉外旅游合同，法律只确认了书面形式，而没确认口头形式，因而口头形式不是引起涉外旅游合同法律关系的产生、变更和终止的法律事实。

②是客观存在的。主观意识不能作为旅游法律事实。

③能够引起旅游法律关系的产生、变更和终止。如旅游者在游览时对风景的评价，不能引起旅游法律关系的产生、变更和终止，因而不能成为旅游法律事实。

4. 旅游法律关系的保护

(1)保护机构：旅游行政管理机关，相关的国家行政机关、司法机关。

(2)法律关系的保护措施：(1)行政措施，包括奖励和处罚的办法；(2)民事措施，判令支付违约金和赔偿金及赔礼道歉是经常采用的措施；(3)刑事措施，追究刑事责任，通过刑罚来实现。

※课前导读

旅游业是战略性产业，资源消耗低，带动系数大，就业机会多，综合效益好。改革开放以来，我国旅游业快速发展，产业规模不断扩大，产业体系日趋完善。当前我国正处于工业化、城镇化快速发展时期，日益增长的大众化、多样化消费需求为旅游业发展提供了新的机遇。为充分发挥旅游业在保增长、扩内需、调结构等方面的积极作用，现就加快发展旅游业提出如下意见：……（十四）加强规划和法制建设。制定全国旅游业发展规划。旅游基础设施和重点旅游项目建设要纳入国民经济和社会发展规划。编制和调整城市总体规划、土地利用规划、海洋功能区划、基础设施规划、村镇规划要充分考虑旅游业发展需要。制定国民旅游休闲纲要。设立“中国旅游日”。落实带薪休假制度。抓紧旅游综合立法，加快制定旅游市场监管、资源保护、从业规范等专项法规，不断完善相关法律、法规——国务院关于加快发展旅游业的意见（2009 年 12 月 1 日）。

第二节　我国的旅游法律、法规

一、我国旅游法制建设的概况

在我国，现代意义上的旅游立法是从上个世纪70 年代末开始的，为了保障现代旅游业的健康发展，我国在颁布的众多民事和经济的法律和法规中，十分重视对旅游业的法律保护。但是，由于旅游活动领域存在着某些不同于一般经济或民事关系的特殊的权利、义务。仅靠通用性法律的一般原则和规定，不足以调整这些特殊的权利、义务。这样，调整旅游社会关系的专门法律、法规也不断出台。所以，目前我国有两类法律和法规调整旅游社会关系。一类是通用的法律、法规，如《中华人民共和国合同法》、《中华人民共和国环境保护法》、《中华人民共和国中外合资经营企业法》、《中华人民共和国公司法》、《中华人民共和国反不正当竞争法》、《中华人民共和国消费者权益保护法》等等。尽管这些法律从立法意图上不是专门针对旅游社会关系制定的，但事实上它所提供的法律原则和规定也适用于旅游事业。另一类是专门调整旅游关系的法律、法规。旅游业在我国是一个新兴的产业部门，旅游专门立法工作起步较晚。1985 年 5 月 11 日，国务院颁布了《旅行社管理暂行条例》，这是我国第一个关于旅游业管理方面的法规。该《条例》施行后，相继有几十个专门法规问世。这些法规在实践中也在不断地修改和完善。目前我国已经制定的旅游法律、法规主要有：2009 年 5 月 1 日正式实施的新的《旅行社管理条例》、《导游人员管理条理》、《风景名胜区管理暂行条例》、《旅行社质量保证金暂行规定》、《旅馆业治安管理办法》、《中华人民共和国评定旅游涉外饭店星级的规定》、《旅游投诉暂行规定》、《娱乐场所管理条例》、《旅游安全管理暂行办法》等。这些法律、法规从制定的部门来看，有的是国务院批准的旅游法律、法规，有的是国家旅游局单独或会同有关部门制定的法规。除此之外还有大量的地方政府制定的有关地方旅游的法规，但是至今尚没有统一的旅游基本法，从理论上说，我国旅游法律制度应该是以《中华人民共和国旅游法》居主导地位的完整的法律、法规体系。旅游基本法作为我国旅游事业发展的根本大法，应该规定旅游业的发展宗旨和政策原则，以确保旅游业的健康发展。从各国旅游立法的实践来看，大多制定有旅游基本法，比如美国的《全国旅游政策法》，日本的《旅游基本法》，以及墨西哥的《旅游法》等，都是具有旅游“宪法”地位的基本法。所以旅游基本法的缺位，不能不说是我国旅游法律制度中的重大缺陷。

二、我国旅游法制建设的基本要求

有法可依、有法必依、执法必严、违法必究，是社会主义法制的基本要求，也是我国社会主义法制建设正反两方面经验的科学总结。它既体现了社会主义法制建设的基本规律，又是对我国旅游法制建设的总体要求。

1. 有法可依。是指要重视旅游立法工作，根据旅游业发展的需要，完善旅游法律制度，使旅游业发展的各项工作能在法律轨道上运行。这是实现社会主义法制建设的重要前提。与国民经济其他部门相比，我国旅游业是一个新兴的产业部门，法制建设起步较晚，但国务院旅游行政管理部门十分重视法制建设，为我国旅游业健康发展提供了保障。

2. 有法必依。是指各级旅游行政管理部门、相关行政管理部门、旅游企事业单位、旅游从业人员及旅游者在从事各项旅游活动中，都要严格遵守和执行法律，切实依法办事、依法行政、依法经营，不得违反法律规定。这是加强旅游法制建设的关键所在。

3. 执法必严。是指国家的各级旅游行政管理机关及其工作人员，在执行法律、法规时，必须严明，一丝不苟，认真按照规定的法律程序、法规内容和精神办事，要以事实为根据，以法律为准绳，保证旅游法律、法规的正确实施。这是加强旅游法制建设的重要条件。

4. 违法必究。是指对一切违法行为都必须依法、平等地加以追究与制裁，不允许有任何例外，以维护旅游法律、法规的尊严。这是旅游法制建设得以实现的有力保障。

三、总体要求

1. 指导思想

以邓小平理论和“三个代表”重要思想为指导，深入贯彻落实科学发展观，进一步解放思想，深化改革开放，加强统筹协调，转变发展方式，提升发展质量，把旅游业培育成国民经济的战略性支柱产业、人民群众更加满意的现代服务业。

2. 基本原则

坚持改革开放，破除体制机制性障碍，充分发挥市场配置资源的基础性作用，走内涵式发展道路，实现速度、结构、质量、效益相统一；坚持以人为本，安全第一，寓管理于服务之中，不断满足人民群众日益增长的旅游消费需求；坚持以国内旅游为重点，积极发展入境旅游，有序发展出境旅游；坚持因地制宜，突出优势，推动各地旅游业特色化发展；坚持节能环保，合理利用资源，实现旅游业可持续发展。

3. 发展目标

到2015年，旅游市场规模进一步扩大，国内旅游人数达33亿人次，年均增长10%；入境过夜游客人数达9000万人次，年均增长8%；出境旅游人数达8300万人次，年均增长9%。旅游消费稳步增长，城乡居民年均出游超过2次，旅游消费相当于居民消费总量的10%。经济社会效益更加明显，旅游业总收入年均增长12%以上，旅游业增加值占全国GDP的比重提高到4.5%，占服务业增加值的比重达到12%。每年新增旅游就业50万人。旅游服务质量明显提高，市场秩序明显好转，可持续发展能力明显增强，力争到2020年我国旅游产业规模、质量、效益基本达到世界旅游强国水平。（国务院关于加快发展旅游业的意见2009年12月1日）。

※课前导读

旅游业是战略性产业，资源消耗低，带动系数大，就业机会多，综合效益好。改革开放以来，我国旅游业快速发展，产业规模不断扩大，产业体系日趋完善。当前我国正处于工业化、城镇化快速发展时期，日益增长的大众化、多样化消费需求为旅游业发展提供了新的机遇。充分发挥旅游业在保增长、扩内需、调结构等方面的积极作用，成为我国旅游发展战略的关键。

第三节　我国旅游发展战略

一、二十年来我国旅游业的成就与经验

1. 成就：

实现了由旅游资源大国向亚洲旅游大国的历史性跨越，取得重要成就：

（1）三大市场全面发展，市场前景日益广阔。入境旅游持续快速发展；国内旅游方兴未艾；出境旅游稳步发展。

（2）旅游供给全面增长，产业规模不断扩大。

（3）综合功能全面发挥，增长点的特征日益显现。

（4）国际地位不断提高，国际合作日益活跃。

（5）走出了一条具有中国特色的旅游业大发展道路，探索和创造了一系列对今后工作有重要指导意义的宝贵经验。

2. 经验：

（1）发展中国旅游业必须以邓小平理论及其旅游经济思想为指导。

（2）立足中国国情，借鉴国际经验，坚持走有中国特色旅游业发展之路。20年来，我国旅游业经历了从单一入境旅游到入境旅游、国内旅游两个市场和到入境旅游、国内旅游、出境旅游三个市场的发展过程，并由此而确定了“大力发展入境旅游，积极发展国内旅游，适度发展出境旅游”的总方针。

（3）必须坚持以改革开放统揽旅游业发展的大局。

（4）必须坚持将旅游业作为经济产业来发展。

（5）必须坚持政府主导型的旅游发展战略。

（6）必须坚持大产业、大市场、大旅游的发展方向。

（7）必须坚持可持续发展的原则。在旅游资源开发中，坚持经济效益、社会效益和环境效益并重。

（8）必须坚持依法治旅的原则。这是管理和发展旅游业的基本方略，是促进我国旅游业

健康发展的根本保障。

二、今后二十年中国旅游业的目标

实现从亚洲旅游大国向世界旅游强国的历史性跨越：

(1)在国际旅游接待和创汇水平上，通过今后20年的努力，追上意大利、法国、西班牙这些世界一流的旅游强国，使我国的旅游创汇水平名列世界前茅。

(2)在接待入境过夜旅游者人数上，逐步追赶上上述国家，把世界旅游组织关于到2020年中国将成为世界第一位旅游接待大国的预测变为现实。

(3)在国内旅游方面，使我国的国内旅游收入有更大的突破，在吸引消费、扩大内需、拉动经济增长方面做出更多的贡献。

(4)在出境旅游的规模上，随着我国经济社会的发展和人民生活水平的提高，在今后20年中，出境旅游规模会稳步扩大，很有可能像世界旅游组织预测的那样，到2020年中国公民出境人数达到世界第四位。

(5)在其他经济指标方面，使我国旅游业从国民经济的新增长点发展成为我国国民经济的支柱产业，在国计民生中确立更加重要的地位。

(6)通过今后20年的努力，全面提高我国旅游产业的综合素质，全面改善我国旅游业发展的配套条件，全面加强我国旅游业发展的配合和支持体系，把我国的旅游经济发展水平和旅游管理服务水平全面提升到世界先进水平。

※单元实训

实训：

1. 实训资料

2008年3月，法国一旅游团来华旅游，北京的某旅行社作为接待社派出了导游员陈某担任该旅游团的导游。在旅行游览过程中，陈某以流畅、生动的讲解和细致周到的服务赢得了该团游客的一致好评，陈某与游客相处得格外融洽。一天晚上，陈某在某客人的房间与客人聊天时，发现该游客的名牌手表非常精致，便询问价格，发现比在中国购买要便宜得多，于是便与该游客商量，买下了这块手表。后来此事被旅游行政管理部门发现，陈某因此受到了旅游行政管理部门的处罚。

2. 实训问题

导游员陈某购买游客手表的行为是否正确？为什么？

第二章　中国传统旅游文化与旅游职业道德

※章节重点

1. 旅游职业道德
2. 社会主义旅游职业道德规范

※课前导读

“旅游与文化有着不可分割的关系，而旅游本身就是一种大规模的文化交流，从原始文化到现代文化都可以成为吸引游客的因素；游客不仅汲取游览地文化，同时也把所在国的文化带到游览地，使地区间的文化差别日益缩小。绘画、雕刻、摄影、工艺作品，是游人乐于观赏的项目；戏曲、舞蹈、音乐、电影又是安排旅游者夜晚生活的节目；诗词、散文、游记、神话、传说、故事，又可将旅游景物描绘得栩栩如生。”《中国大百科全书·人文地理学》。

第一节　中国传统旅游文化

一、中国传统文化与旅游

中国传统文化是中华民族在中国古代社会形成和发展起来的比较稳定的文化形态。中国传统文化是具有非凡融合力和会通精神的文化，这种文化注重和谐，把人与自然界有机联系起来，对待诸家学说采取兼容并蓄的学术主张。传统文化是文明演化而汇集成的一种反映民族特质和风貌的民族文化，是民族历史上各种思想文化、观念形态的总体表征。而旅游，在一定程度上对传统文化的扩展无不是一个很好的载体，由旅游人群流动带来的文化交流更把传统文化与现代文明相交融起来。

根据旅游的本质特征，旅游具有更高层次的满足人们发展需要的功效，其为人们的发展提供更为广阔的前景和后续空间，而旅游本身也在人类这一更高层次需要的刺激和推动下，获得更大的发展。人们在旅游过程中通过看、听、交流获得新信息和新知识，可以受到爱国主义和革命传统教育，掌握当代人类创造的物质文化、精神文化和社会文化的新成就，更新观念和思维方式。人们需要通过旅游去充实、提高、发展自己，旅游能满足人们的这种需要。我国是世界上唯一有古老历史记载又从未中断的国家，数千年的文明发展史，记载了我们国家和民族盛衰变化、强弱意识的曲折历程，也记录着中华民族的聪明智慧、创造发明以及对人类曾做出的卓越贡献。因此，中国传统文化也是当今旅游资源的主要内容。

传统文化不仅丰富了现代旅游业的内容，同时在旅游中也得到广泛的弘扬与传播。中国人文旅游方面可吸引国际游客的，首先是中国传统文化，可见旅游对中国传统文化的扩散与弘扬，使中国传统文化走向世界所起的作用。旅游文化是一种全球化文化，通过旅游这一行为，把中国传统文化推向全球，实现中国文化走向世界；而传统文化极大地丰富了旅游活动的内容，同时本身也得到广泛的传播。将中国传统文化与旅游活动紧密结合起来，无论是对于我国传统文化的研究与传播，还是我国旅游事业的发展都是具有长远积极意义的。

二、中国传统文化中的几种旅游观念

先秦诸子百家是后世政治文化发展的奠基者和实践者，也是传统旅游文化最早的实践者和建设者。尤其是儒家和道家的思想，其中蕴含着许多至今仍然具有一定积极意义的和谐旅游基因。

1. 主张“父母在，不远游，游必有方”

儒家思想的理论核心是“仁”，“仁”以“孝悌”为本。因此，儒家旅游的前提是“三年之丧，练不群立，不旅行”。旅游必须符合“君君、臣臣、父父、子子”的“忠孝节义”以及修身养性、礼乐教化和齐家治国平天下等思想。所谓“父母在，不远游”，是从人伦的角度，希望为人之子不忘其亲，好赡养父母。更何况出行旅游，未必一定要远游，近游也可以达到锻炼身体、陶冶情操的目的，还可以与父母家人共享天伦之乐。就“父母在，不远游”的本质而言，它体现了一种原始的、质朴的人文精神，那就是对人，尤其是对人的精神情感需求的尊重，对家庭感情需要的尊重。这种对家庭感情的尊重，无疑有利于家庭和谐，也是我们今天建设和谐社会的主要内容之一。因为家庭是社会的最小细胞，家庭和谐是社会和谐的基础。“父母在，不远游”并非绝对的，不能改变的。如果不得已而需要远游，就应该“游必有方”，即制定远游的方向和计划。所谓有方向，是告知父母旅游的时间、地方，以免父母担心受怕。因为子女离家远游，必然使父母牵挂不安，俗话说的“儿行千里母担忧”，就是对为人父母者这种心态的真实写照。所谓有计划，应该包含两个方面：一是家庭生活的计划，家庭生活安排好了，父母生活安排妥当了，这时出门旅游，才没有后顾之忧。反之，则是不孝，就不应该远游。二是自己出游的计划，要有目标、有目的地去锻炼意志和品德，增长知识，接触社会，培养个性，实现远大志向和抱负，而非无所事事的滥游闲逛、打发消磨宝贵的青春时光。

2. 主张“知者乐水，仁者乐山”

“知者乐水，仁者乐山。知者动，仁者静。知者乐，仁者寿。”仁人君子应该爱山爱水，游观山水。因为自然山水之美类似仁人君子的品格美德，游观自然山水能给仁人君子以美的艺术享受。提倡的是人与自然的和谐，即生态和谐。“知者乐水，仁者乐山”，体现了对旅游认识、旅游态度的多元共存。人们对孔子“知者乐水，仁者乐山”的最多的一种解释就是，聪明的人喜欢水，仁爱的人喜欢山。虽然在孔子的思想里，他更推崇乐山的仁者。但其实无论是仁者还是知者，他们都是生活中具有修养的君子，并无高下之别，就像自然界的山与水从无争胜之心一样，它们互为映衬，共成山水。知者上善若水，海纳百川；仁者高山仰止，厚德载物。从古至今，山和水都是人们日常生活中最常见的自然景物。究竟是钟情于游山，还是流连于玩水，是人们根据自己对自然景物的喜爱和偏好而做出的决定，或许是长期因地理环境和文化熏陶而成的个性特点使然。旅游主体文化人格的塑造，是建立在人性发展基础上的，无论是喜爱山还是亲近水，它主要不是为了解决人们的物质需要，而是为了满足人们的精神享受。在当时的条件下，这种精神享受无疑要受旅游生活的背景和条件、旅游生活的内容和形式的限制，呈现出所谓的“知者乐水，仁者乐山”地域性的特点，甚至构成了未来的旅游文化研究的特定领域。“知者乐水，仁者乐山”，它实际上是人们对旅游对象主观认识的反映，也是人们对旅游认识和态度多元共存的体现，多元性是和谐旅游文化的本质表现，它有利于和谐旅游文化的发展。

3. 主张“逍遥游”

《逍遥游》是庄子的哲学名篇。所谓“逍遥游”是指不计功利，不借任何外力，不受任何限制和约束的自由遨游。道家认为，旅游者应该去观览万事、万物的自然真貌，人生与自然的真谛，即“道”——“自然皆道”。一句话，旅游就是逍遥，就是使游子获得精神上的满足和自由。因此，“逍遥游”就是道家崇尚自然，反对束缚，主张自由自在、无羁无绊的旅游宗旨，即无己、无功、无名的非功利旅游思想，追求的是人与人的和谐，即社会和谐。“逍遥”就是悠游自得，无拘无束，自由自在。庄子的“逍遥游”所表达的是一种游戏主义的、独特的旅游观念和视角，希望通过各种旅游吸引物和自然环境，使人最大化地感受自然和人文历史的和谐、美丽，并且获得极高的身心愉悦、审美情趣，达到“无己”的心理放松。可见，庄子逍遥游的精神，即是在于体认自我、存在真我，由忘我偏见的破除，而追求人生的真我，以求逍遥。如今，旅游者把“逍遥游”视为休闲旅游的最高境界，人们在法律和道德的范围内，无拘无束、自由自在地游玩，追求心灵的净化和放松。使旅游者在游览中回归自然、放松心情，获得精神和感官的愉悦，是对休闲游的继承和发展，也是旅游与旅游文化发展到较高层次的体现。“逍遥游”对坚持以人为本，建立和谐旅游文化具有一定的积极意义。旅游开发者将“逍遥游”作为一种高层次的休闲度假，兼具神秘和深厚文化色彩的旅游产品，进而将其作为旅游开发、旅游产品创新和旅游市场开拓的重要理论基础。它适应了人们对旅游目的地更新更高的要求，强化了旅游的心理愉悦功能，更注重旅游者精神层面的体验，强调了旅游者与旅游产品之间的交流互动，有助于旅游本身精神价值的提升和推动，真正满足审美需求和至高的精神享受，达到“逍遥游”的最高境界。这无疑是建设和谐旅游文化所追求的目的之一。

4. 主张“天地有大美”

道家认为“天地有大美而不言，四时有明法而不议，万物有成礼而不说”，自然状态是和谐而有规律的，并蕴含着内在美的状态。自然本身就是一种完美的状态，无需经过人化的过程。因此，主张顺应自然，回归自然，反对人化。提倡一种自然审美观，追求人与自然的和谐。道家思想倾向于自然化、生态化。庄子认为“天地有大美而不言，四时有明法而不议，万物有成理而不说”。这是从自然主义的视角，对生态自然美所做的解释。自然生态系统有其自身的生长规律，而人生于自然，就必须融于自然，必须在自然现实的环境条件下才能生存，也必须遵循自然的法则才能发展。这是道家生态美学所理解的人与自然的关系。道家最终认同的人与自然和谐的观点，即“道法自然”，强调人要以尊重自然规律为最高准则，以崇尚自然效法天地作为人生行为的基本皈依，达到“天地与我并生，而万物与我为一”的境界。因此，道家要求人类发展与自然界的伙伴合作关系，呼唤人类的生态和谐审美意识和环境伦理道德修养，构筑了道教生态和谐美的理论基础，成为我们今天认识和理解生态环境的重要标准，并在生命和环境的自然和谐关系中发挥更大的作用。

5. 主张“天人合一”

“天人合一”是中国传统文化的出发点与归宿点。它强调的是“天道”和“人道”、“自然”和“人为”的息息相通及和谐统一。无论是儒家旅游思想还是道家旅游思想，都遵循“天人合一”的思想，认为人与自然（天）的关系是和谐统一的亲密关系。孔子提出“知天命”，“天生德于予”，表达了人与天之间存在着一定的联系。“岁寒然后知松柏之后雕也”，强调了自然山水之美，人与自然之间的可比性、协调性。

道家从遵循自然规律，以求得精神自由的角度来讲“天人合一”，讲自然美。老子说：“人法地，地法天，天法道，道法自然。”指出人对自然现象和自然规律的依赖性，保持自然本性的天然美，实现人与自然的和谐统一。因此“天人合一”的本质就是“主客合一”，就是主张人与自然界的统一。如此一来，“天人合一”就将人类观察思考的范围和视野，由封闭狭隘、自私保守的人生，进而扩展到全社会，再进一步扩展到整个宇宙，然后形成为精深博大的历史胸襟。“天人合一”通过肯定天地万物的内在价值，主张以仁爱之心对待自然，将天道人伦化的同时又将人伦天道化，以期通过家庭、社会进一步将伦理原则扩展到自然，毫无疑问这是以人为本的价值取向和人文精神的体现。“天地万物一体”，与大自然和谐相处的“天人合一”说，还对旅游开发规划，缓和人与自然的矛盾、走出生态危机等，具有广泛的指导意义。

※课前导读

文花枝同志是湖南省湘潭新天地旅行社一位23岁的女导游员。2005年8月28日下午，她所带的旅游团一行28人赴延安旅游，当乘坐的旅游大巴车行驶到洛川县境内时，发生严重交通事故，造成6人死亡，14人重伤，8人轻伤。事故发生时，文花枝左腿严重受伤，九处骨折，胫骨断裂，腰部以下被卡在座位里，不能动弹。危急关头，文花枝从容镇定，一边大声呼救，一边安慰客人。身为导游，座位在车门旁，但她对最先到达并对她施救的人员说：“我是导游，后面都是我的游客，请你们先救游客。”就这样，文花枝强忍剧痛近两个小时，直到最后一名游客被送上救护车，她才接受救援。由于耽误了最佳救治时机，最终导致其左腿高位截肢。如今，坐在轮椅上的文花枝身处逆境，依然笑对人生，以积极乐观的心态感染着周围的每一个人。作为一名年轻导游员，文花枝同志在平凡的岗位上，做出了不平凡的壮举，展示了崇高的思想境界，谱写了完美的人生乐章。

第二节　旅游职业道德

一、社会主义职业道德的主要内容

社会主义职业道德是一种新型的职业道德，它继承了历史上各种职业道德的优良传统，是人类职业道德发展的崭新阶段。社会主义职业道德的基本内容，是社会主义各种职业共同的、必须遵守的道德规范。

1. 爱岗敬业

“爱岗敬业”是职业道德的第一要义，是对职业工作者最普遍、最基本的道德要求。它也是社会主义基本道德规范之一。尤其在工作繁忙、劳动强度大的时候，更能体现出从业人员这方面的道德水平。“爱岗敬业”对任何行业都非常重要，尤其是对涉及他人生命、财产安全的行业，更是“重中之重”。

2. 诚实守信

在市场经济条件下，各行各业都面临着激烈的竞争，“诚实守信”不仅是旅游从业人员个人的品质问题，也是个人与旅游企业能否在竞争中取胜的关键。市场经济要求“诚信”，社会主义职业道德呼唤“诚信”。职业信誉是一个经营道德问题，不讲职业信誉，不仅损害用户利益，而且还从根本上违背了社会主义企业为人民服务的宗旨。

3. 办事公道

公道，即公平合理。在买卖过程中要求价格合理，赚取利润合法、合理，并自觉维护消费者的权益；国家工作人员在执行公务过程中，应一视同仁，公平对待。

4. 服务群众

在社会主义社会里，无论从事哪种职业都是为人民、为社会服务。各种职业、各种岗位之间都是“互相协作、互相服务”，自己既为别人工作和服务，别人又为自己工作和服务，人人既是服务者，又是服务对象。比如，一个医生信守医德，为病人解除痛苦，为社会尽义务，而当他走入商店购买东西或乘飞机去旅游时，他又成为别人的服务对象。因此，在职业活动中，每个从业人员要牢记人民利益高于一切，时时以人民利益为重，热情、主动、积极地干好本职工作，为满足人民日益增长的物质文化需要，不断改进服务态度，提高服务质量。同时，对那些不关心群众疾苦、损害群众利益、败坏职业道德的不正之风，应坚决予以批评和抵制，对各行各业中存在的利用手中职权，贪污腐化、收受贿赂的丑恶现象，更应该敢于揭发。

有人因一时的轰轰烈烈而名扬四海，有人却因平凡的点滴而更耐人寻味。古语云：“勿以善小而不为，勿以恶小而为之。”在姚玉华（见本章的实训三材料）身上，我们看到的不单是捡起几张纸这么平凡的行为，而是这平凡之中蕴含的一种意识，一种自觉维护宾馆环境的整洁优美的良好的职业道德；相比之下，那些随地扔纸屑杂物的人，显得太不注意小节。有一句古语说得很好：欲达天下，则先善其身。服务工作非小事，而良好的工作气氛的形成，必少不了积极的、优秀的每一个分子。因此，从自己做起，从每一部门做起，那么宾馆的“大气候”才会形成，令宾馆生气盎然，令客人乐而忘返。

5. 奉献社会

人的价值具有双重性，具体表现为个人的社会价值与自我价值。人的社会价值的大小，取决于个人对社会所作奉献的多少；人的自我价值是指在社会生活和社会活动中，社会对个人和自己对自己作为人的存在的一种肯定。自我价值是社会价值的必要前提，社会价值是自我价值的外在体现。一个完全脱离社会，不为社会作任何奉献，一味强调社会、他人对自己尊重，强调个人需要的满足，是不合理的，也是不能实现的。援藏干部孔繁森就是奉献社会的楷模！他追求的是社会价值，对于自我价值，他只字不提，但他最终赢得了全体中国人对他的尊重。

在职业道德规范中，爱岗敬业是社会主义主人翁精神的表现，诚实守信是职业生活的基本规范，办事公道是职业行为的重要内容，服务群众是社会主义道德的重要内容，奉献社会是人生价值的具体体现。

二、旅游职业道德的内涵

旅游职业道德是社会主义职业道德的一个组成部分。具体来讲，旅游职业道德是指旅游从业人员在从事旅游职业活动时，在职业生活中应遵循的道德准则和规范，以及与之相应的道德观念、情操、品质和职业行为。在结构上，道德由意识体系、规范体系和活动体系三个方面组成。社会主义旅游业职业道德意识，主要由政治意识、服务意识和敬业意识三个方面组成。

1.旅游职业道德的政治意识

政治意识是社会主义旅游职业道德意识中其他内容的基础和前提。在社会主义旅游职业道德的政治意识中，主要是爱党、爱社会主义，最为重要的是爱国主义的意识。中华民族是富有爱国主义光荣传统的伟大民族，爱国主义是推动历史前进的巨大力量，是各民族人民共同的精神支柱，也必然成为旅游职业道德意识中政治意识的基本内容。

(1)爱国主义的含义

爱国主义就是人们对自己祖国的一种最深厚的感情和为她的独立和富强而奋斗的献身精神。爱国主义意识是人们在长期的生活和实践中逐步形成的。在人类社会早期，人们随着定居生活的发展，对周围生存环境的熟知，便自然而然地产生一种热爱乡土和家乡亲人的眷恋之情。这种情感随着民族、国家的形成，逐步发展成为一种维护本民族、国家尊严与利益的道德意识和思想情感。这种道德意识和思想情感促使人们把自己的利害得失同国家、民族的兴衰荣辱联系起来。个人与祖国的这种联系，要求人们承担对祖国的义务与责任，维护国家的独立与尊严，促进民族的团结和祖国的统一，致力于祖国的繁荣和昌盛。爱国主义虽然在各个历史阶段都有不同的时代内容和特点，但是作为中华民族在漫长历史过程中代代相传、经世不衰的社会道德意识，也有共同的、基本的内容，主要表现在：热爱和开发祖国河山，创造中华文明，为人类发展多做贡献；反对民族和国家分裂，始终把维护民族团结和祖国统一作为各族人民的最高利益和神圣职责；要求民族平等和睦，反对民族压迫，抗击外敌入侵，捍卫祖国主权和领土完整；反对政治黑暗，向一切阻碍历史发展和社会进步的反动阶级和社会势力进行英勇斗争，推动祖国不断进步。社会主义时期的爱国主义，是在历史上爱国主义的基础上发展起来的最高形式的爱国主义。其主要内容是：加紧社会主义现代化建设，发展社会主义市场经济，争取实现祖国统一，反对霸权主义，维护世界和平。

(2)爱国主义在旅游服务工作中的基本要求

旅游从业人员的爱国主义意识，要求每个从业人员既要增强民族自尊心和自信心，关心社会主义祖国的前途和命运，热爱本职工作，为建设祖国和保卫祖国而英勇斗争，又要尊重其他国家和民族的独立、自主和领土完整，支持人类一切正义斗争和进步事业。其基本要求可以概括为六个方面。

①坚持国家利益高于一切。爱国主义要求旅游从业人员要在思想上和行动上，自觉地把个人命运和祖国命运联系在一起，使个人的发展和前途融合于祖国的发展和前途中。在个人利益和国家利益不一致时，要无条件地服从国家利益。

②要自觉维护祖国的独立、领土完整、统一和尊严。为保卫祖国的独立和维护民族尊严，不惜牺牲自己的一切。要严厉谴责一切叛卖祖国、玷污祖国的言论和行为。

③要自觉维护各民族人民的安定团结。对我国人民来说，最根本的就是要坚持社会主义道路，坚持人民民主专政，坚持共产党的领导，坚持马列主义、毛泽东思想。我们的言行都要紧紧围绕四项基本原则。

④要自觉为祖国的繁荣昌盛奋发进取。每个人所从事的工作不同，虽然能力有大小，境遇有顺逆，条件有优劣，但都应无一例外地为使祖国具有高度物质文明和精神文明而振奋精

神，努力工作，做出应有的贡献。

⑤要有民族自尊心和自信心。热爱自己的民族，热爱自己民族繁衍生息的大地山河，尊重祖国的优良传统和优秀文化，珍视祖国的光荣历史和对人类的贡献。坚信自己的祖国无愧于世界各民族，有能力进入世界先进的行列。在任何大国、强国、富国面前，决不妄自菲薄、卑躬屈膝，更不能崇洋媚外。

⑥要尊重、关心和支持其他民族和国家的人民，坚持爱国主义和国际主义的统一。尊重别国的独立自主和民族利益，同情、支持人类一切正义斗争和进步事业，同一切国家的人民平等往来，友好相处，反对霸权主义，维护世界和平。

在旅游工作中，加强爱国主义教育，培养员工的爱国主义精神，不仅必要，而且迫切。随着我国对外开放、旅游业的迅速发展，崇洋媚外和民族虚无主义侵蚀了一些员工的思想，使少数人抵御不住金钱及腐朽生活方式的诱惑，做出了一些有损国格、丧失人格的行为。对此，我们不能等闲视之，一定要对旅游从业人员加强爱国主义教育和职业道德教育，使广大旅游从业人员在旅游职业活动实践中发扬爱国主义精神，做好旅游服务工作，推动我国的旅游事业健康发展。

2. 社会主义旅游职业道德的服务意识

在社会主义旅游职业道德意识体系中，居核心地位的是“全心全意为旅游者服务”这一服务意识。

(1)“全心全意为旅游者服务”是社会主义旅游职业道德的核心意识

全心全意为旅游者服务，既是我国旅游业的宗旨，又是我国旅游业从业人员精神境界的集中体现。从伦理学或道德学的角度说，它是社会主义道德基本要求之一“爱人民”的具体化和补充，也是对老一辈无产阶级革命家倡导的全心全意为人民服务的光荣传统的弘扬。现在，我国旅游业将这一光荣传统弘扬为全心全意为旅游者服务的社会主义旅游职业道德的核心意识，既体现了社会主义旅游职业道德内容的继承性，又体现了社会主义旅游职业道德的特定性。此外，旅游业的行业性质和任务，使得全心全意为旅游者服务这一意识成为社会主义旅游职业道德意识的核心。因为旅游业是服务行业，服务性是其最为鲜明的本质职业特征。在旅游职业活动中，所有旅游从业人员承担的都是服务人员的角色。这一角色的职业要求，就是从业人员在工作中既不能虚情假意，又不能三心二意，必须全心全意为旅游者服务。旅游从业人员只有把全心全意为旅游者服务当做自己的座右铭，从思想上把它作为所要达到的职业道德的境界，并用这样的道德意识来支配自己的言行，才能自觉地让自己的道德行为合乎规范，产生达到职业道德的要求和做好本职工作的强烈责任心，使服务工作做到让旅游者满意。

(2)努力实践全心全意为旅游者服务的核心意识

要理解、把握全心全意为旅游者服务这一社会主义旅游职业道德意识的核心，在职业实践活动中必须从以下三方面进行：

①热心为旅游者提供服务。热心是人的道德情感和道德行为的表现，是指人们对某件事情有很深的情感，从而爱好、关心和积极主动地做某件事情的心理倾向，是一种具有积极意义的道德情感和行为。热心为旅游者服务，关心和爱护每一位旅游者，尽可能满足他们的需求，是旅游从业人员热爱旅游业和本职工作的具体体现，也是为人民服务精神的具体体现。可以说热心为旅游者服务，是旅游业的基本精神，也是旅游业优质服务之本。

②加强职业责任心和道德义务感。职业责任心是个人对现实职业责任所持的态度，道德义务感是个人对履行某种道德要求的高尚情感。职业责任心源于人们对职业责任的认识。道德义务感则主要取决于人们对人生价值的理解。旅游从业人员，只有正确认识本行业在整个社会生产中的地位、性质、职责、意义、服务对象与手段，才有形成和发展自身道德品质的思想基础。有了这样的思想基础，从业人员才会自觉地让自己的道德行为合乎规范，产生达到职业道德的要求和做好本职工作的强烈责任心。旅游业是一个以服务为主要手段的综合产业，旅游服务工作是由许多琐碎的小事构成的。但正是这些琐碎的事和从业人员默默无闻地工作，才使众多游客能在离开自己的常住地到异国他乡进行旅游时的旅游活动顺利愉快地进行。如果旅游从业人员能从道德义务的高度看待自己的工作，就能在工作中更好的对待自己的服务对象，并能在看似琐碎的小事中，在客人的快乐中发现自身的价值和人生的乐趣。

③努力改善服务态度，不断提高服务质量。全心全意为旅游者服务，不只是一个道德问题，更重要的是一个道德行为问题。也就是说，必须把为旅游者服务具体落实到服务态度和服务质量上去，做到优质服务。服务态度，是指服务人员在接待服务对象时所持的神情、举止表现，通常包括心理状态、面部表情、形体动作、语言表达和服饰打扮等。服务质量，是指服务人员对服务对象提供服务的优劣程度，一般应包括服务的准备程度、服务设施的状态、产品或商品的性能、操作的技巧性和工作的效率等。这些都可以从服务过程中的许多细节体现出来。在旅游服务中，讲求服务态度和服务质量具有特别重要的意义。

a. 旅游服务是一种“面对面”的服务，感情交流和相互反应特别强。

b. 旅游服务的对象大多是一些追求较高层次需要的旅游者，他们在物质享受和精神享受方面的需求，不但比一般服务行业的客人要高，而且比他们自己在平常生活中的要求高得多，特别是人格的尊重和生活方面的关心、照料。

c. 旅游服务产品往往是在提供和销售的同时就被旅游者享用，如客房、餐厅和交通方面的服务，具有不可储存性。

d. 旅游服务受人为因素影响很大，具有不可捉摸性，而且旅游者的多样性和流动性，以及旅游服务手段的复杂性，也增加了服务的难度。

总之，旅游业是“态度行业”，服务质量是旅游业的生命。

3. 旅游职业道德的敬业意识

敬业意识，也是社会主义旅游职业道德意识的基本内容。可以说热爱本职工作，是一切职业道德的最基本的道德要求。无论何种行业的从业人员，都应该明确自己所从事工作的目的和意义，热爱自己所从事的工作。作为旅游从业人员，首先要正确全面地认识旅游业的性质与任务。正如古人所说:知之深，爱之切，行之坚。只有对社会主义旅游业有了正确全面地认识，旅游从业人员才能以强烈的敬业意识，做到敬业爱岗，忠于职守，全心全意为旅游者服务。

(1)旅游业的性质和任务

旅游业是以旅游者为对象，以旅游资源为凭借，以旅游设施为物质条件，为旅游活动提供各种产品和服务的综合性产业。我国的旅游业，既是一种新型的经济产业，又是外事工作的一个组成部分。它既要为国家建设积累资金，赚取外汇，又要通过旅游活动扩大我国在国际社会的政治影响，加强民间性质的科技交流和文化交流，增进同世界各国人民的相互了解和友谊。随着我国经济的迅速发展，人民生活质量的提高，旅游也必将成为人们日常生活的重要组成部分。旅游活动将成为爱国主义教育、社会主义精神文明建设以及提高国民素质的重要途径。

(2)敬业意识的具体内涵

社会主义旅游职业道德意识中的敬业意识的具体内涵，主要包括敬业、乐业和勤业三方面的内容。

①敬业。敬业是指从业人员敬重自己所从事的职业，即平时人们所说的职业荣誉感。社会主义旅游职业道德中的敬业，要求从业人员既要敬重自己所从事的旅游产业，也要敬重自己所在的具体企业，还包括敬重自己所从事的具体工作。要树立敬业意识，除正确全面地认识旅游业的性质外，旅游从业人员还必须在思想上和工作实践中不断地克服"服务工作低人一等"，"有福之人人伺候，无福之人伺候人"等各种陈腐的偏见和落后的道德观念。如果一个人在21世纪的今天，在市场经济高度发达的社会生活中仍然用封建时代的迂腐观念来禁锢自己的意识，那么他的生活将永远不会如意。从宏观的角度分析，旅游从业人员在社会生活中，既是生产者，又是消费者。你在从事职业活动时为客人服务，当你通过职业活动获取了劳动报酬，工作之余作为消费者去消费时，你又成了"上帝"，别人又会为你服务了。只有服务人人，才能享受人人服务。人与人之间，无论从事何种职业，干什么工作，只是社会分工不同，从本质上看，都是相互提供帮助和服务的关系，绝无高低贵贱之分，人格都是平等的。我们应该认识到，在当今社会，劳动是每个社会成员的职责和义务，并被看成是一种美德。劳动是衡量一个人社会价值的尺度。任何一种对社会有益的劳动，都是光荣的。

②乐业。乐业是指从业人员喜欢从事自己的职业，并以做好本职工作为自己的最大快乐，即职业幸福感。正确对待苦与乐，实际上是人生观的问题。作为社会的一员，应把劳动和对社会多做贡献作为自己人生价值的所在和人生最大的乐趣。何况，生活中的苦与乐又是相对的，是相比较而存在的。苦与乐又是对立的统一，也是可以相互转化的。旅游业的职业活动，为了保证给旅游者提供优质服务，各企业和各岗位都有十分严格的职业纪律要求。由于旅游服务工作是面对面地为旅游者服务，因此，有的时候，服务人员已疲惫不堪，但也必须按岗位规范要求去做。不论你的心情好与不好，都必须面带笑容，彬彬有礼地对待客人。服务工作劳动强度大、重复性强，有时甚至还要忍受个别客人的无理指责和上司的压力。这些都是旅游服务工作的"苦"。但是，当我们的工作得到客人的理解、称赞、感谢时，当我们的辛勤劳动为国家、集体赢得荣誉，取得很好的社会效益和经济效益时，这"苦"的工作就有了乐趣。

③勤业。勤业是指从业人员在职业活动中刻苦学习、认真钻研、勤奋工作。旅游业虽然是服务性的经济产业，但与其他服务性经济产业相比，又带有很强的文化性。工作范围涉及的面很宽，技能要求很高，对从业人员的文化素质要求也很高。要做好旅游服务工作，就需要从业人员在职业活动中，不断进取，刻苦学习，认真钻研，勤奋工作。就导游工作来说，走上导游岗位，仅仅是第一步。我们的祖国山川秀美，有许多令人神往的旅游景点，吸引着大量的中外游客。这些景点的魅力并不仅仅在于它的自然美，那些引人入胜与景观相互依存的文化内涵和美丽动人的神话传说，才是这些景点的精髓。正是它们给自然景物构造了无穷的意蕴，插上了传神的翅膀。因此，要做好导游工作，仅凭现成的导游词，是远远不够的，生搬硬套更是不行的。导游员知识的欠缺易导致对游客提供浅薄无知的导游服务，无论你怎样"乐业"，再搞噱头哗众取宠，至多也只能让稍有常识的游客们嬉笑而已。所以，要做好导游工

作，导游员就必须不断学习，丰富自己的知识，挖掘旅游景观的文化内涵和美学价值。这样，在导游讲解服务中，才能为旅游者准确地传达出景观所蕴含的文化与审美信息，给旅游者带来更多的审美愉悦和精神享受，并赢得旅游者的敬重。可见，要真正做到敬业和乐业，就必须勤业。古人云：业精于勤，荒于嬉。也正是这个道理。

三、旅游职业道德规范

道德规范是调整人们之间以及个人与社会之间利益关系，判断人们行为的是非善恶的标准。社会主义旅游职业道德规范，是“爱岗敬业、诚实守信、办事公道、服务群众、奉献社会”为主要内容的社会主义职业道德的基本规范在旅游职业活动中的具体体现，是旅游职业道德原则的具体化。它既是每个旅游从业人员在职业活动中必须遵守的行为准则，又是人们判断和评价每个旅游从业人员职业道德行为的标准。它是旅游职业道德的核心因素。集体主义是旅游职业道德的基本原则，社会主义旅游职业道德规范的具体要求，概括起来主要有以下几个方面：

1. 遵纪守法、廉洁奉公

遵纪守法，是指每个旅游从业人员在职业活动中都要遵守职业纪律和相关的法律、法规。廉洁奉公，是指旅游从业人员在处理国家、集体与个人三者利益时，要将国家与集体的利益放在第一位，一心为公，秉公办事。不损公肥私，不化公为私，更不能徇私舞弊，贪污腐化。遵纪守法、廉洁奉公的具体要求有四点。

（1）认真学习并自觉遵守职业纪律。要做到自觉地遵纪守法、廉洁奉公，就必须努力学习职业纪律、岗位规范和有关的法律、法规，因为只有懂法才能守法，才能提高遵纪守法的自觉性。自觉遵守职业纪律，是把遵守职业纪律视为应当的行为和义务，如将其升华到一种道德需求的高度，那就是纪律不再具有外在的强制性，而是旅游从业人员的一种自我素质要求，一种自我管理和约束的能力，是一种较高职业素质的体现。

（2）严格执行政策、法令。旅游业的综合性使得它在工作中具有很强的政策性。在工作中如果有任何一项政策把握不准，执行不当，或违反了政策的要求或规定，都会带来严重的后果，给企业甚至国家声誉带来不良影响。所以，政策法令常常是职业责任和职业道德的重要依据。严格执行政策法令，既是行政规范和法律规范的要求，又是职业规范和道德规范的要求。

（3）自觉遵守社会公德。人们在日常生活中，由于都生活在同一社会经济结构中，又都处于同一历史发展阶段，必然有一些为大家共同需要、共同承认、共同接受和共同遵守的最起码、最必要的生活规则，这就是社会公德。社会公德主要是以下几方面的内容：言行举止文明；遵守公共秩序；讲究公共卫生；爱护公共财物；见义勇为；助人为乐；诚实守法；尊老敬贤；爱护环境，保持生态平衡。遵守社会公德是宪法明确规定的公民义务，是建设社会主义精神文明的一项具体内容，也是共产主义道德品质的具体表现。旅游从业人员是从事对外窗口行业的精神文明建设者，更应自觉遵守公共秩序，维护公共道德，做遵守社会公德的模范。

（4）清正廉洁，自觉抵制行业不正之风。清正廉洁是职业道德对每一个旅游从业人员最起码和最基本的职业要求。旅游行业，由于接触面广，流动性大，享受性强，客人消费档次高，员工接触的钱多、物多，新奇的东西多，容易形成一个较为特殊的环境。置身在这样的环境中，如果从业人员不能保持较高的思想觉悟，缺乏职业道德，个人享乐主义增长，就会不自觉地陷入行业不正之风的泥潭里。行业不正之风具有极大的危害性，它损害国家的形象，损害旅游业的声誉，侵犯旅游消费者的利益，降低行业的服务质量，减少国家的收入，扰乱国家对外汇的管理，腐蚀旅游业队伍。因此，每一位旅游从业人员都应自觉地抵制和纠正行业不正之风，坚持原则，做到拒腐蚀永不沾，做一名合格的社会主义旅游工作者。

2. 真诚公道、信誉第一

真诚公道，是指在旅游职业活动中，不弄虚作假，不欺骗和刁难旅游者，真心诚意，公平合理地进行旅游经营和服务。信誉第一，是指在旅游经营和在对旅游者服务时讲究信用，信守诺言，把企业的声誉放在第一位。真诚公道，信誉第一的具体要求有以下五点：

(1)以满足旅游者需要为中心，以维护旅游者利益为前提。真诚公道，信誉第一，这一职业道德规范在旅游接待和服务工作之中，较为集中地体现在旅游从业人员能否在实际工作中做到以旅游者的需求为中心，以维护旅游者利益为前提。如果在向旅游者介绍、宣传产品时不能考虑到旅游者的实际需要和经济承受能力，只考虑自己产品的推销和企业盈利，或一味夸大产品的优点，隐瞒真相，对其缺陷闭口不谈，或在旅游经营时不遵守合同条款，擅自减少服务项目等，都是不允许的。

(2)诚实可靠，拾金不昧。诚实可靠就是真诚踏实地工作，使旅游者感到旅游企业和每一位职工都是诚实可靠的。旅游者出门旅游，人地生疏，加上随身带有一定数量的钱和贵重物品，确保安全对他们来说是最为重要的。而能够让他们拥有这种安全感的，除了我们的旅游接待和服务部门给他们提供安全、可靠、舒适的环境外，另一个重要方面就是接待和服务人员在工作中通过一言一行在客人心目中建立的信任感。因此，每一个旅游从业人员都应以真诚踏实的工作态度，赢得旅游者的信任。拾金不昧，既是中华民族的传统美德，又是旅游从业人员必须遵循的职业道德规范要求，它是获得客人信任、建立企业信誉十分重要的方面。遗失物品尤其是贵重物品的旅游者，在自己的东西“失而复得”后的喜悦中，最能感受到旅游从业人员高尚的职业道德和良好的精神风貌。

(3)广告宣传，实事求是。借助媒体进行广告宣传与促销，是旅游业扩大社会影响和提高企业知名度及推销产品的一项十分重要的措施。但宣传一定要实事求是，恰如其分，不能弄虚作假或夸大其词，欺骗和愚弄旅游消费者。言过其实的宣传，最终将会失去旅游者的信任，从而失去客源市场。

(4)严格履行承诺，信守合同。合同是买卖双方或发生其他经济关系的双方，在平等原则下，为维护自己的合法权益，保证经济活动顺利进行而缔结的一种契约。它受法律保护，一经签订，必须严格履行。旅游企业在组团采购、供应、调拨等业务活动中，也要经常签订一些合同。为维护企业信誉，旅游从业人员应当严格遵守合同规定，忠实履行所承担的义务。否则，企业的形象和信誉就会受到影响。至于口头承诺，虽不具有法律效率，但一诺千金是取信于人的根本。尤其是旅游企业的管理者，一旦承诺，则必须履行诺言，这样才能树立和维护企业形象和信誉。

(5)按质论价，收费合理。按质论价，收费合理是“真诚公道、信誉第一”这一职业道德规范中最重要的具体要求。切实维护旅游者的利益，主要表现在收费能否按质论价。收费合理，不仅是个经营方法问题，而且是职业道德的问题。旅游职业道德要求每位旅游从业人员在保证质量的前提下，一定要自觉做到严格执行物价政策，不得随意提价或变相提价，更不能乱收费或用其他方式克扣旅游者的财物，做见利忘义的生意。

3. 文明礼貌、优质服务

文明礼貌、优质服务是旅游业工作的核心。是旅游从业人与职业道德素质较为集中的表现。文明礼貌，是指旅游从业人员在职业活动中表现出的对交往对象的敬重和友好的行为。它主要通过从业人员在与旅游者交往中的仪容、仪表以及语言、动作来体现。优质服务，是指旅游从业人员在职业活动中为旅游者提供的标准化、规范化和个性化的服务。它要求旅游从业人员在尊重客人的前提下，尽己所能最大限度地满足旅游者的合理要求。优质服务是每个旅游从业人员最重要的道德义务。因为旅游行业的中心任务就是接待、服务好宾客，让宾客高兴、满意。所以，在旅游行业，离开了优质服务这个核心任务，旅游职业道德的其他规范就失去了意义。文明礼貌、优质服务的具体要求有四点。

(1)树立顾客第一、宾客至上的观念，强化服务意识。旅游接待与服务人员，应牢固地树立顾客第一的思想，以顾客的需求为己任，以高度自觉的服务意识，热爱、尊重、关心和帮助自己的服务对象，把服务对象的利益放在自身利益之上，必要时要能为维护他们的合法权益做出自我牺牲。应将努力为旅游者提供尽可能满意的服务，作为旅游服务行业的工作理念和宗旨。每个旅游从业人员都应该深刻地认识到，旅游接待与服务这一工作的真正价值最终都要通过旅游者的满意度才能实现。所以，每一个员工应当将“尽可能满足客人的一切合理需求”这一服务理念作为自己行动的座右铭，并在对客服务中变成一种自觉的行为。

(2)不断提高自己的服务能力。旅游接待与服务能力主要包括以下几方面：

①丰富的专业知识。在对客服务中应当了解客人的消费需求、消费心理，熟悉服务的各项程序及规范，有较为娴熟的服务技巧。

②服务技能。能面对不同类型的客人采用不同的服务方式，懂得善于沟通，学会如何快捷顺利地妥善处理客人的不满和投诉，在对客人直接操作服务中，动作娴熟、快捷、经验丰富。

③服务修养。在对客服务过程中，应当表现出良好的职业素养，对宾客热情、友好，语言得体，行为得当，对客服务自始至终彬彬有礼。旅游从业人员，只有具备了与自己的本职工作相称的服务知识、服务技能和服务思想，才能在接待与服务工作中，为旅游者提供尽可能满意的服务。

(3)热爱和尊重旅游者。旅游接待和服务工作的价值，只有通过宾客的接受和认可才能真正得以实现。而宾客对服务予以认可的前提是高兴、满意。宾客是旅游企业生存与发展的根本资源，所以，旅游企业只有提供让宾客满意的服务才能赢得更多的客源，才能为企业的发展赢得更多的机会，才能更大限度地实现服务工作的价值。从旅游者的心理需求分析，得到尊重是他们最重要的需求，满足其得到尊重的需求是让旅游者满意的基础和前提。一般说来，享受到尊重和重视的客人，有时候对员工的表现很宽容，对他们因客观原因而导致的服务工作不尽如意，一般也能表示谅解。而对那些漠视客人得到尊重的心理，冷淡服务对象，言语上对客人不尊重、不礼貌甚至欺骗坑害客人的服务者，旅游者是决不会予以宽容的。所以，旅游从业人员要做到文明礼貌、优质服务，必须先从热爱和尊重旅游者做起。

(4)关心帮助旅游者，尽可能满足他们的服务需求。旅游从业人员对旅游者的关心，主要表现在对其服务时的耐心与细致。一般来说，旅游者比较在意服务人员的服务态度。服务态度是旅游从业人员在工作中对宾客需求的一种关注程度。当旅游者对从业人员的服务态度给予高度评价时，往往是我们的从业人员在为旅游者服务时对客人的需求表现出高度的热情、极度的关心并顺利帮助他们满足了需求。当宾客投诉我们的服务态度时，则往往是我们的服务人员对客人的需求表现出轻慢、随意，甚至漠不关心。

旅游从业人员应当充分尊重宾客的需求，并尽自己所能尽量满足旅游者的需求。要做到这一点，就必须多关心和帮助旅游者，并在细致、周到的服务中发现他们内心潜在的需求，让旅游者充分享受到一流服务中的个性化服务。

4. 热情友好、宾客至上

热情友好，是指旅游从业人员在职业活动中投入积极的个人情感，对每位旅游者怀有一种感激之情，并由衷地欢迎他们的到来。宾客至上，是指旅游从业人员在职业活动中一切都要以宾客为中心，宾客的任何一点需求，旅游从业人员都有责任尽全力去做到最好。热情友好、宾客至上的具体要求有以下八点：

(1)工作中主动招呼客人，为旅游者着想。

(2)在服务上尽力满足旅游者的需求，不怕麻烦。

(3)待客服务，仪表整洁，举止大方。

(4)与宾客交流，语言优美，谈吐文雅。

(5)面带微笑，耐心倾听。

(6)服务用语多用征询、商量的语句，少用祈使句。

(7)实际操作力求标准化、规范化。

(8)尽心尽责，服务周到。

5. 不卑不亢、一视同仁

不卑不亢，是指旅游从业人员在职业活动中尤其是涉外活动中，不自卑、不媚俗，也不自夸、不自傲的工作态度。一视同仁，是指旅游从业人员在职业活动中对同一消费标准的不同旅游者，要提供同样的服务标准和服务待遇。不卑不亢、一视同仁的具体要求有两点。

(1)谦虚谨慎，自尊自强。旅游职业道德要求从业人员在对旅游者服务时，应当始终谦虚做人，坦诚做事。谦虚即以礼待人，以礼敬人，尊重宾客。从业人员在对旅游者服务时，要有严谨的工作作风，处理任何事情都要做到严谨细致，精益求精，不骄狂，不盲目自大。但也不要妄自菲薄，自己看不起自己，导致在工作中不思进取，行动上畏缩不前。谦虚谨慎，不卑不亢，是待人接物的行为准则。因此，我们要做到尊重同事、尊重宾客、尊重领导，虚心学习同行的经验，学习国外的先进经验，善于博采众长，形成自己的特色。

(2)以礼相待、热情周到地接待好每一位客人。旅游从业人员服务工作中，对旅游者要一视同仁，以礼相待。要把握住六个一样。

①高低一样。客人消费，无论水平高低，均按其标准提供优质服务，高低一样看待。

②内外一样。在服务工作中内宾和外宾一样看待。

③"东""西"一样。东，主要指发展中国家的客人；西，主要指欧美发达国家的客人。两类客人虽然来自不同国家，生活习惯不同，消费水平各异，但在服务中一样对待。

④"华""洋"一样。对待华人旅游者，主要是华侨、外籍华人和港澳台客人，要和外国游客一样对待。

⑤"黑""白"一样。对待黑人旅游者要和白人旅游者一样对待。

⑥新老一样。对待新来的客人要和老客人一样对待。

6. 敬业爱岗、忠于职守

敬业爱岗，是指旅游从业人员敬重自己所从事的旅游服务职业，喜爱自己的工作岗位，并有以从事此业为荣的职业自豪感和荣誉感。忠于职守，是指旅游从业人员在职业活动中忠诚地对待自己的职业守则，认真负责地做好本职工作。敬业爱岗、忠于职守的具体要求有三点。

（1）树立正确的择业观，培养自己的择业理想。敬业爱岗、忠于职守，首先要求旅游从业人员要有正确的择业动机和高尚的职业理想。每位从业人员，既然选择了旅游业，就要有立志为我国的旅游业发展作出贡献的决心和信心，并在平凡的岗位上为旅游业努力奉献的同时，不断在专业素质上充实和完善自我，努力培养和塑造自己健全的职业理想。职业理想是激发一个人强烈的职业责任感的原动力。它能鞭策员工树立严格的组织纪律观念，自立自强，勇于战胜学习和工作中遇到的各种困难，甚至甘愿做出牺牲，以感受为成就一番事业而努力进取的快乐与满足。职业理想能激发从业人员对本职工作的热爱。热爱本身就是一种驱动力，它能让从业人员积极钻研业务，全身心地投入自己的工作，热情友好地接待每一位客人，在客人面前表现出较高的职业素养。崇高的职业理想会使人进入一个较高层次的道德境界，使从业人员将自己的工作、学习、奋斗、幸福同人生的价值联系在一起，成为其事业发展的精神支柱和事业成功的奋斗源泉。

（2）端正职业价值观念，克服不健康的择业心理。旅游业是个人员流动较为频繁的行业。在流动的人员中，有些是合理流动，有些却是盲目流动。盲目流动人员的择业心理主要有以下几种：浮躁，眼高手低；图轻松，缺乏事业心；急功近利，盲目追求高薪高酬；求体面，过分看中职业的社会地位；赶时髦，随大流；盲目追求个人发展，一味追求个人兴趣的满足。旅游从业人员在选择旅游业时，就要端正自己的职业价值观，调整好自己的择业心理，使自己从事旅游业后，能走上成功和发展之路。

（3）以主人翁的态度，尽心竭力为旅游者服务。旅游从业人员在工作中，必须具有较强的主人翁精神，认真对待自己的本职工作。旅游业中有“客人无小事”的说法，就是说凡属客人的事情，我们都必须尽职尽责地认真对待，绝不可随意马虎应付了事。只有以主人翁的姿态投入工作，才能真正为客人提供令人满意的优质服务。

7. 团结协作、顾全大局

团结协作，是指旅游从业人员在职业活动中做到员工与员工之间、部门与部门之间、本企业与其他协作单位之间相互团结、相互配合和相互支持。顾全大局，是指旅游从业人员在职业活动中自觉做到个人利益服从集体利益、局部利益服从整体利益、眼前利益服从长远利益。团结协作、顾全大局的具体要求有以下三点：

（1）强化相互协作、相互支持、共同进步的团队精神。旅游业是一个庞大的服务系统，在这个工作系统中，每个从业人员、每个岗位都以自己特殊的工作，与其上下、前后、左右岗位的人群密切联系着，构成系统中的特殊环节。正因为如此，旅游职业道德规范要让每一位从业人员，在工作中强化协作意识，正确处理企业之间、部门之间、上下级之间、同事之间的关系，相互协作、彼此支持、共同提高、共同进步，以保证行业内部工作系统与社会生产系统的正常运转和良性循环，促进旅游业持续、稳定、健康地发展。

（2）彼此之间相互尊重、互守信义。协作不仅包括相互配合、相互帮助、相互支持，还包括对他人建功立业的意愿和权利的尊重，对他人所取得业绩的肯定和赞许。旅游从业人员在实际工作中一定要发扬团结友爱的精神，它既是做好各项工作的重要条件，又是实行更广泛团结合作的基础。团结协作的前提是相互尊重，而守信义是赢得尊重的重要因素。旅游从业人员不但要尊重客人，而且要尊重本行业、本单位、本部门的同事。对承诺的事情，一定要兑现，实在无法兑现的，要及时向对方说明原因。工作中，只有大家彼此相互尊重，互守信义，才能营造一种团结友爱、相互协作的和谐氛围。

(3)虚心学习别人的长处，取长补短。世界上任何事物都是相比较而存在的，任何事物的发展又都是不平衡的。旅游从业人员在工作中要认真学习别人的长处和经验。只有虚心好学、取长补短，才能相互促进，共同提高。只有形成团结协作、虚心好学、互相促进的良好风气，才能促进企业内部形成一种优势互补、资源共享的良性循环机制，形成一种内驱力，使企业人力、物力、财力乃至时间得到合理利用，避免许多不必要的浪费，使各部门、各个员工的优势得到更充分地发挥，从而促进企业出优势、出速度、出效益、出成果。

8. 钻研业务、提高技能

钻研业务，是指旅游从业人员在职业活动中深入研究自己所从事的专业，不断提高自己的业务水平。提高技能，是指旅游从业人员在职业活动中对服务技能高标准、严要求，使自己的操作娴熟，精益求精。钻研业务、提高技能的具体要求有两点。

(1)明确学习目标，持之以恒。旅游业是个综合性文化性的经济产业，这一产业性质决定了对从业人员的高标准和高要求。做好旅游服务工作，要涉猎很多知识。旅游从业人员无论从事旅游业的什么岗位，都应具备一定的文化知识，一定的礼节、礼貌知识和一定的语言表达能力与审美能力。各个具体的工作岗位，又对从业人员有不同的素质要求。作为导游员，除具备以上基本知识外，还须有更多的人文知识与更强的审美能力和语言表达能力。每位旅游从业人员都应根据岗位需要，明确自己的学习目标，并持之以恒地深入学习，不断更新自己的知识，以满足旅游者不断增长的知识需求，搞好自己的本职工作。

(2)苦练过硬的基本功，不断提高专业技能。旅游从业人员为旅游者所提供的服务，多数是直接的、面对面的服务。所以，服务技能娴熟与否，对服务质量有直接的影响。旅游从业人员在上岗之前，就须有一定的基本功，上岗后，更要在工作岗位上苦练基本功。只有练就一身扎实、过硬的基本功，熟练地掌握了岗位的专业技能，才能胜任旅游服务工作，才能在对客服务中取得满意的效果，显示出良好的职业素质，适应旅游业的发展，在优胜劣汰的竞争中保持不败。

四、旅游职业道德的作用

社会主义旅游职业道德的作用是道德功能和作用在旅游业的具体表现。它对旅游业的发展，对旅游从业人员素质的提高，以及对社会良好风尚的形成，都有重要作用。社会主义旅游职业道德的作用可以概括为以下几个方面：

1. 提高旅游从业人员素质，促进旅游业的发展

旅游业的发展，有很多制约因素。其中最为重要的一个因素，就是人才的制约。现代社会，各行各业的竞争，归根结底，都是人才的竞争。可以说高素质的旅游从业人员是旅游业竞争的法宝，其标准是成为有理想、有道德、有文化、有纪律的社会主义旅游工作者。旅游从业人员的良好素质是德、智、体、美、劳全面发展的统一。其中“德”是从业人员素质要素中第一位的，是基本要求。它既包含政治素质，又包含品德素质。旅游从业人员只有在马克思主义道德理论的指导下，接受职业道德规范教育，将自己的道德行为在职业活动实践中反复磨炼，养成良好的行为习惯并使之成为自觉的行为方式，才能形成良好的道德品质。因此，旅游职业道德教育就成了培养旅游从业人员良好道德品质的重要途径。社会主义旅游职业道德

可以充分发挥其教育功能，提高旅游从业人员的道德意识，陶冶他们的道德情操，锻炼他们的道德意志，培养他们的道德习惯，并通过道德评价和自我道德修养，促成他们养成良好的道德品质，进而激发他们对本职工作的热爱和业务技能的钻研。这样，也就促进了旅游业的发展。

2. 改善经营管理，提高经济效益和社会效益

随着现代旅游业的快速发展，旅游市场竞争日趋激烈。伴随着旅游者的成熟，旅游者对旅游服务提出了更高的要求，现代旅游企业的管理也就更为复杂，有时仅靠法律、制度或奖罚措施是不够的。由于职业道德是通过人们的内心信念发挥作用，对于旅游企业来说，在经营管理上，在调节企业与旅游者利益关系、自身企业与其他企业的关系和企业内部各种关系时所起的作用，往往比法律手段、行政手段范围更广泛，影响更深刻。只要员工树立起职业责任心和道德责任感，就能做到敬业、乐业，在服务工作中发挥自己的积极性和创造性，企业的经营管理就会改善，经济效益和社会效益也会得到明显提高。

3. 改善服务态度，提高服务质量

在旅游业竞争日益激烈的情况下，为满足旅游者的需求，旅游业应把改善服务态度，提高服务质量，增强服务意识，提供优质服务放在首位。无论是旅游饭店业，还是旅行社业，或旅游交通、观赏娱乐业，都应该坚持为旅游者提供多层次、全方位的优质服务的原则，拉开合理、合法、合情的服务档次，并相应提高服务水准，以适应国内外不同类型、不同层次旅游者的需要。在这个过程中，除需要物质条件和技术要求外，重要的还是处理好旅游从业人员和旅游者的关系，即主客关系。调节好二者之间的关系，是社会主义旅游职业道德极其重要的一项任务。职业道德能充分发挥道德的调节功能，较好地处理主客关系，旅游从业人员如果具有了良好的职业道德，就会在工作中全心全意地为旅游者服务，时时处处为旅游者着想，始终把旅游者的需求放在第一位，做到宾客第一，把旅游者的满意看作是自己工作的目标。如果旅游从业人员能始终如一地做到这一点，服务态度、服务质量就一定能上一个新台阶。即使是我们的“硬件”还有某些不足，也同样能创造一流的服务水平。

4. 建设社会主义精神文明，推动良好社会风气的形成

精神文明建设是社会主义建设的重要目标之一。旅游业是社会主义事业的重要组成部分，是社会主义精神文明建设的重要领域。旅游活动带来的人际接触和文化交流对社会有很大的积极作用，可以促进民族文化的发展，推动科学技术的交流，丰富人民群众的精神文化生活，开阔眼界，了解世界，为发展社会主义精神文明作出贡献。从广泛而长远的意义上看，职业道德功能的发挥，也必然会促进社会道德风尚的形成和完善。因为我们每个人一生有三分之一的时间都在从事职业活动。职业活动是人们社会生活三大领域中的主体，职业道德也是整个社会道德的主体。高尚的职业道德也能直接带动整个社会道德的提高。所以，社会主义旅游职业道德教育不仅可以提高每个员工的道德品质，而且还可以通过职业道德的教育，形成爱岗敬业、诚实守信、办事公道、服务群众、奉献社会的良好的社会风气，产生直接的积极的影响，提高整个社会的道德水平，从而促进社会主义精神文明的建设。

5. 抵制精神污染，反对和纠正行业不正之风

人类社会的各种职业活动往往都同一定的权力、财富、利益相联系。因此，社会上的不正之风也常常和一定的职业活动有关，带有行业的特点。旅游业的发展，一方面对社会产生积极的作用，但同时也不可避免地带来某些消极影响，使我国优良的传统道德受到冲击。如在

旅游活动中有的为赚取利润，擅自降低服务档次，甚至与商店老板勾结坑害游客等。这不仅扭曲着一些人的灵魂，影响着人际关系的协调，而且严重地制约着旅游业的发展和社会的进步。社会主义旅游职业道德，可以规范旅游从业人员的行为，提高他们的道德认识水平和抵制腐朽没落思想对其腐蚀的能力，使他们能凭内心信念的力量，自觉地反对并纠正行业不正之风。

※课前导读

泰国客出的难题

某日晚22时30分，南京金陵饭店前厅部客房预订处响起了急促的电话铃声，“您好，客房预订。”预订员童立有礼貌地回答。“您好，我是余永强，从泰国曼谷打来，我要订一个房间，明天下午4时左右乘泰航TG664航班抵上海虹桥机场，请派车接我到金陵。”帮助客人安排车辆接送，这是客房预订员职责范围的事，但要安排一辆车千里迢迢去外地机场接一位素不相识的客人，还是第一次。按常规，客人下飞机后就地租车或乘晚班火车直接来宁，这样可避免因航班变化而造成的损失。童立委婉地向余先生提出建议。余先生考虑再三，坚持说：“我第一次来大陆，担心多个环节会不方便，我更相信‘金陵’的服务，希望一切顺利。”是啊，“金陵”的声誉来之不易，“金陵”的服务讲究的就是令人信服，有保障，有时还要提供超值服务。难道能让客人带着忐忑不安的心情下飞机吗？不能！想到此，童立在电话中果断答应了客人的要求，并请他补发一个传真确认以上安排。可临下班时，传真仍未到，童立只好做了交班记录。传真直到第二天上午9点多才收到，此时离接机时间不到7个小时，而天正下着雨，从南京派车去上海，显然太紧张了。糟糕的是，此时已无法和客人再次取得联系。情况紧急，部门领导得知后，当机立断，立即打电话向上海江苏饭店求援，请他们派车接待余永强先生，并向余先生说明原因。江苏饭店销售部经理接到电话后，立即安排车辆，亲自去机场举牌接客人，使余先生于次日凌晨顺利抵达金陵饭店。

第三节　客我关系

旅游职业道德起到调节旅游企业及其从业人员与旅游者之间利益关系的作用。为更好地调节这种利益关系，有必要了解旅游企业及其从业人员与旅游者之间的关系——客我关系。

一、客我关系的认识

1. 概念

客我关系是指服务业的社会服务工作人员与各种顾客之间的人际关系。

在旅游服务过程中，提供服务者与接受服务者之间形成了服务与被服务的关系。在社会服务活动过程中，服务人员与顾客之间建立起来一种人际关系。由于“客”和“我”双方在心理上、行为目的方面的原因，易发生“冲突”是较普遍的现象。在服务活动中，“客”和“我”是一对矛盾，它是客观存在的。通过双方的努力，特别是通过服务人员的努力，不与顾客发生冲突，使矛盾得到解决，让顾客满意而去。这就要求服务人员不断提高自身素质，增强职业道德意识。这里的关键问题是如何正确认识顾客。

2. 正确认识顾客

顾客是产品和服务的接受者。顾客作为产品和服务的接受者，就决定其直接或间接是服务企业进行接触的对象。

(1)顾客的特征

首先，顾客是有需求的群体。他们作为一种消费群体，有着共同的基本需求，也反映了一定的心理需求。其次，顾客的心理活动受到社会群体的影响和制约。这些影响包括经济和文化影响，社会和家庭影响，企业和服务人员的影响。其三，在市场经济中，顾客对消费有自主选择权。

(2)顾客的本质

从企业经营的目的去分析顾客，把握住其本质特征。第一，顾客是服务企业经营利润的来源。企业各种服务设备设施皆是为了满足顾客物质和精神需求开设的。顾客支付的一切费用，是企业利润的来源，也可以认为顾客是服务业的“衣食父母”。第二，顾客是服务承受的主体，顾客基于自身的需求而到服务企业谋求某种服务，他们的合理需求就是服务人员的工作。向顾客提供服务并满足其需求是服务人员工作的目的。第三，顾客是有个性的人，他们有自己的个性，有自己的喜好和厌恶，有自己的偏爱或偏见。服务是人性化了的特殊商品。顾客希望到服务企业消费时像到“家”一样的亲切、温暖、舒适、方便、富有人情味。第四，顾客要求服务“物有所值”。顾客是付款后购买服务产品的人，这种经济利益关系决定双方必须遵守等价交换原则。第五，顾客最敏感最重要的需求是得到“尊重”。在接受服务过程中，“尊重”是其最敏感最重要的需求。第六，顾客是一个群体。顾客可以理解为由不同个体组成的一个集体名词，这就决定了每个个体需求是有差异的。因此，在服务时要研究他们需求的共性和个性，找出规律，在最大程度上适应和满足顾客需要。

总之，通过对顾客本质的分析可以进一步理解到，服务行业奉行的“宾客至上”、“以顾客为中心”、“顾客需求就是我们的责任”等服务宗旨，甚至推崇“顾客永远是对的”信条，确有一定的道理，这是服务业经营获得成功的重要基础。

二、正确处理客我关系

在服务过程中，“客”与“我”是一对既对立又统一的矛盾。从服务企业经营管理分析，服务人员是矛盾的主要方面。服务人员应不断地、主动地了解和掌握顾客心理，运用社会公德和职业道德调节相互之间的关系。

1. 解决客我之间矛盾的根本途径

解决客我之间矛盾的根本途径是大力发展经济，深入进行经济体制改革，规范市场，使服务企业在市场上公平竞争，优胜劣汰。同时，要坚持企业的两个文明建设，大力提倡尊重社会公德，遵守职业道德。在客我之间形成“人人为我，我为人人”的新型人际关系。

2. 客我关系的处理，在具体服务工作中还要有一定的原则和技巧，要做到：

(1)友善而非亲密；

(2)服务而非雇佣；

(3)礼貌而非卑躬;

(4)助人而非索取;

(5)重点关照而非谄媚。

明确了客我之间的关系，掌握了客我关系的特征和易发冲突的原因，就会在服务工作中，自觉地运用旅游职业道德调节好人际关系，做到优质服务。

※单元实训

实训一: 请阅读以下材料，并谈谈自己的想法。

某旅行社组织了一个庐山四日游的散客旅游团，全团一行由33名游客组成。该旅行社与游客协商签订了旅游合同，合同约定:每人旅游费用800元;团队往返乘坐硬卧火车，住宿标准为“二星级饭店、双人标准间、独立卫生间”，餐饮标准是“八菜一汤，不含酒水”。安排游览庐山等6个景点。该旅行团到达九江后，九江地接社派车接送，在前往饭店的途中，地陪导游热情地向各位游客介绍了九江市的概况及将要游览的庐山景点，并介绍了此行将要下榻的是评上二星级多年的一家老饭店，希望游客旅途愉快。团队抵达该饭店后，导游安排游客入住，其中有5位客人认为该饭店虽然有双人标准间，独立卫生间，但没有热水，空调也无法使用，卫生间内设施破旧老化，不符合二星级饭店的标准，因此拒绝入住。这些客人与导游发生争执，执意要求旅行社更换饭店。地接社经理出面向客人耐心解释，说明节日期间住房紧张，他们已尽全力才订到房间，希望客人谅解，并愿意对饭店未达服务质量标准的部分给予每人50元的补偿。但这些客人仍然拒绝接受旅行社的意见，并决定解除此次旅游合同，自行返回。随后这些客人向旅游质监所投诉，要求组团社退还全部的旅行费用，并要求按团费的80%支付违约金。经调查核实，该团队下榻的饭店确实是二星级饭店。

诚实信用原则要求民事主体在从事民事活动时，应当诚实守信，以善意的方式履行义务，不得滥用权利及规避法律义务和合同义务。同时它还要求维持当事人之间的利益以及当事人利益与社会利益之间的平衡。某旅行社在提供的住宿服务方面，总体上符合双方当事人的合同约定，在游客反映意见后，旅行社经理出面向客人耐心解释原因，并愿意补偿客人损失每人50元。应该说旅行社对其住宿做出的补救措施是合理适当的，旅游者当时应当予以积极回应，接受该方案，完成自己预订的旅游目的，这才是一个理性旅游者的举动。

实训二: 请阅读以下材料，并谈谈自己的想法。

模范导游员先进事迹简介

高晓红，女，1979年1月出生，西安市中国国际旅行社集团有限责任公司初级导游。2000年7月从事导游工作，曾获陕西省劳动技术能手、陕西省优秀导游员等荣誉。讲政治，英语水平好，在从事的外语导游工作中始终不卑不亢，以柔克刚，注意维护祖国尊严;用心服务游客，以诚信感动游客;不懈地向前辈学习，向书本学习，向实践学习，以做一名专家型、知识型导游为己任。

实训三：请阅读以下材料，并谈谈自己的想法。

山东实习生姚玉华受到宾馆领导的表扬，原因是她在经过员工通道时，好几次把地上的纸屑捡起，扔进垃圾桶。姚玉华是个纯朴的姑娘，扎着辫子。每次交完了钥匙总忘不了说一声"谢谢，再见"。她并没有山东人那种憨直的"硬"味，却有江南妹子那种甜甜的"软味儿"。宾馆的服务员对她说："你真行，经理都要求我们向你学习呢。"她认真地说："我只做了我应该做的事嘛。""你当时为什么要去捡那些纸屑？""也不为什么，那天下班过员工通道，看见那些纸屑在地上，多难看，于是就走过去把它捡起，扔到垃圾桶里去。这样，过道就干净多了。不过，当时我真的一丁点都没想为什么，只是很自然地去把纸屑捡起，没想到有这么大的反响。我觉得这是应该去做的。其他人也会去做的。"姚玉华说，"我是读旅游学校的，在学校里，就养成了这种习惯，而且，现在干的就是旅游业，总得让客人有一个干净、美观的环境吧。在楼层我们看到纸屑，每个人都会去捡的，可能这是职业习惯吧。"

实训四：请阅读以下材料，并谈谈自己的想法。

殷良知，男，61 岁，原镇江第二人民医院主任医师，中共党员，退休后从事兼职导游工作。他从事临床工作 32 年，他待病人似亲人，以高度的责任感和精湛的技术，从死神手中夺回了一个又一个生命。2008 年 6 月的一天，他在新疆带团时遭遇歹徒抢劫，有两位游客万福生、万勇乎父子在与抢劫歹徒搏斗时被捅了十几刀，被送进医院。殷良知采取果断的抢救措施，使万福生父子脱离了危险，而事后他自己却因过度劳累生病住进了医院。

第三章 旅游合同法律、法规

※章节重点

1. 合同
2. 合同变更
3. 合同转让
4. 合同的终止
5. 违约责任
6. 不可抗力

※课前导读

2008年春节，湖南某国内旅行社散发新加坡、马来西亚、泰国出境5日游广告，李某、赵某等8人前往旅行社报名，每人预交4000元，等待旅行社通知。李某在得知该旅行社是国内旅行社，无权组织出境游时，找到该旅行社要求退款。旅行社以签订的合同具有法律效力为根据，认为李某要求退款的行为属违约。如李某要求退款，不参加旅游，应向旅行社支付20%违约金。该旅行社故意隐瞒无权组织出境游的行为是欺诈，旅行社与李某等签订的合同是无效合同，是不应当履行的。李某要求退款，不参加旅游是合法的行为，不是违约行为。

第一节 《合同法》概述

一、合同与《合同法》的调整范围

1. 合同的概念

合同，又称“契约”，是民商法中使用十分广泛且极为重要的概念。一般认为可代表两层关系：一种是民事法律关系；另一种是民事权利、义务关系。《中华人民共和国合同法》（以下简称《合同法》）第二条规定：“本法所称合同，是平等主体的自然人、法人、其他组织之间设立、变更、终止民事权利、义务关系的协议。”由上述规定可见，合同就是指平等主体的自然人、法人、其他组织之间设立、变更、终止民事权利、义务关系的意思表示一致的协议。

2.《合同法》的调整范围

法律的调整范围是法律所规范的社会关系。旅游合同属于民事合同的范畴。旅游合同是旅游者与旅游业经营者之间设立、变更、终止民事权利、义务关系的协议，也就是自然人与法人或其他经济组织之间设立、变更、终止民事权利、义务关系的协议。因此，旅游合同是民事合同的一种。《合同法》第一百二十四条规定："本法分则或者其他法律没有明文规定的合同，适用本法总则的规定，并可以参照本法分则或者其他法律最相类似的规定。"旅游合同并没有在《合同法》中列明，但依据上述规定，对于在旅游活动中发生的合同法律问题可以适用《合同法》总则的规定，并可以参照《合同法》分则或其他法律最相类似的规定，如《合同法》分则中的"租赁合同"、"委托合同"、"保管合同"等都是旅游服务合同，可以参照适用的合同法律规定。

二、《合同法》的基本原则

《合同法》的基本原则，是合同当事人在合同活动中应当遵守的基本准则，也是人民法院、仲裁机构在审理或仲裁合同纠纷时应当遵循的原则。《合同法》的第三条到第八条对基本原则作了规定。

1. 平等原则

平等原则指在合同法律关系中，当事人之间在合同的订立、履行和承担违约责任等方面都处于平等的法律地位。在旅游活动中旅游者与旅游业经营者相互之间是平等的民事主体，不存在高低、贵贱之分，受法律的平等保护。

(1) 身份平等。身份平等是指法律资格平等或称民事权利能力平等即旅游合同的双方当事人之间没有高低、贵贱、从属之分，都必须遵守法律规定，尊重对方及其他当事人的意志。

(2) 它是"机会"平等，而不是"结果"平等。

2. 自愿原则

所谓"自愿"，是指民事主体在从事民事活动时，应当充分表达真实意志，根据自己的意愿设立、变更、终止民事法律关系。

(1) 自愿原则主要表现为以下六个方面：

①订立合同的当事人是自愿的。

②自愿选择订立合同的对方当事人。

③自愿约定合同的内容。

④自愿选择合同的方式。

⑤自愿变更、补充合同内容或协议解除合同。

⑥自愿解决争议的方式。

(2) 旅游合同的自愿并非绝对的，一般存在两种情形使自愿原则受到限制。

①"缔约强制"，即法律规定当事人必有缔结某种旅游合同的义务，这主要是对一些从事公共服务事业的当事人提出的要求。

②"强制规范"，即法律、法规设定一些强制性的规范，任何当事人在签订合同的时候，都不得排斥这些规范的使用。

3. 公平原则

指当事人在设立权利、义务时以公平、正义观念指导自己的行为，在订阅、履行合同的过程中，双方权利、义务、责任的分配应当合理，合同的内容应当体现公平、正义的要求。在法律没有明文规定的情况下，应根据社会一般的公平准则来弥补法律规定的不足。结果显失公平的民事行为，根据法律的规定可以撤销。例如，旅游合同系因在胁迫、欺诈、乘人之危的情况下成立，一方当事人违背真实意志并遭受损失，可以变更、撤销或判定为无效合同，以平衡当事人的利益关系；又如，一方当事人在紧迫或者缺乏经验的情况下，所订立的明显对自己有重大不利的合同，也可以变更、撤销或判定为无效合同，以平衡当事人的利益关系，从而体现公平原则。

4. 诚实信用原则

诚实信用原则是指当事人订立合同时必须意图诚实、善意，行使权利不得侵害他人与社会的利益，最终达到双方利益平衡的原则。诚实信用原则兼具有道德性规范和法律强制性规范的双重特点，要求一切权利的行使不能超过其正当界限。例如，在合同的订立阶段，尽管合同尚未成立，但有缔约联系，负有“附随义务”，如果造成一方当事人“信赖利益”的损失，应当承担“缔约过失”责任。

5. 合法原则

合法原则是指订立合同的主体、内容、程序和形式不违反相关的法律、行政法规的规定。合法是对当事人自由的限制，故该原则是合同自愿原则的限制和补充，说明旅游合同中的自愿原则要以遵守法律、尊重社会公德，不损害社会公共利益为前提。

6. 受法律约束的原则

合同当事人应当严格按照合同约定履行义务，非依法律规定或者未经对方当事人同意，不得随意变更或解除合同。合同一旦成立，即对当事人产生约束力。合法的合同受法律保护。

三、合同法与旅游业

行、游、住、食、购、娱是构成旅游业的六大要素，合同制度是联系六大要素的纽带。通过合同形式，使旅游者服务的各经营者之间能搞好协作；能加强企业内部经营管理，加强经济核算，提高经济效益；能将各方当事人的责、权、利明确下来，使合同当事人各方的权益有法律保障，有利于各方利益的实现。在旅游过程中，旅游业的经营者和旅游者是平等的民事主体，旅游经营者在向旅游者提供服务的过程中，双方需要订阅合同，明确彼此间的权利、义务关系。

我国的《合同法》在制定过程中，曾经吸纳了旅游合同的内容。1997 年 5 月 14 日公布的《中华人民共和国合同法(征求意见稿)》第三百二十五条至三百三十三条，对旅游合同的形式、条款、变更、违约责任等内容进行了规定。但在 1999 年 3 月 15 日颁布的《中华人民共和国合同法》中，并没有“旅游合同”一章。所以，目前我国的《合同法》是将旅游合同作为无名合同，适用《合同法》中总则部分的规定。

课前导读

甘肃省某商贸公司组织14人前往北京参观旅游，期限为9月13日至20日。9月11日上午该公司与北京某旅行社联系，旅行社当即传真回复有关报价，每人旅游费为750元，另外提出返程票手续费每人30元，旅游团到京后，交齐所有费用。当日11时左右，该公司传真致旅行社，提出在京的旅游行程安排和接待标准以及旅游费的报价。并注明以上行程及报价请确认，在传真件上加盖了该公司的印章。下午2:30，旅行社传真回复，对行程安排、接待标准和旅游费的报价表示接受外，仍提出应付火车订票费每人30元，到京后即交齐团费。商贸公司当日未再回复旅行社。9月11日下午17:40，商贸公司组织的14人乘火车出发。

9月12日，商贸公司传真给旅行社，称返程订票手续费稍高，不得已由自己在京订票；团费由我方领队带去，先付50%，余款在离京上火车时给付。旅游团13日早到北京西站，望做好接待服务准备。旅行社收到传真后，立即传真回复：因贵公司确认时间太晚，我社无法接待。随后，商贸公司向旅游质监部门反映，要求进行协调，督促旅行社接待即将到京的旅游团。经旅游质监部门从中协调，旅行社基于行业管理部门的要求和维护旅游者的利益，同意有条件接待该旅游团，商贸公司接受旅行社所提出的条件，即住宿费每人每天增加10元，到京即付清全部团款，返程票自理，不再收取手续费。9月13日晨，该商贸公司一行14人到达北京西站，旅行社按时前往车站接团，并按照商贸公司要求安排了食宿和参观游览活动。

该商贸公司14人如期返回后，向旅游质监部门投诉称：旅行社突然中断双方业已达成的协议，为避免陷入无人接待的困境，我方又委托旅游汽车公司派车到车站接团，造成双重接站，损失租车费200元；为解决纠纷支付来往电话费150元；旅行社乘人之危，借机增加住宿费240元，我方迫于无奈表示同意。鉴于旅行社的违约行为，请求旅游质监部门责成旅行社赔偿临时租车费、电话费和加收住宿费共计1190元。旅游质监部门经过审理认为，商贸公司的投诉理由不能成立，其主张无事实和法律上的依据，故对其要求不予支持。

第二节 合同的订立与效力

一、合同的形式与内容

合同的形式是指当事人之间订约的合同的表现方式，即当事人采用何种形式来表现所订立合同的内容。《合同法》第十条规定："当事人订立合同，有书面形式、口头形式和其他形式。""法律、行政法规规定采用书面形式的，应当采用书面形式。当事人约定采用书面形式的，应当采用书面形式。"当事人在订立合同时，可以采用口头形式、书面形式或者其他形式。

1. 书面形式

所谓合同的书面形式，是指以文字的方式表现当事人之间所订合同内容的形式。《合同法》第十一条规定:“书面形式是指合同书、信件和数据电文(包括电报、电传、传真、电子数据、电子邮件)等可以有形地表现所载内容的形式。”

2. 口头形式

所谓合同的口头形式,是指当事人以谈话或口头表述的形式订立合同,包括当面交谈、电话联系等。

3. 其他形式

所谓合同的其他形式,是指采用除书面形式、口头形式以外的方式订立合同的形式。其他方式一般包括推定形式和默示形式。所谓推定形式,是指当事人并不直接用书面或口头方式进行意思表示,而是通过实施某种行为来作意思表示。例如,饭店客房租赁合同期满时,承租人和出租人都没有提出合同终止的问题,而承租人继续支付租金,出租方也继续接受租金,此种行为即可以推定出租人已经同意延长该客房租赁合同的租赁期。所谓默示形式,是指当事人采用沉默的方式进行意思表示,也就是以默认的方式对合同表示认可。

当事人可以自由选择这三种合同形式,但为有效解决争议,应以书面合同形式为最佳选择;而且《合同法》第十条第二款规定,法律、行政法规规定采用书面形式的,应当采用书面形式。当事人约定采用书面形式的,应当采用书面形式。

二、订立合同主体的资格

《合同法》第九条规定:“当事人订立合同,应当具有相应的民事权利能力和民事行为能力。”“当事人依法可以委托代理人订立合同。”这是《合同法》关于订约资格的规定。

1. 具有相应的民事权利能力和民事行为能力

在我国,自然人、法人、其他组织都能成为合同的主体,但他们必须具有相应的民事权利和民事行为能力,才能成为订立合同的主体。其中“民事权利能力”,是指民事方享有民事权利和承担民事义务的资格;公民的民事权利始于出生,终于死亡。其他组织的民事权利能力与法人相同,也是从该组织成立开始到该组织终止结束。“民事行为能力”,是指民事主体以自己的行为取得民事权利和设定民事义务的资格。公民的民事行为能力分为三种。

(1)完全民事行为能力。是指达到法定年龄,能够通过自己的独立行为进行民事活动并独立承担民事责任的能力。

(2)限制民事行为能力。是指只具有部分民事行为能力,即可以进行某些民事活动,但不能独立地进行全部民事活动的能力。

(3)无民事行为能力,指完全不具有以自己的行为取得权利和设定义务的资格。法人与其他组织的民事行为能力相同,即其民事行为能力与民事权利能力一致,也由其内部组织机构来实现。其中“相应”的含义,是指当事人的缔约能力必须与其所订立的合同相适应。如,对旅游企业法人,主要是考察其经营范围或设立宗旨;对于旅游者,主要看其年龄及精神状态。

2. 委托代订

《合同法》规定,当事人可以委托代理人订立合同。代订合同是当事人委托他人以自己的名义与第三人签订合同,并承担由此产生的法律后果的行为。委托代理人代订合同须取得委托人委托证明,在授权范围内以被代理人名义订立合同。

三、合同订立的程序

订立合同，必须按照法律规定的程序才能成立。根据合同法的规定，订立合同的程序分为要约和承诺两个阶段。

1. 要约的概念和条件

(1)要约的概念。所谓要约，是指要约人希望和他人订立合同的意思表示。发出要约的人为要约人，接受要约的人为受要约人。要约一旦得到受要约人的承诺，该要约就产生法律效果。

(2)要约的条件。要约作为表达希望与他人订立合同的一种意思表示，必须具备特定的条件。按照《合同法》第十四条的规定，要约必须具备以下两个条件：

①内容具体确定。要约内容的"具体确定"，是指要约的内容必须包含要约人所希望订立合同的基本条款。如果受要约人表示同意，合同即告成立。

②表明经受要约人承诺，要约人即受该意思表示约束。要约作为表达希望与他人订立合同的一种意思表示，其内容已经包含了可以得到履行的合同成立所需要具备的基本条件。在此情况下，如果受要约人表示接受此要约，则双方达成了订立合同的意愿，合同也即告成立。例如，旅行社为招徕游客，向某公司发出一份旅游线路宣传品。如果这份旅游线路宣传品中包含了旅游行程(包括乘坐交通工具、游览景点、住宿标准、餐饮标准等)安排、旅游价格、违约责任等，则应视为要约，即其内容是具体确定的。如果某公司表示接受该要约，双方即可达成订立合同的合意，而旅行社就要受该要约的约束。

2. 要约邀请及其特点

(1)要约邀请的概念。所谓要约邀请，又称要约引诱，是指希望他人向自己发出要约的意思表达。

(2)要约邀请的特点。要约邀请具有以下两个特点：

①要约邀请是一种意思表示。即通过要约邀请将希望他人向自己发出要约的意思表达出来。

②要约邀请是希望他人向自己发出要约的意思表示。要约邀请作为一种意思表示，表达的内容是希望他人向自己发出要约。这是要约邀请与要约的本质区别。《合同法》第五条对要约邀请作了规定，即将寄送的价目表、拍卖公告、招标公告、招股说明书、商业广告等规定为要约邀请。应当指出的是，在《合同法》列举的上述行为中并非绝对是要约邀请。如价目表的寄送，如果寄送的价目表中明确表明了行为人愿意受承诺的约束，或者从价目表中可以确定行为具有接受承诺后果约束的含义，则应当认定其为要约，而非要约邀请。又如商业广告原则上属于一种要约邀请，而不是一种要约。但是，如果商业广告中明确注明了是要约，或者含有广告者希望与他人订立合同的意思表示，且内容具体确定并注明只要受要约人承诺，广告者即受该承诺约束，则应当属于要约，而不再属于要约邀请。《合同法》第十五条第一款规定："商业广告的内容符合要约规定的，视为要约。"

3. 承诺的概念和条件

(1)承诺的概念。所谓承诺，是指受要约人同意要约的意思表示。

(2)承诺的条件。一般认为，一项有效的承诺必须符合以下条件：

①承诺必须由受要约人向要约人作出；

②承诺必须是对要约明确表示同意的意思表示；

③承诺必须在要约有效的期限内作出；

④承诺的内容必须与要约的内容一致。

4. 承诺作出的方式

《合同法》第二十二条规定："承诺应当以通知的方式作出，但根据交易习惯或者要约表明可以通过行为作出承诺的除外。"由以上可见，承诺应当以通知亦即明示的方式作出，缄默或者行为不视为承诺。所谓明示的方式，是指受约人以语言、文字或者其他直接表达意思的方式作出表示同意要约这一内在意思的形式。但是，根据《合同法》的规定，下列两种情况可以例外：

(1)根据交易习惯。根据要约人和受要约人以往进行交易的习惯或者当地的交易习惯，如果一方向另一方发出要约以后，另一方在规定的时间内没有作出意思表示，则认为已经承诺，在此种情况下，受要约人可以不再向要约人发出承诺的通知。

例如，甲旅行社与乙旅行社在以往的业务合同中，通常都是一方旅行社发出要约后，另一方在规定的时间内没有作出意思表示，就认为另一方旅行社已经承诺。这次甲旅行社又向乙旅行社发出了在某日以某价格发团的要约，乙旅行社没有作意思表示，则应当认定乙旅行社已经承诺。

(2)根据要约的要求。要约人在要约中表明受要约人可以通过行为作出承诺，则受要约人可以不再向要约人发出承诺的通知，只需作出承诺行为即可。如某旅行社向另一旅行社发出要约，希望该旅行社以某价格接待旅游团，团到付款，如果该旅行社同意即可发团。在此种情形下，被要约的旅行社即可不再向要约旅行社发出承诺通知，而直接发团。被要约旅行社的行为就是承诺的表示方式。承诺可以撤回。撤回是指受要约人在向要约人发出承诺通知后，在承诺正式发生法律效力前，承诺人想使发出的承诺不发生法律效力的意思表示。承诺人如果撤销承诺，应当向要约人发出撤回承诺通知，撤回承诺的通知应当在承诺通知到达要约人之前或者与承诺同时到达要约人。如果撤回承诺的通知晚于承诺通知到达要约人，则承诺不能撤回，承诺生效，合同成立。

总之，合同订立的方式是要约与承诺，要约人应当在承诺期限内遵守要约，承诺人在承诺期限内向要约人发出承诺通知，承诺通知到达要约人时生效，合同成立。要约是向另一特定方发出订立合同的意思表示，另一方对此内容可以完全同意、也可以完全不同意。完全同意就是承诺，合同成立；完全不同意，就是不承诺，合同不成立。修改后同意，不是承诺，是受要约人向原要约人发出的要约，是不同于原来要约的新要约。(原)要约人接到(原)受要约人发来的新要约后，又修改形成新要约，发给原受要约人，双方经过多个回合的修改，达到一致意思表示，对最后确定的新要约承诺生效，合同成立。现实生活中，合同订立一拍即合的情况较少，经过要约——新要约——新新要约——新新新要约——承诺的情况更为常见，通常所说的"讨价还价"就是对要约——新要约——承诺的合同订立方式与过程的形象概括。

四、合同的效力

旅游合同的效力，是指旅游合同的法律约束力。它与旅游合同的成立既有联系又有区别。旅游合同成立是有效的前提，如果一个旅游合同没有成立，也就无所谓有效与无效问题。但并非所有成立的合同，都是有效的。

1. 有效的旅游合同

依法成立的旅游合同，即产生法律约束力，成为有效旅游合同。具体说来，旅游合同的生效须具备以下条件：

(1)行为人具有相应的民事行为能力。相应的民事行为能力原则要求是完全民事行为能力，即年满18周岁以上，以自己的劳动收入为主要来源。限制民事行为能力的旅游者可以独立地与相对人订立与其年龄、智力或精神健康状况相适应的旅游合同，其他旅游合同由他的法定代理人代理，或者征得他的法定代理人的同意。无民事行为能力的旅游者只能由他的法定代理人代理订立旅游合同。限制民事行为能力与无民事行为能力的人原则上不能缔结合同。就旅游部门而言，必须依法领取营业执照，并在核准的经营范围内与相对人订立旅游合同。

(2)意思表示真实。意思表示真实指当事人订立旅游合同的意思表示必须与其内在意志相符合。即任何一方订立旅游合同都必须是在自愿的基础上反映自己的真实愿望，禁止任何人通过胁迫、欺诈等不正当手段或者乘人之危而使他人与其订立合同。

(3)不违反法律或者社会公共利益。不违反法律或者社会公共利益是指不违反法律、行政法规中的强制性规范，不损害社会公共秩序，不违背道德准则和风俗习惯。订立旅游合同是一种法律行为，要使订立的旅游合同具有法律约束力。旅游合同的内容、形式和订立的程序都要符合法律、行政法规的要求，只有这样，该旅游合同才能得到国家的认可并具有法律效力，当事人的权利才能得到法律的保护，并达到当事人订立旅游合同预期的后果。

2. 效力未定的旅游合同

所谓效力未定的旅游合同，是指该合同签订后，其有效或无效处于不确定状态，要经过某种情况出现时，才能确认其效力。在实际生活中，效力未定的旅游合同主要有以下两种：

(1)当事人行为能力有欠缺的旅游合同。旅游合同的主体必须有完全民事行为能力。限制民事行为能力人如果订立超越其年龄和精神智力健康状况的旅游合同，一般必须由法定代理人代理，或事先征得法定代理人同意，否则便为无效。但是，如果法定代理人对于这种当事人行为能力有欠缺的合同意愿予以追认，则该合同有效。

(2)无权代理的旅游合同。代理行为以有效的代理权为前提。如果行为人没有代理权、超越代理权或者代理权终止以后以被代理人名义签订旅游合同，经被代理人追认，该旅游合同有效；如果未被代理人追认，则该旅游合同对被代理人不发生效力。

3. 可撤销的旅游合同

(1)可撤销的旅游合同的概念。可撤销的旅游合同是指由于法定原因，享有请求权的当事人请求人民法院或者仲裁机构撤销合同效力的旅游合同。合同在撤销之前是有效的，不过一旦被撤销后，从合同订立时起无效。

(2)可撤销的旅游合同的种类。

①因重大误解而订立的旅游合同。这是指当事人对旅游合同中的主要因素有错误认识而订立的合同，一般认为，对旅游合同的性质、标的、数量、质量，对方当事人的误解是重大误解。重大误解的旅游合同，由于违反了当事人真实意愿，因此，如当事人提出异议，应予撤销。

②显失公平的旅游合同。这类旅游合同，是指一方当事人利用优势或利用对方急需或无经验，致使双方的权利、义务关系明显违反平等互利及等价交换原则的旅游合同。显失公平的旅游合同应具备三个条件：一是对对方当事人有重大不利；二是不利一方不是出于真正自

愿;三是这种不利为法律所不允许。

(3)可撤销旅游合同的法律后果。对于有重大误解或显失公平的旅游合同请求变更的，人民法院或仲裁机构应当在查清事实的基础上，通过调解，促使当事人双方修改原定合同条款，消除当事人对合同内容不公平的状况，使当事人的利益变更后趋于平衡。

①予以撤销，是指当事人对有重大误解或显失公平的旅游合同，请求撤销的，人民法院和仲裁机构可酌情予以撤销;对于有些可撤销的旅游合同，一方要求变更合同内容遭到另一方拒绝的，享有请求权的一方当事人也可以申请撤销，人民法院应予支持。被撤销的旅游合同，自成立起无效，并发生返还财产、赔偿损失的法律后果。

②返还财产。可撤销旅游合同被撤销后，当事人基于重大误解显失公平的旅游合同所取得的财产应返还给对方。若标的灭失、消耗或为第三人取得而不能返还的，应作价补偿。

③赔偿损失。可撤销旅游合同被撤销后，无过错的一方当事人如因合同被撤销造成损失，由过错方当事人负责赔偿。如果双方均有过错，则根据双方当事人的过错大小，各自承担相应的责任。

4. 无效的旅游合同

(1)无效旅游合同的概念。无效的旅游合同，是指当事人之间已经签订的，但不具备有效要件，自始就不能发生法律效力的旅游合同。由于不具有旅游合同的有效条件，因而从订立时起就没有法律约束力，不被法律承认和保护。当事人不仅不能实现其订立合同所预期的旅游目的，还要承担由此产生的法律责任，受到法律的制裁。

(2)无效旅游合同的特性。无效旅游合同具有下列三个特性:

①无效旅游合同欠缺合同有效要件。旅游合同的成立与生效，都必须具备一定的要件。合同欠缺成立要件，则合同不能成立;合同虽已成立，但欠缺有效要件，则为无效合同。由此可见，无效旅游合同是以合同的成立为前提，以欠缺合同的生效要件为条件。

②无效旅游合同自始无效。无效旅游合同，从订立的时候起，就没有法律约束力。当事人依据无效旅游合同产生的旅游法律关系均不存在;根据无效旅游合同的履行也无效，已履行的应恢复原状，未履行的不得履行;当事人因无效旅游合同的履行发生争议，不受法律保护(但因无效合同所致财产损失除外)。

③无效旅游合同绝对无效。无效旅游合同，就其本质来说具有非法性，正是这类合同不符合国家意志，因而合同当然无效，即使当事人不主张无效，国家也要对此进行干预。

(3)无效旅游合同的种类。

无效旅游合同主要限定在违反法律的限制性规定等方面，一般有以下几类:

①一方以欺诈、胁迫的手段订立合同，损害国家利益。欺诈是指一方当事人故意实施某种欺骗他人的行为，如提供虚假情况或掩盖真实情况等，使对方产生错误认识订立合同。如旅行社故意宣传不存在的活动项目。胁迫是指以将来要发生的损害或以直接施加损害相威胁，使对方产生恐惧并因此订立合同。如以不再续租办公用房相要挟逼迫旅行社签订低于成本费用的旅游合同。该类旅游合同违背了当事人的真实意思，又损害了国家的利益，因而无效。

②恶意串通，损害国家、集体或者第三人利益的合同。恶意串通又称通谋的虚伪意思表示，是指行为人与他人串通一气，损害国家、集体或者他人利益而自己获得好处。其成立须具备以下特点:一有意思表示的存在;二所表示的意思与真实意思不一致;三表意人明知其表

示与真实意思不一致；四对此种非真实表示，双方存在着通谋，其目的在于损害国家、集体或者他人利益。该类旅游合同为了个人或者小团体的利益而损害国家、集体或者他人利益，因而无效。

③以合法形式掩盖非法目的的旅游合同。自然人、法人和其他组织订立旅游合同时，不得以各种手段制造假象、掩盖真相，达到规避法律的目的。如果某旅游合同在形式上是合法的，但在缔结合同的目的和内容上是非法的，则该合同无效。如为掩盖非法出境的目的而订立出境旅游合同。

④损害社会公共利益的合同。社会公共利益，受我国法律的保护。当事人订立旅游合同不得损害公共利益，否则该合同无效。如订立安排赌博活动内容的旅游合同，便是无效合同。

⑤违反法律、行政法规强制性规定的合同。这类合同有：无民事权利和行为能力的主体订立合同；内容违法的合同；形式违法的合同等。

此外，根据无效的范围和程度，无效合同又可分为全部无效的旅游合同和部分无效的旅游合同。旅游合同部分无效，不影响其他部分效力的，其他部分仍然有效。有效部分当事人应当履行。

※课前导读

某旅行社和王先生签订了去内蒙古旅游的合同，王先生交纳了全额团费。合同对住宿的约定是：住蒙古包一晚，住三星级酒店三晚。合同签订后的第四天，由于未能招徕到足够的游客，旅行社取消了团队行程。旅行社通知王先生，请他随另一家旅行社去内蒙古旅游，并且住宿已经变更为蒙古包二晚，住三星级酒店二晚。王先生拒绝了组团社的要求，并向旅游管理部门投诉。旅游管理部门认为，旅行社转让合同义务时，没有取得旅游者王先生的同意；转让后的旅游合同对原合同住宿标准和档次作了实质性的改变，旅行社的违约显而易见，责令该旅行社对上述行为进行整改，王先生也有权要求旅行社承担违约责任，赔偿经济损失。

第三节　合同的变更、转让与终止

一、合同的变更

旅游合同的变更是指旅游合同订立以后，尚未履行之前，对原来订立的旅游合同条款进行增加、减少或修改的协议。

1. 合同变更含义

(1)合同变更发生在合同成立之后到合同没有完全履行之前。这里的“没有完全履行之前”包括合同订立之后根本没有履行和没有完全履行以前的期间。如果合同没有成立或者合同已经履行完毕，就不会发生合同变更的情形。

(2)合同变更是对已经成立的合同部分内容的变动或者修改。如果是对合同的全部内容进行变动或修改，就不属于合同的变更，而是重新协商订立的合同。

(3)合同的变更须经当事人协商一致。根据当事人意思自治原则，合同是双方当事人协商一致的结果，合同成立并生效后，任何一方当事人均不能单独随意变更。

(4)有些合同的变更须经批准。《合同法》第七十七条第一款规定："法律、行政法规规定变更合同应当办理批准、登记等手续的，依照其规定。"即经过当事人协商一致的，可以变更合同，而依据法律、行政法规规定，变更合同应当办理批准、登记手续的，还应当依据法律、行政法规的规定办理手续。这一方面体现了合同当事人的意思自治原则，同时又体现出对某些合同实行必要的国家干预原则。

2. 当事人对合同变更的内容约定不明确的处理

《合同法》第七十八条规定："当事人对合同变更的内容约定不明确的，推定为未变更。"因为变更后的合同权利、义务只有明确，才能履行并产生法律上的约束力。如果变更后的合同权利、义务不明确，则无法履行，不利于法律保护当事人的权益。

二、合同的转让

合同的转让是指合同当事人依法将合同规定的权利和义务全部或部分转让给第三者的合法行为。其具体涵义包括以下四点：

1. 主体发生变化。即向第三人转让。

2. 内容不得改变。即合同中的权利、义务不发生变化，权利享有主体将其权利全部或部分转让给他人，或者义务承担主体将其应承担的义务转让给他人，而作为合同内容的权利、义务并不因转让而改变。

3. 经对方同意或通知对方方可产生法律约束力。《合同法》第八十条规定："债权人转让权利的应当通知债务人。未经通知，该转让对债务人不发生效力。债权人转让权利的通知不得撤销，但经受让人同意的除外。"《合同法》第八十四条规定："债务人将合同的义务全部或者部分转移给第三人的，应当经债权人同意。"由此可见，旅游合同的转让包括旅游合同权利转让与义务转让。前者是指合同中享受权利的一方当事人通过协议将自己的债权全部或部分转让给第三人的行为；后者是指合同中债务人将自己应当履行的义务全部或部分转让给第三人的行为。旅游合同权利转让者应履行通知的义务，即债权人转让债权，只要对债务人履行通知义务即可，不必经债务人同意。而旅游合同义务的转让必须经债权人同意，否则该转让无效，这与合同权利转让有所不同。

4. 转让涉及审批手续的，须经批准。旅游合同的转让是旅游合同变更的一种特殊形式，它不是变更合同所规定的权利、义务的内容，而是变更合同的主体。而旅游合同的变更是针对合同内容而言，不是对合同主体而言，合同主体变化属于合同转让。旅游合同的变更转让都是法律行为，都改变了原有合同的法律关系。

三、合同的终止

1. 旅游合同终止的概念

旅游合同的终止，也就是旅游合同权利、义务的终止，是指当事人双方终止合同关系，合同确定的当事人之间的权利、义务关系消灭。

2. 合同终止的法律规定

《合同法》第九十一条规定了合同的权利、义务终止的情形。

(1)债务已经按照约定履行。即债务人已经按照合同约定全部履行债务，债权人的权利已经全部得到了实现。

(2)合同解除。即经过合同当事人协议或由于出现法定事由，合同终止，亦即合同当事人的权利、义务因解除而终止。

(3)债务相互抵消。即当事人互负到期债务，只要该债务的标的物种类、品质相同，任何一方都可以将自己的债务与对方的债务抵消。但是，依照法律规定或者按照合同性质不得抵消的，则不能相互抵消。根据当事人意思自治原则、当事人互负债务，即使标的物种类、品质不相同，但经双方协商，也可以抵消。依照《合同法》规定，前者属于法定抵消，后者属于协议抵清。

(4)债务人依法将标的物提存。即指由于债权人的原因而无法向其交付合同标的物时，债务人将标的物交给提存机关而使合同权利、义务关系终止。

(5)债权人免除债务。根据当事人意思自治原则，债权人可以免除债务人部分或者全部债务。债务一经免除，合同的权利、义务即告终止。

(6)债权、债务同归于一人。即由于债权、债务同归于一人，这时一方当事人既是债权人，又是债务人，自己向自己清偿债务是毫无意义的，因此，合同的权利、义务终止。

(7)法律规定或者当事人约定终止的其他情形。例如《保险法》规定:除保险法另有规定或者保险合同另有约定的以外，投保人可以任意解除合同。此外，当事人也可以约定各种终止合同的条件从而使合同终止。《合同法》作上述规定是当事人意思自治原则的体现。

3. 合同终止后的法定义务

《合同法》第九十二条规定:“合同的权利、义务终止后，当事人应当遵循诚实信用原则，根据交易习惯履行通知、协助、保密等义务。”《合同法》第九十八条规定:“合同的权利、义务终止，不影响合同中结算和清理条款的效力。”即结算和清理的条款仍然必须执行。以上都是合同终止后合同当事人应当履行的义务。

第四节 合同履行与违约责任

一、合同履行的概念及原则

1. 合同履行的概念

合同履行，是指债务人全面地、适当地完成其合同义务，债权人的合同债权得到完全实现。从合同效力方面观察，合同履行是依法成立的合同所必然发生的法律效果，并且是构成合同法律效力的主要内容。合同的订立是前提，合同的履行是关键。

2. 合同履行的原则，是指当事人在履行合同义务时所应遵循的基本准则。包括:

(1)全面履行的原则

《合同法》第六十条规定:“当事人应当按照约定全面履行自己的义务。”这就是全面履行的原则。全面履行的原则是判定合同当事人是否全面履行了合同义务和当事人是否存在违约事实，以及是否承担违约责任的重要法律准则。

(2)协作履行原则

协作履行原则，又称“适当履行原则”，是指旅游合同当事人双方在履行合同过程中，互相督促和配合，完成合同规定的义务，使当事人双方的利益得以切实高效实现。旅游合同履行中产生的争议要及时协商解决，避免分歧扩大，影响合同的履行。

(3)诚实信用履行原则

《合同法》第六十条第二款规定：“当事人应当遵循诚实信用原则，根据合同的性质、目的和交易习惯履行通知、协助、保密等义务。”这就是诚实信用履行原则。按照这一原则，当事人除了应当按照约定全面履行合同义务外，更重要的是强调当事人应当履行依据诚实信用原则所产生的附属义务，即《合同法》所规定的通知、协助、保密等义务。履行这些附属义务时，应当根据合同的性质、目的和交易习惯来进行。

二、违约责任

1. 违约责任的概念及特点

违反合同的责任，简称违约责任，是指合同当事人不履行或不完全履行合同所规定的义务以及依据法律规定或合同约定所应承担的责任。违约责任是合同法律制度中的一个十分重要的内容，它是保障合同当事人履行合同义务的重要举措，对于促进旅游合同的全面履行、弥补违约造成的损失，对于当事人以及整个社会的民事、经济活动都具有重要的意义。违约责任具有如下特点：

(1)违约责任的产生是以合同的有效存在为前提的。合同生效以后。将在当事人之间产生法律约束力，当事人应当按照合同约定，全面、严格地履行合同义务，任何一方当事人因违反有效合同所规定的义务均应承担违约责任。所以违约责任是违反有效合同所规定的义务的后果。

(2)违约责任是合同当事人不履行债务所应承担的责任。此处的债务是一个广义的概念，既包括合同约定的义务，又包括法律规定的义务。因为合同当事人除了应当全面履行合同约定的义务外，还应当遵循诚实信用原则，根据合同的性质、目的和交易习惯，履行法定义务；不履行这些法定义务，同样构成违约，从而应当承担违约责任。如果按照合同约定和法律规定，不存在违约行为，则自然不存在违约责任的承担。

(3)违约责任只能在合同当事人之间产生。违约责任具有相对性和特定性，债务人只向债权人承担违约责任，而不能向合同关系以外的任何其他人承担违约责任。

(4)违约责任可以由合同当事人自行约定。当事人可以在法律规定的范围内对违约责任预先作出安排，例如，可以约定损害赔偿的计算方法或者违约金的数额，设定免责条款或者限制责任条款。

违约责任属于民事责任的一种，即民事责任包括违约责任。一般来讲，构成法律责任的要件包括两个方面，即主观要件和客观要件。而违约责任的构成要件，根据我国《合同法》的规定，只要“当事人一方不履行合同义务或者履行合同义务不符合约定的”，就要承担违约责任。也就是说，在我国违约责任的构成不包括主观要件，不论不履行合同的一方在主观上是否有故意或过失，只要在客观上存在当事人没有履行合同约定的行为，除法定免责事由之外，就要承担违约责任。

2. 违约责任的承担方式

（1）继续履行。继续履行是指当事人一方不履行合同或者履行合同义务不符合约定时，另一方当事人可以要求其在合同履行期限届满后，继续按照合同所约定的主要条件，完成合同义务的行为。继续履行不得以支付违约金和赔偿金的方式来代替。有下列情形之一的可采取其他方式承担违约责任：第一，法律上或者事实上不能履行；第二，债务的标的不适于强制履行或者履行费用过高；第三，债权人在合理期限内未要求履行。我国一向重视继续履行，它对于保障守约方实现其合同目的，严肃合同纪律，消除信用危机，维护正常的社会经济秩序，具有重要意义。

（2）返还定金。定金，既是一种债务的担保形式，又是一种违约责任形式。我国《合同法》第一百一十五条规定："当事人可以依照《中华人民共和国担保法》约定一方向对方给付定金作为债权的担保。债务人履行债务后，定金应当抵价款或者收回。给付定金的一方不履行约定债务的，无权要求返还定金；收受定金的一方不履行约定债务的，应当双倍返还定金。"定金作为一种违约责任形式，其适用于不以实际发生的损害为前提，即无论一方的违约是否造成对方损失，都可能负有定金责任。因此，定金具有强烈的惩罚性。定金的适用有一定的限制。第一，适用范围的限制。除当事人另有约定外，定金适用于以不履行合同或者其他严重违约行为。第二，数额的限制。《中华人民共和国担保法》第九十一条规定："定金的数额由当事人约定，但不得超过主合同的标的额20%。"

（3）支付违约金。违约金，是指一方当事人违反合同，依照约定或者法律规定，向对方支付一定数额金钱的形式。违约金是世界各国普遍采用的一种责任形式，主要体现了补偿性，但在某些情况下也具有惩罚性。

（4）赔偿损失。赔偿损失，是指违约方因不履行或者不完全履行合同给对方造成损失时，依法或者根据合同约定应赔偿对方当事人所受损失的行为。采取赔偿损失的方式，需要具备一定条件，这些条件在民法理论上称为构成要件。根据归责原则，构成违约赔偿损失的要件是：第一，必须要有损害事实；第二，必须有违约行为；第三，违约行为和损害事实之间存在因果关系。以上三个条件是在适用严格责任原则时构成赔偿损失责任所必须同时具备的，在适用过错责任原则时，构成赔偿损失责任除具备上述三个条件外，还要求行为人在主观上具有过错，如果行为人主观上不存在过错，则不承担责任。应当注意的是，即使违约方已经采取了其他方式来承担违约责任，因违约行为遭受损失的合同当事人也有权利就尚未得到补偿的损失向违约方提出赔偿损失的要求，合同法不排除对一个违约行为同时适用多个违约责任承担方式。

（5）采取补救措施。采取补救措施，是指违约方采取的除继续履行、支付赔偿金、支付违约金、支付定金方式以外的其他补救措施，其目的在于消除、减轻因违约给对方当事人造成的损失。《合同法》第一百一十一条规定了补救措施的具体承担方式。当事人履行合同质量不符合约定的，应当按照当事人的约定承担违约责任。对违约责任没有约定或者约定不明确，依照有关合同履行的规定仍不能确定的，受损害方根据标的性质以及损失的大小，可以要求违约方采取修理、更换、重作、退货、减少价款或者报酬等补救措施。

3. 违约责任的免除

违约责任的免除，是指违约方虽存在违约行为，但可免予承担违约责任的情形。违约责任的免除主要包括以下两种情况：其一是债权人放弃追究债务人的违约责任；其二是存在免责事由。免责事由，是指有违约行为的当事人，有权主张无须因此承担违约责任的法定理由。旅行社可以和旅游者在合同中对免责条款进行约定，在没有特殊约定的前提下，当事人可以引用法定的免责事由。合同法规定，因不可抗力造成合同不能履行时，可以免除当事人部分或全部合同责任，所以不可抗力是法定的免责理由。

(1)不可抗力的概念。不可抗力，是指不能预见、不能避免并且不能克服的客观情况。不可抗力的发生，严重地阻碍了当事人实施履行合同的行为，因此免除当事人的违约责任，是对当事人合同责任的合理分配，符合公平的原则和通常的交易规则。

(2)不可抗力应符合的条件。根据法律规定，不可抗力作为合同的免责理由，应符合以下条件。

①事件发生在合同订立后。当事人在订立合同时，就已经发生的事件，不能作为不可抗力要求免责。

②双方对不可抗力的发生不能预见。不可抗力在订立合同时，是双方不能预见的。在判断双方是否能够预见，不是以具体当事人的预见能力为准，而是以一般人通常的预见能力为准。

③不可抗力的发生是不能避免、不能克服的。不能避免是指不可抗力的发生具有必然性，不受当事人主观意思的影响。不能克服是指即使当事人采取了一切措施，也不能消除不可抗力所造成的损害结果。

(3)不可抗力的范围。虽然法律明确地规定了不可抗力的构成条件，但在具体案例中，对某一事件是否属于不可抗力，以及该不可抗力对合同所造成的影响，仍可能发生争议。通常认为，不可抗力包括以下事件：

①自然灾害。尽管现代科学技术极大地提高了人类对自然灾害的预见和防范能力，但是自然灾害对人类生产、生活的负面影响仍然很大。在履行合同的过程中，如遭遇水灾、地震、泥石流等自然灾害，致使当事人不能履行合同的，当事人通常可以以不可抗力为由要求免责。

②因社会原因导致的不可抗力。相对于自然灾害，对这一种类的不可抗力的判断争议更大。通常情况包括：a. 因政府的行为导致合同不能履行的，合同订立之后，政府颁布了有关法律、法规、政策，这些法律、法规以及政策的内容，与合同的内容抵触，或者使合同的履行客观上变成不可能，当事人有权因此要求免责；b. 社会异常事件。如罢工、骚乱等行为。偶发事件，虽然是人为的行为，但也属于当事人在订立合同时不可预见的，会阻碍合同的履行。

(4)发生不可抗力时的合同义务。《合同法》第一百一十八条规定，不可抗力发生后，当事人一方应当及时通知对方，以减轻因此可能给对方造成的损失，并且应当在合法合理的期限内提供有关不可抗力的证明。所以，在不可抗力发生后，合同的当事人要尽管理人的义务，防止损失的扩大。遭遇不可抗力的一方未通知对方或者通知不及时，使对方因此损失扩大的，对扩大的损失不能以不可抗力为由要求免责。此外，要求以不可抗力免责的当事人，有义务证明确实发生过不可抗力，并要为此出具相关证明，如对自然灾害或者社会事件所作的新闻报道，有关部门对发生不可抗力所出具的证明。

※单元实训

实训一：

1. 实训资料

某旅行社为扩大业务规模，欲将原经营住所的房产转让。后经人介绍，李某表示自己愿意购买此房产。双方经过协商，于2007年11月达成房屋买卖合同。合同约定：该旅行社将其房产转让给李某，总价款34万元；在该合同经有关房产管理部门登记后3日内，李某先付10万元，其余24万元在迁入后付清；旅行社在当年12月底之前，将该房腾空交付给李某使用。该合同经过公证机关公证和有关房产管理部门登记后，李某当即交付房款10万元。当年12月5日，该旅行社负责人在一次业务活动中得知李某曾因吸毒被劳教3年，释放后仍不务正业，有诈骗嫌疑，遂担心李某无力付款，即使能够付款，仍担心其钱款来路不明，会给房产交易带来麻烦，于是在12月14日，旅行社以房价过低为由，要求解除合同。李某立即反对，表示该合同已经公证并在房产管理部门登记，若旅行社在12月底不能腾空房子，他将申请执法部门采取强制措施。旅行社只好提出担心其资金不能按时兑现的理由，让李某找一个担保人，以保证其资金不出问题，并表示在李某找到担保人之前，中止履行合同。李某答应找一个担保人。12月18日，李某到深圳去做生意，直到次年1月27日才回来，见旅行社仍未将房屋腾空，即要求旅行社立即腾房。旅行社说李某没有找到担保人，该房产不再转让。李某认为该旅行社的做法违反了合同约定，侵害了其合法权利，遂诉至法院。

2. 实训问题

(1)依据《合同法》，该旅行社的做法是否合法？为什么？

(2)《合同法》对行使不安抗辩权有哪些要求？

实训二：

1. 实训资料

某旅行社长期拖欠某三星级旅游涉外饭店的食宿、娱乐费用总计16万元。饭店曾多次催要，旅行社均以资金紧张为由拖延还款。2006年12月，饭店再次致函旅行社，要求尽快还款，否则将向法院起诉。旅行社见无法再拖，遂与饭店协商愿意将自己办公楼的临街店面交给饭店，充抵欠款，饭店表示同意。

2007年3月6日，饭店一名副经理路过该楼房时，看见该旅行社办公楼的临街店面开了一家食品店，该经理便到食品店打听情况。据店员讲，该店的老板与旅行社经理系表兄弟，旅行社仅以6万元的低价将该店面出售给了食品店。得知这一情况后，旅游饭店便打算起诉该旅行社。但由于此时旅游饭店内部人事变动，事务繁杂，顾不上追究此事。直到2008年5月，旅游饭店新任经理才要求旅行社以临街店面充抵欠款。旅行社则以该楼房临街店面一年前已出售为由予以拒绝。饭店遂向法院起诉，请求法院判决被告清偿债务，否则以旅行社办公楼房的临街店面充抵欠款。

2. 实训问题

(1)旅游饭店能否向法院申请判决该买卖房屋的合同无效？为什么？

(2)人民法院是否会支持旅游饭店以旅行社办公楼房的临街店面充抵债务的请求？为什么？

实训三：

1. 实训资料

2007年8月，韩某同某国际旅行社签订了东南亚6日游合同。合同规定：9月30日旅游团离京直飞泰国，旅游费用共计4750元，须先交定金3800元，用于办理护照、签证和订购机票等费用支出，旅游费余款取机票时一次付清。合同订立后，韩某交付了3800元，旅行社开具了“定金”发票。同年9月8日，韩某所在单位突然委派其到外地出差一个月，因此不可能再按原计划参团出游，于是韩某提出解除所签订的旅游合同，并要求退还已交付的预付款

3800元。而旅行社称其所交的费用已用于办理护照、签证和机票的支付。韩某表示如果旅行社确实已花去部分费用，则同意从预付款中合理扣除该费用，但旅行社应提供相关凭证并应退还余款。旅行社则认为，韩某交付的3800元是定金，按照《合同法》第一百一十五条"给付定金的一方不履行约定债务的，无权要求返还定金"的规定，韩某的要求是不合法的。

2. 实训问题。

(1) 定金和预付款有哪些不同?

(2) 旅行社对韩某的这笔钱款应如何处理?

实训四:

1. 实训资料

某旅游度假山庄与市供电局签订了一份供用电合同。合同约定:供电局保证长期为山庄供电，并就电力、电量、用电时间等内容作了详细的规定。在违约责任条款中规定:由于供电人责任造成未按计划指标向用户供电时，供电局应补供相应的电力、电量，并给予赔偿(包括违约金和赔偿金);由于用电人违约责任造成的后果则由用电人承担。"五一"前夕，供电局领导一行三人来山庄"度假"，由于山庄经理事务缠身，没能陪其尽兴游玩，供电局领导遂心怀怨气，拂袖而去。7月3日，山庄连降暴雨，造成旅游山庄所在地多处停水断电。7月4日，当山庄向供电局反映断电情况时，供电局称线路被风吹断，暂时无法修复、恢复供电。7月5日，除山庄外当地其他断电地方陆续恢复供电。7月8日，山庄再次找到供电局，供电局说因停电地点较多，工作人员少，顾不上到山庄去。此时，山庄为迎接旅游旺季的到来而准备的野味、海鲜等在冷库中均已解冻、变质，给山庄造成直接经济损失3.5万元。为此，山庄诉至法院，认为供电局本应按照协议，保证给山庄供电，但却以各种借口拖而不供，使山庄蒙受损失，因此要求供电局承担违约赔偿责任。而供电局辩称，停电是由于暴风雨造成的，属于不可抗力，恢复供电需要一定的时间，因而拒绝赔偿山庄的损失。

2. 实训问题

(1) 供电局所称的暴风雨是否属于不可抗力? 为什么?

(2) 对于山庄的经济损失，供电局是否应承担赔偿责任? 为什么?

第四章　导游人员管理法律、法规

※章节重点

1. 导游人员
2. 导游人员的权利、义务
3. 导游人员管理条例
4. 领队

※课前导读

1841 年 7 月 5 日，英国人托马斯·库克包租了一列火车，运送了 570 人从莱斯特前往拉夫巴勒参加禁酒大会，往返行程 22 英里，团体收费每人一先令，免费提供带火腿肉的午餐及小吃，还有一个唱赞美诗的乐队跟随，成为公认的近代旅游的开端。在这次旅游活动中，库克自始至终随团陪同照顾，可以说是现代旅行社陪同的最早体现。

1845 年，库克又组织了 350 人从莱斯特到利物浦的包价旅游，包括火车票、住宿费和途中游览卡那封城堡和斯偌登山的费用。为组织好这次旅游，库克给每个人分发了导游资料。这次旅游也是库克亲自带队。1855 年，库克组织了一系列的旅游团并提供全程导游。到 1864 年，经托马斯·库克组织的参加旅游的人数已累计达 100 多万，他的名字也成了旅游的代名词在欧美地区家喻户晓。后来欧洲及北美诸国和日本纷纷仿效库克组织旅游活动的成功模式，先后组织了旅行社或类似的旅游组织，招募陪同或导游，带团在国内参观游览。这样，在世界上逐步形成了导游队伍。

第二次世界大战后，大规模的群众性旅游活动崛起并得到发展，使导游队伍迅速扩大。后来，几乎世界各地都有一大批数量不等的专职和兼职导游队伍。由此可见，专业导游队伍是在旅行社产生之后逐步形成和发展起来的。

1949 年 10 月 1 日，中华人民共和国成立。同年 11 月 19 日，厦门有关部门接管旧“华侨服务社”，创立了新中国第一家华侨服务社。经周恩来总理提议和当时政务院的批准，1954 年 4 月 15 日成立中国国际旅行社总社，并在上海、天津、广州等地成立了 14 家分社，1957 年各地华侨服务社在北京召开专业会议，决定统一全国华侨服务社，增加“旅行”二字，并于 4 月 22 日成立华侨旅行社总社。1974 年经国务院批准，成立了中国旅行社，并与华侨旅行社合署办公，统称中国旅行社。1979 年 11 月 16 日成立了全国青联旅游部，1980 年 6 月 27 日国务院正式批准中国青年旅行社成立。自此，国、中、青三大旅行社承担了绝大部分海外来华游客的招徕和接待工作，以及国内游客的旅游业务，随之导游人员的队伍也迅速壮大。1984 年以后，随着中国旅游业的快速发展，旅行社的数量增长也很快，特别是进入 90 年代，国际旅行社和国内旅行社像雨后春笋般地涌现，目前已达到上万家。国家旅游统计数据披露，截至 2010 年底，全国导游员总数已达 59 万多人。

第一节　导游人员管理法规概述

一、导游人员管理法规概述

导游人员是旅游接待工作第一线的工作者，代表着旅行社乃至旅游目的地的对外形象，因此旅游行业对导游素质有较高的要求。为了适应社会主义市场经济的需要，保证旅游业的服务质量，加强对导游人员的有效管理，规范导游工作，1987 年 11 月 14 日经国务院批准，国家旅游局颁布了《导游人员管理暂行规定》，以加强对旅游全行业导游人员的统一管理。1999 年 5 月 2 日，为适应《导游人员管理暂行规定》颁布以来旅游市场的巨大变化，规范新出现的导游活动，国务院修订颁布了《导游人员管理条例》。该条例从政治思想、法制纪律、业务培训、内容考核和奖惩办法等多个方面对导游人员进行了规范和管理。该条例于 1999 年 10 月 1 日起实施，《导游人员管理暂行规定》同时废除。为了进一步加强对导游管理的力度，提高《导游人员管理条例》的可操作性，维护旅游市场秩序和旅游者的合法权益，2001 年 12 月 27 日，国家旅游局颁布了《导游人员管理实施办法》。随着出境旅游市场的蓬勃发展，加强对出境旅游市场的管理，维护国家旅游行业声誉和国家形象，迫切需要规范和强化对领队人员的管理。2002 年 10 月 28 日，国家旅游局颁布了《出境旅游领队人员管理办法》，对《中国公民出国旅游管理办法》中有关领队人员的规定进一步细化，以维护出境旅游者的合法权益。

这些导游管理法规的建立标志着我国旅游法制建设体系的初步建立，为旅游行政部门对导游人员的管理和指导提供了法律依据，也是导游人员和旅游者合法权益的法律保证，对加强我国导游队伍建设和旅游业的健康发展起了巨大的推动作用。

二、导游人员的概念和分类

1. 导游人员的概念

《导游人员管理条例》第二条规定，导游人员“是指依照本条例的规定取得导游证，接受旅行社委派，为旅游者提供向导、讲解及相关旅游服务的人员。”该概念包括三层含义：

（1）必须取得导游证。在我国担当导游的人员，是经过导游人员资格考试并取得导游证的人员。

（2）导游人员必须接受旅行社委派而从事导游业务。导游活动不是个人行为，而是代表旅行社的职责行为。因此，即使是非旅行社正式编制的导游人员，在其从事导游活动时，也要挂靠某家旅行社，听从旅行社的统一委派。

（3）导游人员的工作范围，主要是为旅游者提供向导、讲解及相关旅游服务。“向导”是指为他人引路、带路；“讲解”是指为旅游者解说、指点风景名胜；“相关旅游服务”是指为旅游者代办各种旅行证件，代购交通票据，安排旅行住宿、旅程、就餐以及其他与旅行、游览有关的各种活动。

2. 导游人员分类

导游人员由于业务范围、业务内容的不同，服务对象和使用的语言各异，其业务性质和服务方式也不尽相同。

(1)以导游人员服务时使用的语言种类进行分类

①中文导游人员，是指能够用普通话、地方语或少数民族语言，从事导游业务的人员。这类导游人员的主要服务对象是国内旅游的中国公民和入境旅游的港、澳、台同胞以及华侨。我国大部分地区都由普通话导游人员接待；地方语导游人员，如广东话、闽南话等导游人员；少数民族语导游人员，如蒙古语、维吾尔语、藏语等导游人员。

②外国语导游人员，是指能够运用外国语言从事导游业务的人员(如英、法、日、德、西班牙、意大利语等)。这类导游人员的主要服务对象是入境旅游的外国游客和出境旅游的中国公民。

(2)以职业性质划分

①专职导游人员，指持有导游证，与旅行社签有正式劳动合同，与旅行社存在正式劳资关系的工作人员。按照国家旅游局的划分，只要是持有导游证的旅行社正式员工，不论其是否在一线导游岗位上工作，都属于专职导游。专职导游须接受旅行社的全面管理，不能随意受聘于其他旅行社担当兼职导游。

②兼职导游人员，指持有导游证，挂靠某旅行社或导游服务公司而非旅行社的正式员工，与旅行社没有正式的劳资关系，在有出团任务时临时受聘于旅行社，为该社带团的工作人员。这类导游人员虽然不是旅行社的正式职工，但也有可能以导游工作为其主要职业。这些兼职导游与专职导游不同，比较灵活之处是他们不受某一旅行社限制，可同时受聘于多家旅行社，或为自由职业者。当然，也有可能出于本职工作的限制，仅能在节假日为旅行社带团。

③实习导游人员，指出于学习、社会实践或个人兴趣等目的，持有临时导游证书，不独立从事导游业务的导游工作人员。

(3)以导游证件性质划分

①正式导游人员，指考取全国导游资格证书后，受雇于某旅行社或导游服务公司，持有正式导游证的导游人员。

②临时导游人员，指具有特定语种语言能力，虽未考取导游资格证书，但由于旅行社业务需要，受聘于旅行社，领取临时导游证而临时从事导游活动的人员。

(4)以服务范围划分

①领队，又称出境旅游领队人员，是指依照《出境旅游领队人员管理办法》规定，获取出境旅游领队证，接受具有出境旅游业务经营权的国际旅行社的委派，从事出境旅游领队业务的人员。出境游领队指受中国境内有出境旅游业务经营权的国际旅行社委派，全权代表该旅行社带领中国旅游团到海外旅游，并为其提供全程导游服务的工作人员。由于出境旅游目前还是处于适度发展的地位，不是所有国际旅行社都具有出境游业务经营权，因此，仅有出境游业务经营权的国际旅行社有权委派出境游领队。

②全程陪同导游人员，指受组团旅行社委派作为组团社的代表，在领队(如有的话)和地方陪同人员的协助下带领旅游团在中国境内旅游并实施接待计划，为其提供全程导游服务的工作人员。

③地方陪同导游人员，是指受接待旅行社委派，代表接待社实施接待计划，为旅游团(者)提供当地旅游活动安排、讲解、翻译等服务的工作人员。该类人员只在当地帮助全程陪同，安排旅行和游览事项，提供讲解和旅途服务。

④景区(点)导游人员，也指讲解员，是指受景区(点)管理机构委派，在景区(点)内为旅

游者提供向导、讲解服务的导游人员。

(5)以技术等级划分

①初级导游人员，指取得导游人员资格证书一年后，就技能、业绩和资历对其进行考核，合格者成为初级导游人员。

②中级导游人员，指取得初级导游人员资格两年以上，业绩明显，经考核和考试合格，可晋升为中级导游。

③高级导游人员，指取得中级导游人员资格四年以上，业绩突出，水平较高，在国内外同行和旅行商中有一定影响，经考核和考试合格，可晋升为高级导游。

④特级导游人员，指取得高级导游人员资格五年以上，业绩优异，有突出贡献，有高水平的科研成果，在国内外同行和旅行商中有较大影响，经考核和评审合格，可晋升为特级导游。

三、导游人员等级考核制度

《导游人员管理条例》规定:“国家对导游人员实行等级考核制度。导游人员等级考核标准和考核办法，由国务院旅游行政管理部门规定。”导游人员的等级考核制度的制定是为了加强导游人员队伍建设，提高导游人员的素质和服务水平，客观、公正地评价选拔人才，调动导游人员的工作积极性，对导游人才市场的发展和导游服务等级化创造了条件。

1. 导游人员等级划分

导游人员等级分为两个系列、四个等级。所谓两个系列，是指等级考核分为外语导游员系列和中文导游员系列。所谓四个等级，则是指通过考核，将导游划分为初级导游人员、中级导游人员、高级导游人员和特级导游人员。

2. 导游人员职业等级标准

导游人员职业等级标准是考核评定导游人员等级的依据。该标准由国家旅游局制定，在旅游行业中实行。根据导游人员职业等级标准的概念，各个等级的导游人员必须符合的政治思想、职业道德和身体要求是:拥护中国共产党的领导，热爱祖国，遵纪守法，忠于职守，钻研业务，宾客至上，优质服务，遵守职业道德，身心健康。

(1)初级导游人员等级标准

①知识要求。

a. 了解我国的大政方针和旅游及其有关的政策法规。

b. 掌握当地主要游览点的导游知识,了解我国主要旅游景点和线路的基本知识。

c. 了解与业务有关的我国政治、经济、历史、地理、宗教和民俗等方面的基本知识。

d. 了解有关主要客源市场的概况和习俗。

e. 掌握导游工作规范。

f. 外语导游员基本掌握一门外语，达到外语专业大学三年级水平;中文导游员掌握汉语言文学基础知识，达到高中毕业水平。

②技能要求。

a. 能独立完成导游接待工作。

b. 能与旅游者建立良好的人际关系。

c. 能独立处理旅行中发生的一般问题。

d. 能与有关业务单位和人员合作共事。

e. 导游语言正确、通顺，外语导游员的外语表达基本正确，语音、语调较好；中文导游员的普通话表达清楚、流畅，语音、语调正确且亲切。

f. 导游体态大方得体。

g. 能准确填写业务所需的各种票据。

h. 能起草情况反映、接待简报等有关应用文。

③业绩要求。完成企业要求的工作，无服务质量方面的重大投诉，游客反映良好率不低于85%。

④学历要求。外语导游员须具有外语专业大专或非外语专业本科及其以上学历；中文导游员须具有高中及其以上学历。

⑤资历要求。取得导游员资格证书后工作满一年。

（2）中级导游人员等级标准

①知识要求。

a. 熟悉我国的大政方针，掌握旅游及其有关的政策法规。

b. 全面掌握当地主要游览点的导游知识，了解我国主要旅游景点、线路的有关知识。

c. 掌握与业务有关的我国政治、经济、历史、地理、社会、宗教、艺术和民俗等方面的基本知识。

d. 熟悉有关主要客源市场的概况和特点。

e. 熟练掌握导游工作规范。

f. 外语导游员掌握一门外语，达到外语专业本科毕业水平；中文导游员掌握汉语言文学的有关知识，达到大专毕业水平。

②技能要求。

a. 能接待不同性质、类型和规模的旅行团，有比较娴熟的导游技能。

b. 能独立处理旅行中发生的疑难问题。

c. 能正确理解旅游者的服务要求，有针对性地进行导游服务。

d. 能与旅游者、有关业务单位和人员密切合作，有较强的公关能力。

e. 导游语言流畅、生动，语言语调比较优美，讲究修辞。外语导游员的外语表达正确，中文导游员能使用标准的普通话，并能基本听懂一种常用方言（粤语、闽南语或客家话）。

f. 能培训和指导初级导游员。

③业绩要求。工作成绩明显，成为企业的业务骨干；无服务质量方面的重大投诉，游客反映良好率不低于90%。

④学历要求。外语导游员同初级导游员，中文导游员须具有大专及其以上学历。

⑤资历要求。取得初级导游员资格两年以上。

（3）高级导游人员等级标准

①知识要求。

a. 全面掌握我国的大政方针和旅游及其有关的政策法规。

b. 全面、深入地掌握当地游览内容，熟悉我国有关的旅游线路和景点知识。

c. 有比较宽广的知识面。

d. 掌握有关客源市场的重要知识及其接待服务规律。

e. 熟练掌握导游工作规范。

f. 外语导游员熟练掌握一门外语，初步掌握一门第二外语；中文导游员熟练掌握汉语言文学的有关知识，初步掌握一种常用方言(粤语、闽南语或客家话)。

②技能要求。

a. 有娴熟的导游技能，并有所创新。

b. 能预见并妥善处理旅行中发生的特殊疑难问题。

c. 有一定的业务研究能力。

d. 能创作内容健康、语言优美的导游词。

e. 外语导游员能用一门外语自如、准确、生动、优美地表达思想内容，并能胜任一般场合的口译工作；中文导游员能用标准的普通话和一种常用方言(粤语、闽南语和客家话)工作，语言准确、生动、形象。

f. 能培训和指导中级导游员。

③业绩要求。工作成绩突出，无服务质量方面的重大投诉，游客反映良好率不低于95%，在国内外同行和旅行商中有一定影响，通过优质服务为所在企业吸引一定数量的客源，有较高水平的导游工作研究成果(论文、研究报告等)。

④学历要求。与中级导游员的学历要求相同。

⑤资历要求。取得中级导游员资格四年以上。

(4)特级导游人员等级标准

①知识要求。

a. 对有关的方针、政策和法规有全面及深入和准确的理解。

b. 对当地游览内容有精确的认识，全面掌握我国的有关旅游线路和景点的知识。

c. 有宽广的知识面，在与业务有关的某一知识领域有较深的造诣。

d. 掌握有关客源市场的知识，全面、准确、具体地了解其特点和接待服务规律。

e. 熟练掌握导游工作规范。

f. 外语导游员精通一门外语，基本掌握一门第二外语；中文导游员掌握汉语言文学知识，基本掌握一种常用方言(粤语、闽南语或客家语)。

②技能要求。

a. 导游技能超群，导游艺术精湛，形成个人风格。

b. 能预见和妥善解决工作中的突发事件。

c. 能通过优质服务吸引客源。

d. 有较强的业务研究能力。

e. 有很高的语言表达能力，外语导游员能胜任旅游专业会议及其他重要场合的口译工作，中文导游员能胜任某一有关专业(如重点寺庙、古建筑或博物馆)的解说。

f. 能创作富有思想性、艺术性和立论确凿的导游词。

g. 能培训和指导高级导游员。

③业绩要求。职业道德高尚，工作成绩优异，有突出贡献，在国内外同行和旅行商中有较大的影响，无服务质量方面的重大投诉，游客反映良好率不低于98%，有一定数量高水平并正式发表的导游工作研究成果。

④学历要求。同高级导游员要求相同。

⑤资历要求。取得高级导游员资格五年以上。

3. 导游人员等级考核评定办法

(1)初级导游员的考核评定。采取考核方式。凡通过考试取得导游人员资格证书后工作满一年者，经考核合格，即可成为初级导游员。

(2)中级导游员的考核评定。采取考试和考核相结合的方式。每两年组织评定一次。考试科目为导游专业知识、现场导游两科。考核内容包括导游技能、工作表现、游客反映和遵纪守法等情况。

(3)高级导游员的考核评定。采取考试、考核和评审相结合的方式。评定每三年进行一次。考试科目为导游词创作和外语口语翻译(中文导游除外)两科。评审采用论文答辩、跟团实查和专家审议三种形式。考核方式与中级导游相同。

(4)特级导游员的考核评定。采取以评审考核为主，考试为辅的方式，评定工作不定期进行。考试第二外语或一种方言。考核、评审方式与高级导游员相同。

4. 导游人员等级考核评定的组织管理

导游人员等级考核评定采取由国家旅游局统一政策、统一领导，与地方旅游局分工负责组织实施的办法。各省、自治区、直辖市旅游局要完善导游人员资格考试的组织机构，加强对这项工作的组织领导和监督、检查，以保证导游员评定工作的质量。同时，为加强对等级导游员的管理，国家旅游局和省(区、市)旅游局建立了导游员等级注册登记制度。高级导游员和特级导游员由省(区、市)旅游局初审，国家旅游局评定；中级导游员由国家旅游局组织考试，省(区、市)旅游局负责组织考核；初级导游员由省(区、市)旅游局负责组织考核。各级资格有效期一般为5年。有效期满后，持证者要按有关规定主动到发证机构办理注册登记，并进行相应的培训和考核。逾期不办者，其证自行作废。由省部级以上单位组织导游评比或竞赛获得最佳称号的导游人员，报国务院旅游行政管理部门批准后，可晋升一级导游等级。导游人员等级证书由国家旅游局统一制作并核发。每次等级考试后，国家旅游局通过新闻媒介向国内外公布特级、高级和中级导游名单及旅行社、导游公司导游员的等级构成情况。不同级别的导游员在所在旅行社和导游公司的待遇也有所区别。已实行岗位技能工资的单位，应以导游员等级作为岗位技能工资的评定依据。

国家对导游人员实行等级考核制度。导游人员分为初级、中级、高级、特级四个等级。初级导游和中级导游考核由省级旅游行政管理部门或其委托的地市级旅游行政管理部门组织评定；高级导游和特级导游由国务院旅游行政管理部门组织评定。由省部级以上单位组织导游评比或竞赛获得最佳称号的导游人员，报国务院旅游行政管理部门批准后，可晋升一级导游等级。

导游等级评定标准和办法由国务院旅游行政管理部门另行制定。

四、导游人员的计分管理和年审制度

1. 导游人员的计分管理

为加强导游人员的管理，国务院旅游行政管理部门负责制定全国导游人员计分管理政策并组织实施、监督检查。省级旅游行政管理部门负责本行政区域内导游人员计分管理的组织实施和监督检查，所在地旅游行政管理部门在本行政区域内负责导游人员计分管理的具体执行，导游人员计分办法实行年度10分制。

（1）导游人员在导游活动中有下列情形之一的，扣除10分：

①有损害国家利益和民族尊严的言行的；

②诱导或安排旅游者参加黄、赌、毒活动项目的；

③有殴打或谩骂旅游者行为的；

④欺骗、胁迫旅游者消费的；

⑤未通过年审继续从事导游业务的；

⑥因自身原因造成旅游团重大危害和损失的。

（2）导游人员在导游活动中有下列情形之一的，扣除8分：

①拒绝、逃避检查，或者欺骗检查人员的；

②擅自增加或者减少旅游项目的；

③擅自终止导游活动的；

④讲解中掺杂庸俗、下流、迷信内容的；

⑤未经旅行社委派私自承揽或者以其他任何方式直接承揽导游业务的。

（3）导游人员在导游活动中有下列情形之一的，扣除6分：

①向旅游者兜售物品或购买旅游者物品的；

②以明示或者暗示的方式向旅游者索要小费的；

③因自身原因漏接漏送或误接误送旅游团的；

④讲解质量差或不讲解的；

⑤私自转借导游证供他人使用的；

⑥发生重大安全事故不积极配合有关部门救助的。

（4）导游人员在导游活动中有下列情形之一的，扣除4分：

①私自带人随团游览的；

②无故不随团活动的；

③在导游活动中未佩带导游证或未携带计分卡；

④不尊重旅游者宗教信仰和民族风俗。

（5）导游人员在导游活动中有下列情形之一的，扣除2分：

①未按规定时间到岗的；

②10人以上团队未打接待社社旗的；

③未携带正规接待计划；

④接站未出示旅行社标识的；

⑤仪表、着装不整洁的；

⑥讲解中吸烟、吃东西的。

导游人员10分分值被扣完后，由最后扣分的旅游行政执法单位暂时保留其导游证，并出具保留导游证证明，并于10日内通报导游人员所在地旅游行政管理部门和登记注册单位。正在带团过程中的导游人员，可持旅游执法单位出具的保留证明完成团队剩余行程。对导游人员的违法、违规行为除扣减其相应分值外，依法应予处罚的，依据有关法律给予处罚。导游人员通过年审后，年审单位应核销其遗留分值，重新输入初始分值。旅游行政执法人员玩忽职守、不按照规定随意进行扣分或处罚的，由上级旅游行政管理部门提出批评和通报，本级旅游行政管理部门给予行政处分。

2. 导游人员的年审管理

为了不断提高导游素质，加强导游队伍建设。《导游人员管理实施办法》规定：国家对导游人员实行年度审核制度，导游人员必须参加年审。并明确，国务院旅游行政管理部门负责制定全国导游人员年审工作政策，组织实施并监督检查。省级旅游行政管理部门负责组织、指导本行政区域内导游人员年审工作并监督检查。所在地旅游行政管理部门具体负责组织实施对导游人员的年审工作。导游人员年审以考评为主，考评的内容应包括：当年从事导游业务情况、扣分情况、接受行政处罚情况、游客反映情况等。考评等级为通过年审、暂缓通过年审和不予通过年审三种。凡一次扣分达到10分，不予通过年审；累计扣分达到10分的，暂缓通过年审；一次被扣8分的，全行业通报；一次被扣6分的，警告批评；暂缓通过年审的，通过培训和整改后，方可重新上岗。《导游人员管理实施办法》规定：导游人员必须参加所在地旅游行政管理部门举办的年审培训。培训时间应根据导游业务需要灵活安排。每年累计培训时间不得少于56小时。旅行社或导游管理服务机构应为注册的导游人员建立档案，对导游人员进行工作培训和指导，建立对导游人员工作情况的检查、考核和奖惩的内部管理机制，接受并处理对导游人员的投诉，负责对导游人员年审的初评。

五、导游人员的管理部门及权限

1. 旅游行政部门的管理及其权限

国务院旅游行政部门负责全国导游人员的管理工作；省、自治区、直辖市人民政府旅游行政部门根据国务院旅游行政部门的委托，行使相应管理权。旅游行政部门负责制定导游人员管理的有关政策、法规；依法行使国家权力，接受投诉，处罚违法导游人员；依法保护导游人员的合法利益；并通过导游人员资格考试制度、导游证制度、导游人员等级考核评定制度、导游人员计分和年审制度等对导游人员实施制度管理。

2. 旅行社的管理及权限

旅行社对导游人员的管理是通过劳动合同的方式来确立的。《旅行社管理条例》规定：旅行社与其聘用的经营人员，应当签订书面合同，约定双方的权利、义务。《导游人员管理条例》第四条规定：取得导游人员资格证书的，经与旅行社订立劳动合同或者在导游服务公司登记，方可持所订立的劳动合同或者登记证明材料，向省、自治区、直辖市人民政府旅游行政部门申请领取导游证。为了维护国家旅游声誉、提高接待工作质量、保障旅游者合法权益，促进导游人员增强责任感，早在1989年我国国家旅游局即发布了《关于对导游人员实行合同管理的通知》，该通知明确规定对全国导游人员在统考合格发证的同时，实行合同管理。

※课前导读

1997年某国际旅行社导游人员王某因犯过失伤害罪被人民法院审理，因其行为情节轻微，被判处免予刑事处罚。1998年因该导游人员在带团过程中胁迫旅游者消费，情节严重，被旅游行政管理部门依法吊销导游证。1999年，王某又参加导游人员资格考试并合格，取得导游资格证书。但当其向旅游行政管理部门申请领取导游证时，被旅游行政管理部门予以拒绝。

第二节　导游人员资格制度

一、导游人员资格考试制度

1. 导游人员资格考试的条件

依据《导游人员管理条例》规定，国家实行统一的导游人员资格考试制度。经考试合格者，方可取得导游资格证。国家实行全国统一的导游人员资格考试制度，参加导游人员资格考试必须具备下列四个条件：

(1)必须是中华人民共和国公民。凡是按照《中华人民共和国国籍法》的规定取得中国国籍的人，都是中华人民共和国的公民。对导游国籍的限制，要求申请人必须是本国公民的国家并不是我国特有的，世界上其他国家也有类似规定。将某些行业的从业权规定只授予本国公民，也是国际上普遍接受的一个习惯做法。

(2)具有高级中学、中等专业学校或者以上学历。接受过何种教育，具有何种学历，是衡量一个从业人员的知识结构及文化程度的一个客观标准，也是某种职业对其从业人员的基本要求。由于导游工作具有很强的文化性，对从业人员要求具有高中以上学历是起码的要求。

(3)身体健康。导游工作是一项紧张的脑力劳动和繁忙艰苦的体力劳动相结合的工作，特别是各地气候条件、生活习俗不同，给导游人员的生活和工作带来诸多不便，导游人员只有具备了良好的身体素质，才能适应导游工作。

(4)具有适应导游需要的基本知识和语言表达能力。导游从业人员必须具有《导游人员管理条例》规定的文化程度和学历证明，以及参加各级旅游行政管理部门根据国家旅游局统一布置的对导游人员的考前培训。而导游语言，是导游对名山大川、文化民俗的艺术表达主要手段，能做到语言流畅、生动活泼的讲解是导游人员应具备的基本条件。

2. 导游资格证考取办法

《导游人员管理条例》规定:国务院旅游行政管理部门负责制定全国导游人员资格考试的政策、标准和对各地考试工作的监督管理。省级旅游行政管理部门负责组织、实施本行政区域内导游人员资格考试工作。直辖市、计划单列市、副省级城市负责本地区导游人员的考试工作。坚持考试和培训分开、培训自愿的原则，不得强迫考生参加培训。经考试合格的，由国务院旅游行政部门或者国务院旅游行政部门委托省、自治区、直辖市人民政府旅游行政部门颁发导游人员资格证书。获得资格证3年但未从业的，资格证自动失效。

二、导游证颁发制度

1. 申请导游证的条件

导游证是国家准许从事导游工作的证件，也是导游人员从业的必备条件，要求导游人员从业必须具有导游证，是为了维护旅游声誉，保证导游服务质量，便于旅游行政管理部门监督检查。《导游人员管理条例》第四条规定："取得导游人员资格证书的，经与旅行社订立劳动合同或者在导游服务公司登记，方可持所订立的劳动合同或者登记证明材料，向省、自治区、直辖市人民政府旅游行政部门申请领取导游证。"同时，《导游人员管理实施办法》第十条规定："取得《导游人员资格证》的人员申请办理导游证，须参加颁发导游证的旅游行政管理部门举办的岗前培训考核。"第十一条规定："《导游人员资格证》和导游证由国务院旅游行政管理部门统一印制，在中华人民共和国全国范围内使用。"由此可见，申请领取导游证的人员应具备的条件有以下四项：

(1)已取得导游人员资格证书。即通过导游人员资格考试，获得国家旅游局颁发的资格证书的人员，这是申请领取导游证书的前提条件。

(2)与旅行社订立劳动合同或者在导游服务公司登记。与旅行社签订劳动合同的人员，是专指导游人员，是旅行社的雇员，即旅行社的正式员工。"导游服务公司"是指从事导游人员业务管理、培训，并为旅行社和导游人员提供供需信息等服务的企业。在导游人员和旅行社之间建立起桥梁作用。在导游服务公司登记注册的人员，可以是专职导游人员，也可以是非专职导游人员，但都不是某一个旅行社的正式员工。他们在导游公司登记后，当某旅行社需要导游人员时通过该导游公司对其聘用。

(3)须参加颁发导游证的旅游行政管理部门举办的岗前培训考核。考取导游资格证书，只能证明证书拥有者具备从事导游工作的资格，但能否从业，还须进行上岗前的培训与考核。

(4)品行端正。即指没有受过刑事处罚，没被吊销过导游证的人员。

2. 导游证的种类

根据《导游人员管理条例》规定，导游证可分为正式导游证和临时导游证两种。

(1)正式导游证。正式导游证是指参加人员资格考试并取得资格证书的人员，经与旅行社订立劳动合同或者在导游服务公司登记后，由省、自治区、直辖市人民政府旅游行政管理部门颁发的导游证。持有正式导游证的人员，可以是专职导游人员，也可以是兼职导游人员；可以是旅行社的正式员工，也可以是旅行社的聘用人员。

(2)临时导游证。临时导游证指具有特定语种语言能力的人员，虽未取得导游人员资格证书，旅行社需要聘请临时从事导游活动的，由旅行社向省、自治区、直辖市人民政府旅游行政部门申请领取临时导游证。这主要是因为许多国际旅行社在接待外国旅游者时，缺乏某一语种的导游，为了满足导游服务的需要而聘请一定数量既精通专业知识，又有丰富实践经验的人员，以解燃眉之急。

(3)正式导游证和临时导游证的区别

①取得证书的前提条件不同。申请正式导游证的人员必须通过导游人员资格考试并取得导游资格证件后，才可向旅游行政管理部门申请领取导游证；而申请临时导游证的人员无需获得导游人员资格证书。

②对语言能力要求不同。正式导游证持有者无语言能力限制，即正式导游证持有者可以是具有特定语种语言能力的人员，也可以是不具有特定语种语言能力的人员；临时导游证持有者必须是具有特定语言能力的人，并且是由于旅行社需要，否则不能申请临时导游证。

③申领程序不同。申请领取正式导游证是由申领个人向旅游行政管理部门领取，而临时导游证则是由旅行社根据需要向旅游行政管理部门申领。

④有效期限不同。根据《导游人员管理条例》第八条规定，导游证的有效期限为3年，导游证持有人需要在有效期满后继续从事导游活动的，应当在有效期限届满3个月前，向省、自治区、直辖市人民政府旅游行政部门申请办理换发导游证手续；临时导游证的有效期限最长不超过3个月，并不得延期，旅行社如需继续聘请临时导游员，则需重新办理申请手续。

3. 不得颁发导游证的情况

导游人员是专业性很强的职业。为保证导游人员队伍的整体水平，在规定取得导游人员资格条件、从业条件的同时，《导游人员管理条例》第五条规定了不予颁发导游人员从业证书的四种情况。

(1)申请人无民事行为能力或者限制民事行为能力。民事行为能力是指公民可以独立进行民事活动的资格，法律要求公民在达到一定年龄以及能够对自己的行为可能产生的法律后果具有认识能力和判断能力后，才具有行为能力；我国法律根据公民的年龄、智力和精神健康状态将公民的民事行为能力分为三种：一是完全民事行为能力，法律规定具有完全民事行为能力的公民，是可以独立进行民事活动的人；二是限制民事行为能力，具体指精神病人(包括痴呆症病人)；三是无民事行为能力，具体指不满十周岁的未成年人，不能辨认自己行为的精神病人(包括痴呆症病人)。从业导游人员要行使法定权利，承担法定义务，不具备完全民事行为能力是无法履行导游人员职务的。

(2)申请人患有传染性疾病。旅游行政管理部门不得向患有传染性疾病的申请人颁发导游证，是由导游这一职业的性质决定的。导游人员为旅游者提供向导、讲解及相关服务，在旅游活动中与旅游者朝夕相处，若患有传染性疾病，就可能造成交叉传染。

(3)申请人受过刑事处罚的，过失犯罪的除外。受过刑事处罚的人，是指因其行为触犯了国家刑律依法应受到刑罚制裁的人，旅游行政管理部门不对这类人员颁发导游证。同时，《导游人员管理条例》又规定“过失犯罪的除外”，规定除外情形的理由有两点：一是根据我国刑法规定，犯罪分为故意犯罪和过失犯罪，明知自己的行为会发生危害社会的结果，并且希望或者放任这种结果发生，因而构成犯罪的，是故意犯罪。二是较之故意犯罪，过失犯罪在主观上，社会危害上都与其有原则区别，过失犯罪是由于缺乏必要的谨慎而构成的犯罪。因此，这类人虽然也受过刑罚的制裁，但仍然可以申请领取导游证，旅游行政管理部门也可以对其颁发导游证。

(4)申请人曾被吊销导游证。曾经取得导游证的人员，因违反有关导游人员管理法规，旅游行政部门处以吊销导游证的处罚后，又重新参加导游人员资格考试并合格、取得导游人员资格证书后，向旅游行政管理部门申请领取导游证的人。由于此类人员在进行导游活动中有过不良记录、受过被吊销导游证的处罚，表明已不适合继续从事导游活动。为保证导游人员素质，加强导游员队伍建设，树立中国旅游业良好形象，理应不再重新对其颁发导游证。

4. 申请领取导游证的程序

(1)具备一定的工作经历。在取得导游人员资格证书后，经与旅行社订立劳动合同或者在导游服务公司登记，有至少3个月的实际导游经历，并由旅行社或导游服务公司对申请人的思想道德和业务能力进行考核评价。

(2)提出申请。由本人向旅游行政管理部门提出书面申请，并提交导游人员资格证书及相关证明材料。

(3)参加岗前培训。根据《导游人员管理实施办法》第十条规定：取得《导游人员资格证》的人员申请办理导游证，须参加颁发导游证的旅游行政管理部门举办的岗前培训考核。

(4)颁发证书。省、自治区、直辖市人民政府旅游行政部门应当自收到申请领取导游证之日起15日内，颁发导游证；发现有不符合颁发导游证条件的情形，不予颁发导游证的，应当书面通知申请人。

此外，具有特定语种语言能力的人员，虽未取得导游人员资格证书，但旅行社需要聘请临时从事导游活动的，由旅行社向省、自治区、直辖市人民政府旅游行政部门申请领取临时导游证。导游证和临时导游证的样式规格，由国务院旅游行政部门规定，各省、自治区、直辖市旅游行政管理部门分别制作和颁发。

三、导游人员资格证书与导游证

1. 导游人员资格证书与导游证的概念

导游人员资格证书与导游证，是两种既有联系又有区别的凭证。导游人员资格证书，是由旅游行政管理部门颁发的，表明持证人具备了从事导游业务所应具备的知识和技能，以及符合从事导游业务所需要的其他法定条件的凭证；导游证，是从事导游工作的执照，是由旅游行政管理部门颁发的准许进行导游活动的凭证。取得导游人员资格证书，只表明持证人具备了从事导游活动的资格，要从事导游职业，还要依法取得导游证。

2. 导游人员资格证与导游证的区别

(1)性质不同。导游人员资格证书标志着持证人从事导游职业的资格，导游证则标志着国家准许持证人从事导游职业。

(2)颁证的机关不同。导游人员资格证书由国务院旅游行政管理部门或者国务院旅游行政管理部门委托的省、自治区、直辖市人民政府旅游行政管理部门颁发。导游证可以直接由旅行社所在地的旅游行政管理部门颁发，不需要上级主管部门的委托。

(3)领取证书的程序不同。导游人员资格证书是公民参加导游人员资格考试并合格后，向旅游行政管理部门领取的证书；导游证则必须是在取得导游人员资格证书并与旅社订立劳动合同或在导游服务公司登记后，方可向旅游行政管理部门领取的证书。

(4)作用不同。导游人员资格证书仅仅是表明持证人具备了从事导游职业的资格，但并不能从事导游职业；导游证则表明持证人可以实际从事导游职业。由此可见，前者是从业资格的证明，后者是从业许可的证明。

(5)期限不同。《导游人员管理办法》规定：获得资格证3年未从业的，资格证自动失效。《导游人员管理条例》规定：导游证的有效期为3年，导游证持有人在有效期满后欲继续从事导游活动的，应当在有效期届满3个月前，向省、自治区、直辖市人民政府旅游行政管理部门申请办理换发导游证手续。

※课前导读

四川阿坝州导游管理服务有限公司导游秦姹，于2006年7月19日经九寨沟光大旅行社委派带领来自北京等地散客旅游团赴黄龙、九寨沟游览。该团在前往黄龙景区途中，秦姹以高山缺氧需要氧气以防高山反应为由，在明知当地政府物价部门对氧气25元/听定价的情况下，向旅游者以50元/听进行宣传动员购买，并让旅游汽车开至松潘县川主寺安多高原供氧中心，让该中心人员上车向游客销售氧气。当旅游者进入黄龙景区发现当地的氧气销售点所销售的价格低于秦姹所宣传推销的价格并质疑后，秦姹则以50元/听是人用氧，20~30元/听不是纯氧，是工业用氧的谎言欺骗旅游者。事后，旅游者得知其真相深感受骗，在人民日报上披露了秦姹欺骗旅游者消费的行为。

四川省旅游执法总队经调查取证后认为，当事人秦姹欺骗旅游者消费的行为，违反了《导游人员管理条例》第十六条的规定，造成了不良社会影响，情节严重。根据《导游人员管理条例》第二十四条的规定，做出吊销当事人秦姹导游证的处罚。同时，责令委派秦姹的九寨沟光大旅行社停业整顿。

第三节　导游人员的权利、义务和法律责任

一、导游人员的权利

所谓的法律权利是法律对公民在国家和社会生活中，能够做出或不做出一定行为，以及要求他人做出或者不做出一定行为的许可和保障。导游人员的法律权利表现在导游人员可以自己做出一定行为，也可以要求他人做出或者不做出一定的行为。根据国家有关法律、法规和《导游人员管理条例》，概括起来，导游人员权利主要有以下四种：

1. 导游人格尊严应当受到尊重，其人身安全不受侵犯

导游人员的人身权，是指导游人员进行导游活动时，人身自由不受非法限制和剥夺，人格尊严不受侵犯，名誉不受损害的权利。导游人员是作为旅行社或者导游服务公司的代表履

行其受聘单位职责的，直接与旅游者接触，在旅游活动中，其人身权利、人格尊严容易受到侵犯，《导游人员管理条例》第十条明确规定："导游人员进行导游活动时，其人格尊严应当受到尊重，其人身安全不受侵犯。"此外，为保护导游人员的正当权利，针对在旅行游览实际中，个别旅游者对导游提出的一些有辱其人格尊严或者违反职业道德的不合理要求，《导游人员管理条例》明确规定："导游人员有权拒绝旅游者提出的侮辱其人格尊严或者违反其职业道德的不合理要求。"

2. 导游人员在旅游活动中享有调整或变更接待计划的权利

导游人员在引导旅游者旅行、游览过程中，如遭遇危及旅游者人身安全的紧急情况时，不变更或调整接待计划，就可能对旅游者人身安全带来威胁，所以在紧急情况下，《导游人员管理条例》第十三条第二款规定在此情形下导游人员可以调整或者变更接待计划的权利。导游人员行使调整或变更接待计划权，应符合以下四个条件：一是必须是在引导旅游者旅行、游览过程中，即旅游活动开始后、结束前；二是遇有可能危及旅游者人身安全的紧急情形的时候；三是必须经征得多数旅游者的同意；四是必须立即报告旅行社，并得到旅行社的认可。

3. 导游人员对旅游行政行为不服时，依法享有行政诉讼权、申请复议权

导游人员在导游活动中，对旅游行政机关做出的行政处罚不服时，有权向人民法院提起行政诉讼，或向其上级旅游行政管理机关申请复议。诉讼权与复议权可在导游人员以下权益受到侵害时使用。

(1)对罚款、吊销导游证、责令改正、暂扣导游证等行政处罚不服时。

(2)认为符合法定条件申请行政机关颁发导游人员资格证书和导游证，旅游行政管理部门拒绝颁发或者不予答复时。

(3)认为旅游行政部门违法要求导游人员履行义务时。

(4)认为旅游行政部门侵犯导游人员人身权、财产权时。

(5)法律、法规规定，可以提起行政诉讼或者申请复议的其他内容时。

4. 其他权利

导游人员的其他权利，主要是指导游人员为了更好的履行职务而应当享有的参加培训的权利以及获得升级的权利。

二、导游人员的义务

导游人员的义务是指导游人员必须依法履行的责任，是导游人员在进行导游活动时所必须行为的范围。《导游人员管理条例》对导游人员的义务可以概括为以下九个方面：

1. 提高自身业务素质和职业技能的义务

导游人员自身业务素质的高低，职能、技能的优劣，直接关系导游服务质量，影响到能否为旅游者提供优良的导游服务。因此，导游人员业务素质及导游职业技能的优劣，对旅游业的发展至关重要。

2. 进行导游活动时应当佩戴导游证的义务

佩带导游证表明当事人具备了从事导游业务的条件和能力，既是当事人资格的证明，又是当事人身份和业务能力的证明。同时，佩带导游证既可为旅游者提供规范服务，便于旅游时识别导游人员，及时得到导游人员的帮助和服务，又可方便旅游行政管理部门的监督与检查，还可增加导游人员的责任感和义务感。

3. 进行导游活动必须经旅行社委派的义务

导游人员受雇于旅行社，其工作职责是接受旅行社的委派而为旅游者提供服务。招徕、接待旅游者，为旅游者安排食宿等服务是旅行社的经营范围。导游人员不得私自承揽或者以其他任何方式直接承揽导游业务，进行导游活动。该义务的设定就是为了保证服务质量，维护国家旅游业的形象，防止各类不正当竞争行为的出现，维护旅游市场正常秩序。

4. 自觉维护国家利益和民族尊严，不得有损害国家利益和民族尊严的言行

热爱祖国、拥护社会主义制度是导游人员基本的思想道德要求。导游人员在导游活动过程中要以自己的言行维护国家利益和民族尊严，是导游人员必须具备的政治条件和业务条件。特别在进行涉外旅游接待时，导游人员若有存在损害国家利益和民族尊严的言行，将产生极其恶劣的影响，因此，导游人员应自觉履行该项义务。

5. 遵守职业道德，着装整洁，礼貌待人，尊重旅游者的宗教信仰、民族风俗和生活习惯的义务

导游人员进行导游活动时，应着装整洁，礼貌待人；应当向旅游者讲解旅游地点的人文和自然情况，介绍风土人情和习俗。但是，不得迎合个别旅游者的低级趣味，在讲解、介绍中掺杂庸俗下流的内容。这是导游人员在讲解和向导过程中应当遵循的要求。

6. 严格按照旅行社确定的接待计划，安排旅游者的旅行、游览活动，不得擅自增加、减少旅游项目或者终止导游活动

旅游合同或旅游接待计划一经签订，即被旅行社和旅游者双方认可并全面履行。导游人员在带团过程中，应当严格按照旅行社确定、旅游者认可的旅游接待计划安排行程和游览项目，不得擅自增加或减少旅游项目，更不能终止导游活动。

7. 在引导旅游者旅行、游览过程中，应当就可能发生危及旅游者人身、财物安全的情况，向旅游者做出真实说明和明确警示，并按照旅行社的要求采取防止危害发生的措施

导游人员有义务关心旅游者的利益，也有义务保护旅游者的人身安全和财产安全。旅游项目中如含有危险因素，导游人员应事先将危险程度和安全防护措施向旅游者交代清楚，对于参加危险活动的旅游者特别注意保护。说明和警示要真实、准确、通俗易懂，不致产生歧义；同时，导游人员要按照旅行社的要求采取防止危害发生的措施，否则导游人员和旅行社要承担相应的法律责任。

8. 不得向旅游者兜售物品或者购买旅游者的物品，不得以明示或者暗示的方式向旅游者索要小费

向旅游者兜售物品或购买物品，不属于导游人员的职责范围，与其导游身份也不相称。尤其是导游人员以导游这一特定身份向旅游者兜售物品或购买物品，极易造成交易上的不公平，从而侵害旅游者的合法权益，损害导游人员的职业形象，并因此发生纠纷。现今，小费问题逐渐被人们正确认识，服务良好的导游人员得到小费是旅游者对其工作的肯定和奖励。但有些导游人员不是以自己的优质服务来赢得顾客的赞誉和奖赏，而是不择手段的以明示或暗示的方式索要小费，给旅行社乃至整个旅游业的声誉带来恶劣的影响。明示的方式，是指导游人员用语言、文字或其他直接表达意思的方法明确地向旅游者索要小费；暗示的方式，是指导游人员不明确表示意思，而是以含蓄的言语、文字或示意的举动等间接表达意思的方法，向旅游者索要小费。这些索要小费的行为是历来为我国旅游法规所禁止的。

9. 不得欺骗、胁迫旅游者消费或者与经营者串通欺骗、胁迫旅游者消费

欺骗是指故意告诉旅游者虚假的情况，或者隐瞒真实情况，诱使旅游者做出错误消费意思表示的行为。欺骗行为有两种情形：一是导游人员在导游活动中欺骗；二是导游人员与经营者串通欺骗。胁迫是指以给旅游者及其亲友的生命健康、名誉、荣誉、财产等造成损害为要挟，迫使旅游者做出违背真实意思表示的行为，既可能是导游人员胁迫，也可能是导游人员与经营者串通起来胁迫旅游者。欺骗、胁迫旅游者消费，是严重侵犯旅游者合法权益的行为，理应为法规所禁止。

三、违反导游人员管理法规的法律责任

导游人员、旅行社、旅游行政管理部门不履行职责，违反《导游人员管理条例》规定的，应承担下列法律责任：

1. 对导游人员违反导游管理制度的处罚：无导游证进行导游活动的，由旅游行政部门责令改正并予以公告，处1000元以上3万元以下的罚款；有违法所得的，并处没收违法所得。导游人员进行导游活动时未佩戴导游证的，由旅游行政部门责令改正；拒不改正的，处500元以下的罚款。

2. 导游人员未经旅行社委派，私自承揽或者以其他任何方式直接承揽导游业务，进行导游活动的，由旅游行政部门责令改正，处1000元以上3万元以下的罚款；有违法所得的，并处没收违法所得；情节严重的，由省、自治区、直辖市人民政府旅游行政部门吊销导游证并予以公告。

3. 导游人员进行导游活动时，有损害国家利益和民族尊严的言行的，由旅游行政部门责令改正；情节严重的，由省、自治区、直辖市人民政府旅游行政部门吊销导游证并予以公告；对该导游人员所在的旅行社给予警告直至责令停业整顿。

4. 导游人员未尽职责的处罚：导游人员有擅自增加或者减少旅游项目的，擅自变更接待计划的，擅自终止导游活动等情形之一的，由旅游行政部门责令改正，暂扣导游证3～6个月；情节严重的，由省、自治区、直辖市人民政府旅游行政部门吊销导游证并予以公告。

5. 导游人员进行导游活动，向旅游者兜售物品或者购买旅游者的物品的，或者以明示或者暗示的方式向旅游者索要小费的，由旅游行政部门责令改正，处1000元以上3万元以下的罚款；有违法所得的，并处没收违法所得，情节严重的，由省、自治区、直辖市人民政府旅游行政部门吊销导游证并予以公告；对委派该导游人员的旅行社给予警告直至责令停业整顿。

6. 导游人员进行导游活动，欺骗、胁迫旅游者消费或者与经营者串通欺骗、胁迫旅游者消费的，由旅游行政部门责令改正，处1000元以上3万元以下的罚款；有违法所得的，并处没收违法所得，情节严重的，由省、自治区、直辖市人民政府旅游行政部门吊销导游证并予以公告；对委派该导游人员的旅行社给予警告直至责令停业整顿；构成犯罪的，依法追究刑事责任。

7. 旅游行政部门工作人员玩忽职守、滥用职权、徇私舞弊，构成犯罪的，依法追究刑事责任；尚不构成犯罪的，依法给予行政处分。

※课前导读

2007年，广州几名游客参加某旅行社组织的新、马、泰15日游，在临登机时游客发现，该团是由5家旅行社共同组织的，并且这个旅游团没有领队。旅游团在途中遇到了许多困难，在国外如何转机，入境卡怎么填，怎样与境外旅行社接洽等均无人过问。在新加坡入境时，因不熟悉情况，旅游团被边检部门盘查一个半小时之久。旅游过程中，因没有领队与境外社协调，原来的日程被多次变更。旅游团在异国他乡，人生地不熟，只好听从境外导游摆布。回国后，游客遂向旅游管理部门投诉，旅游管理部门认为，领队是由旅行社派出，为出境旅游者提供协助、服务，同境外旅行社接洽，督促其履行接待计划，调解纠纷，协助处理意外事件的人员。根据规定，旅行社组织中国公民赴外国和我国港、澳地区旅游，必须要安排领队，这是旅行社的法定义务。

第四节　出境旅游领队人员管理办法

一、领队概念

领队(Tour Conductor)，又称为“随团服务员”，或称为“随员”或“添乘员”，其主要任务是为旅游者办理出入国境、酒店入住、购买机票等各种手续；与地接旅行社接洽。安排旅游行程，代表组团旅行社监督地接旅行社在旅行中的服务质量；负责处理团队在境外所遇到的各种紧急事宜。2002年10月28日，国家旅游局发布的《出境旅游领队人员管理办法》对出境旅游领队人员定义为：“是指依照本办法规定取得出境旅游领队证，接受具有出境旅游业务经营权的国际旅行社的委派，从事出境旅游领队业务的人员。”《旅行社出境旅游质量行业标准》也对出境领队做出定义：“是依照规定取得领队资格，受组团社委派，从事领队业务的工作人员。”1997年颁布的《中国公民自费出国旅游管理暂行办法》规定：“团队的旅游活动须在领队的带领下进行。”同时《旅行社管理条例》还做出规定要求“旅行社为接待旅游者聘用的导游和为组织旅游者出境旅游聘用的领队，应当持有省、自治区、直辖市以上人民政府旅游行政管理部门颁发的资格证书。”

二、领队素质要求

1. 领队的基本素质。

(1)具有爱国主义意识。

(2)具有良好的法规意识和职业道德，做到遵纪守法、遵守公德、尽职敬业和维护旅游者的合法权益。

(3)具有一定的专业的业务水平，包括较强的组织、协调、应变等办事能力，做到语言准确、生动、形象、富有表达力，并注意使用礼貌用语；同时具备较广泛的基本知识，尤其是政治、经济、历史、地理以及国情、风土习俗等方面的知识。

(4)具有良好的仪容、仪表，做到穿工作服或指定的服装，服装要整洁、得体，举止大方、端庄、稳重；表情自然、诚恳、和蔼，努力克服不合礼仪的生活习惯。

2. 领队应具备一定的英语或目的地国家、地区语言的能力。

3. 领队上岗前应具备一定的导游工作经验。

4. 领队应切实履行领队职责、严格遵守外事纪律，并具有一定的应急处理能力。

三、领队证考核、申请和发放

1996 年颁布的《旅行社管理条例》确立了领队资格认证制度。1997 年 6 月，我国首次对出境旅游领队进行培训、考核和颁布《领队证》；1998 年 6 月，国家旅游局又下发了出境旅游领队人员资格考试的具体办法，拟定了领队业务、目的地国家(地区)知识和政策法规三方面的考试大纲，对《领队证》的发放和管理做出了进一步要求。2002 年颁布的《出境旅游领队人员管理办法》对出国领队考核与申请制度做出了更加详细的规定。

1. 申请领队证应具备的条件

《出境旅游领队人员管理办法》第三条对申请领队证的人员应具备的条件做出了规定，具体包括以下几点：

(1)有完全民事行为能力的中华人民共和国公民。

(2)热爱祖国，遵纪守法。

(3)可切实负起领队责任的旅行社人员。

(4)掌握旅游目的地国家或地区的有关情况。

此外，还要求组团社要负责做好申请领队证人员的资格审查和业务培训。业务培训的内容包括：思想道德教育；涉外纪律教育；旅游政策法规；旅游目的地国家的基本情况；领队人员的义务与职责。

2. 领队证申请办法与发放

领队资格考试合格者可以由组团社向所在地的省级或经授权的地市级以上旅游行政管理部门申领，并提交下列材料：申请领队证人员登记表；组团社出具的胜任领队工作的证明；申请领队证人员业务培训证明。领队证由国家旅游局统一样式并制作，由组团社所在地的省级或经授权的地市级以上旅游行政管理部门发放。旅游行政管理部门应当自收到申请材料之日起 15 个工作日内，对符合条件的申请领队证人员颁发领队证，并予以登记备案。旅游行政管理部门要根据组团社的正当业务需求合理发放领队证。领队证的有效期为 3 年。凡需要在领队证有效期届满后继续从事领队业务的，应当在届满前半年由组团社向旅游行政管理部门申请登记换发领队证。领队人员遗失领队证的，应当及时报告旅游行政管理部门，并声明作废，然后申请补发；领队证损坏的，应及时申请换发。被取消领队人员资格的人员，不得再次申请领队证登记。

3. 领队责任与违规处罚

(1)领队人员的职责。2002 年 7 月生效的《中国公民出国旅游管理办法》和《出境旅游领队人员管理办法》都对领队的职责做出了要求，总结起来包括以下几项：

①遵守《中国公民出国旅游管理办法》中的有关规定，维护旅游者的合法权益。

②协同接待社实施旅游行程计划，即旅游团队领队应当要求境外接待社按照约定的团队

活动计划安排旅游活动，并要求其不得组织旅游者参与涉及色情、赌博、毒品内容的活动或者危险性活动，不得擅自改变行程、减少旅游项目，不得强迫或者变相强迫旅游者参加额外付费项目。

③向旅游者介绍旅游目的地国家的相关法律、风俗习惯以及其他有关注意事项，并尊重旅游者的人格尊严、宗教信仰、民族风俗和生活习惯。

④在带领旅游者旅行、游览过程中，应当就可能危及旅游者人身安全的情况，向旅游者做出真实说明和明确警示，并按照组团社的要求采取有效措施，防止危害的发生。

⑤旅游团队在境外遇到特殊困难和安全问题时，领队应当及时向组团社和中国驻所在国家使领馆报告；组团社应当及时向旅游行政部门和公安机关报告。

⑥不得与境外接待社、导游及为旅游者提供商品或者服务的其他经营者串通欺骗、胁迫旅游者消费，不得向境外接待社、导游及其他为旅游者提供商品或者服务的经营者索要回扣、提成或者收受其财物。

⑦协助处理旅游行程中的突发事件、纠纷及其他问题。

⑧自觉维护国家利益和民族尊严，并提醒旅游者抵制任何有损国家利益和民族尊严的言行。

(2)违规处罚。

①对申请领队证人员不进行资格审查或业务培训，或审查不严，或对领队人员、领队业务疏于管理，造成领队人员或领队业务发生问题的，由旅游行政管理部门视情节轻重，分别给予组团社警告、取消申领领队证资格、取消组团社资格等处罚。

②未取得领队证从事领队业务的，由旅游行政管理部门责令改正，有违法所得的，没收违法所得，并可处违法所得3倍以下不超过人民币3万元的罚款；没有违法所得的，可处人民币1万元以下罚款。

③领队人员伪造、涂改、出借或转让领队证，或者在从事领队业务时未佩带领队证的，由旅游行政管理部门责令改正，处人民币1万元以下的罚款；情节严重的，由旅游行政管理部门暂扣领队证3个月至1年，并不得重新换发领队证。

④与境外接待社、导游及为旅游者提供商品或者服务的其他经营者串通欺骗、胁迫旅游者消费或者向境外接待社、导游和其他为旅游者提供商品或者服务的经营者索要回扣、提成或者收受其财物的，由旅游行政部门责令改正，没收索要的回扣、提成或者收受的财物，并处索要的回扣、提成或者收受的财物价值2倍以上5倍以下的罚款；情节严重的，并吊销其领队证。

⑤旅游者在境外滞留不归，旅游团队领队不及时向组团社和中国驻所在国家使领馆报告，或者组团社不及时向有关部门报告的，由旅游行政部门给予警告，对旅游团队领队可以暂扣其领队证，对组团社可以暂停其出国旅游业务经营资格。

⑥旅游团队领队未要求境外接待社不得组织旅游者参与涉及色情、赌博、毒品内容的活动或者危险性活动，未要求其不得擅自改变行程、减少旅游项目、强迫或者变相强迫旅游者参加额外付费项目，或者在境外接待社违反前述要求时未制止的，由旅游行政部门对组团社处组织该旅游团队所收取费用2倍以上5倍以下的罚款，并暂停其出国旅游业务经营资格，对旅游团队领队暂扣其领队证；造成恶劣影响的，对组团社取消其出国旅游业务经营资格，对旅游团队领队吊销其领队证。

⑦对可能危及人身安全的情况未向旅游者做出真实说明和明确警示，或者未采取防止危害发生的措施的，由旅游行政部门责令改正，给予警告；情节严重的，对组团社暂停其出国旅

游业务经营资格，并处5000元以上2万元以下的罚款，对旅游团队领队可以暂扣直至吊销其领队证；造成人身伤亡事故的，依法追究刑事责任，并承担赔偿责任。

⑧领队没有做到协同接待社实施旅游行程计划，协助处理旅游行程中的突发事件、纠纷及其他问题，也没有为旅游者提供旅游行程服务，则由旅游行政管理部门责令改正，并可暂扣领队证3个月至1年；造成重大影响或产生严重后果的，由旅游行政管理部门撤消其领队登记，并不得再次申请领队登记，同时要追究组团社责任。

※单元实训

实训一：

1. 实训资料

2007年7月下旬，在石家庄工作的赵女士为了让刚参加完高考的女儿过一个轻松、愉快的暑假，报名参加了H旅行社组织的赴桂林6日游。按照合同约定，这次旅游活动为全包价旅游，H旅行社安排导游员张某为该团导游。实际上，在整个游程中，导游员张某几乎不作什么讲解，并没有真正发挥他的导游作用。旅游团在准备乘船游览阳朔风光时，大家一时竟找不到张某了，游客有的自己买了船票，有的还等着导游购买集体船票，局面十分混乱。但等到游客找到张某时，他却说："导游只负责陪同，并不管买车票、船票等琐事。"在随后的旅行过程中，张某对住宿、就餐等事项也不关心，给赵女士等游客的这次旅游造成许多麻烦。此外，游客还发现张某自始至终都没有佩戴导游证，便询问他到底是不是正式导游员，为什么不带导游证。张某回答说："导游证只是一种形式，没有必要天天都带着。"由于多数游客对这次旅游非常不满意，并对张某的身份产生了怀疑，遂向旅游行政部门投诉。后经查实，张某的导游身份是合法的。

2. 实训问题

(1)导游员张某对不带导游证的解释是否正确？为什么？

(2)张某认为导游员不应负责买车、船票等琐事，违反了什么规定？

实训二：

1. 实训资料

2007年10月，西安某旅行社接待了来自北京的由28位老人组成的"夕阳红"旅游团队，该旅行社委派陈某作为该团的导游员，在参观游览过程当中，陈某对游客反复说，大家到古城西安来一次不容易，既然来了，就应该多看几个景点，以免留下遗憾。在只征得少数游客的同意后，陈某增加了小雁塔和碑林两个计划外景点，为此向每位游客加收了80元费用。为了能挤出时间参观这两个景点，导游员陈某便缩短了原计划景点的参观时间，使老年游客疲惫不堪。旅游活动结束后，许多游客感到在计划景点内的参观太匆忙，没有达到预期的目的，因此对陈某额外增加景点的行为非常不满意。他们认为，导游员陈某缺乏导游经验，不了解老年人身体特点，为了多挣钱，擅自增加景点，对旅游活动进行了误导。旅游结束后，该团游客集体签名向旅游行政管理部门进行投诉。

2. 实训问题

(1)导游员陈某能否自行改变旅行社的接待计划，增减旅游项目？

(2)对陈某应给予怎样的处罚？

实训三：

1. 实训资料

1999 年 5 月，某旅行社组织了一个旅游团赴某地旅游。该团导游人员李某在讲解时说“×××也是一个伟人，他对结束军阀混战，统一中国有历史功绩”等等。旅游团客人对此说法十分反感，认为导游这种说法，歪曲了历史真相，故与之发生争辩，旅游结束后向旅游行政管理部门投诉。经核查，情况属实。据此旅游行政管理部门对其进行了处罚，并对其所在的旅行社也给予了处罚。

2. 实训问题

(1) 对该导游人员的处罚有无依据？是何依据？请你简述依据。

(2) 对旅行社进行处罚有无依据？有何依据？请你简述依据。

实训四：

1. 实训资料

2000 年 3 月，导游人员王某受旅行社委派带团赴新、马、泰旅游，当行至泰国时，游客李某提出请王某带其到色情场所“见见世面”，导游人员王某对此要求当即予以拒绝。为此，游客李某觉得很没面子，心怀不满，在团里散布有辱王某人格的闲话。

2. 实训问题

(1) 作为导游人员，王某能否拒绝游客的上述要求？为什么？

(2) 导游人员王某对侮辱其人格的言行应当怎么办？

实训五：

1. 实训资料

1999 年 6 月，导游人员徐某受某国际旅行社委派，为法国某来华旅游团担任导游。在旅行游览过程中，徐某见某游客随身携带的照相机小巧玲珑，而且功能齐全，经询问，该相机在法国售价比在中国便宜，遂与游客商量，购买了该相机。后徐某因此事受到旅游行政管理部门的处罚。

2. 实训问题

(1) 导游人员徐某能否购买外国旅游者的物品？为什么？

(2) 旅游行政管理部门根据什么法规对徐某进行处罚？具体规定是什么？

第五章　旅行社经营管理法律、法规

※章节重点

1. 旅行社
2. 旅行社的经营原则
3. 设立旅行社的条件
4. 违反旅行社条例有关规定的处罚
5. 旅行社质量保证金

※课前导读

“投诉旅行社，历来是我国旅游消费投诉的一大热点。记者今天从国务院法制办获悉，《中华人民共和国旅行社条例》已经国务院温家宝总理签署，马上就要公布，将于今年5月1日起实施。国家旅游局日前发布的《2008年全国旅游投诉情况通报》再次显示：从投诉对象看，投诉旅行社最高，占2008年全国旅游投诉总量9334件的57.29%。投诉的问题，集中于旅行社擅自降低住宿、交通、餐饮等等服务标准。国务院法制办有关负责人表示，针对频频出现的旅行社侵害旅游者合法权益的问题，国务院近日将公布的旅行社条例明显加大了对旅行社违法经营行为的打击力度，为旅游者创造良好的旅游消费法制环境。”——《法制日报》2009年2月26日。

第一节　旅行社概述

一、旅行社的概念及其法律特征

1. 旅行社的概念

2009年1月21日国务院第47次常务会议通过了新的《旅行社条例》，自2009年5月1日起实施，同年，4月2日国家旅游局第四次局长办公会议审议通过并公布新的《旅行社条例实施细则》，自2009年5月3日起实施。新《条例》规定：旅行社，是指从事招徕、组织、接待旅游者等活动，为旅游者提供相关旅游服务，开展国内旅游业务、入境旅游业务或者出境旅游业务的企业法人。旅行社应当包括依据《条例》设立的，从事旅游业务的旅行社、旅行社分社及旅行社服务网点，也包括外商投资旅行社。

2. 旅行社的法律特征

(1)旅行社是从事旅游业务的企业法人。设立旅行社企业，必须具备《旅行社条例》规定的条件，并依据条例规定的程序设立，经旅游行政管理部门批准，取得《旅行社业务经营许可证》，并到工商行政管理部门登记、领取《营业执照》后，即取得了旅行社企业法人的资格。

(2)旅行社所从事的旅游业务是招徕、接待旅游者，组织和策划旅游活动。招徕，是指旅行社按照批准的业务范围，在国内外开展宣传促销活动，组织招徕旅游者的工作；接待，是指旅行社根据与旅游者达成的协议，为其安排行、游、住、食、购、娱等活动，并提供导游服务。此外，旅行社也为旅游者代办出境、入境和签证手续。

(3)旅行社是以营利为目的，为旅游者提供有偿服务的企业，并实行独立核算。旅行社以实现营利为目的，为旅游者提供有偿服务，不断开拓旅游招徕和接待业务，增加旅游收入，并且通过记账的方法，开展精确的会计核算活动，节省旅游经营过程中的人力、物力、财力的消耗，取得最佳经济效益。

二、旅行社的经营原则及范围

1. 旅行社的经营原则

(1)自愿原则

所谓自愿原则是指旅行社不得通过欺诈、胁迫等手段强迫旅游者和其他企业与其发生旅游法律关系。

(2)平等原则

所谓平等原则是指有些旅行社在经营活动中与旅游者或其他企业法人之间发生业务关系，必须平等协商，不得将自己的意志强加给对方。

(3)公平原则

所谓公平原则是指在设立权利、义务承担民事责任等方面应当公正、平等，合情合理。此项原则要求旅行社应本着公平的观念从事经营活动，正当行使其权利、义务；在经营活动中兼顾他人和社会利益，保证公正交易和公平竞争。

(4)诚实原则

所谓诚实原则要求旅行社对旅游者和其他企业诚实不欺，恪守诺言，讲究信用。旅行社应以友好合作的方式行使权利，在获得利益的同时，不损害他人利益和社会利益，并以诚实信用方式履行义务，此外，旅行社在开展业务经营活动中，还应遵守社会公认的商业道德。

2. 我国境内旅行社的经营范围包括：

(1)安排交通服务；

(2)安排住宿服务；

(3)安排餐饮服务；

(4)安排观光游览、休闲度假等服务；

(5)导游、领队服务；

(6)旅游咨询、旅游活动设计服务。

旅行社还可以接受委托，提供下列旅游服务：

(1)接受旅游者的委托，代订交通客票、代订住宿和代办出境、入境、签证手续等；

(2)接受机关、事业单位和社会团体的委托，为其差旅、考察、会议、展览等公务活动，代办交通、住宿、餐饮、会务等事务；

(3)接受企业委托，为其各类商务活动、奖励旅游等，代办交通、住宿、餐饮、会务、观光游览、休闲度假等事务；

(4)其他旅游服务。

上述所列出境、签证手续等服务，应当由具备出境旅游业务经营权的旅行社代办。

此外，外商投资旅行社可以经营入境旅游业务和国内旅游业务。外商投资旅行社不得经营中国内地居民出国旅游业务以及赴香港特别行政区、澳门特别行政区和台湾地区旅游的业务，但是国务院决定或者我国签署的自由贸易协定和内地与香港、澳门关于建立更紧密经贸关系的安排另有规定的除外。旅行社取得经营许可满两年，且未因侵害旅游者合法权益受到行政机关罚款以上处罚的，可以申请经营出境旅游业务。

※课前导读

某旅行社总经理(法人代表)为了扩大业务，增加旅行社的组接团量，同时稳定旅行社的经营收入，只要满足旅行社提出的承包要求，任何业务人员均可以和旅行社签订承包协议。承包合同约定，承包人每承包一个部门，必须在每年年初向旅行社一次交纳承包费1万元，该承包部门即可以该旅行社的名义对外组团和接待。承包部门的经营场所可以在旅行社内部，也可以自己在外租赁，办公场所的租赁费用和其他各项费用均由承包人自行承担，承包部门在经营中出现的服务质量纠纷和其他经济纠纷与总经理无关，各承包部门全权解决。该社承包的国内部在组团中，降低了旅游服务质量，导致旅游者权益受到损害。旅游者向总经理索要赔偿时，总经理强调，他与国内部已经签订了承包合同，明确了各自的权利和义务，组团出现的质量纠纷应当由国内部自己解决，和旅行社没有任何关系。请问:(1)旅行社是否可以承包？为什么？旅游管理部门在业务年检时将如何处理该旅行社？(2)总经理的说法是否合理？为什么？

第二节　旅行社的设立、审批及管理

一、旅行社及其分支机构的设立与审批

1. 旅行社的设立及审批

旅行社业为许可经营行业。经营旅行社业务，应当报经有权审批的旅游行政管理部门，旅游行政领管理部门根据《旅行社条例》有关规定进行审核，审核通过后，向经审核批准的申请人颁发《旅行社业务经营许可证》，申请人持许可证到工商行政管理机关依法办理工商登记注册手续并领取营业执照。旅行社应当自取得旅行社业务经营许可证之日起3个工作日内，在国务院旅游行政主管部门指定的银行开设专门的质量保证金账户，存入质量保证金，或者向作出许可的旅游行政管理部门提交依法取得的担保额度不低于相应质量保证金数额的银行担保。

经营国内旅游业务和入境旅游业务的旅行社，应当存入质量保证金20万元；经营出境旅游业务的旅行社，应当增存质量保证金120万元。

质量保证金的利息属于旅行社所有。

(1)设立旅行社的条件

《旅行社条例》规定，设立旅行社，应当具备以下几个条件：

①具有固定的营业场所。固定的营业场所，是指在较长的一段时间能为旅行社所拥有或使用的固定的营业场所，而不是短期内频繁变动的场所，同时旅行社应当根据自己营业范围的不同来确定适合本身业务发展所必需足够的营业场所。

②具有必要的营业设施。必要的营业设施主要包括传真机、直线电话、电子计算机等办公设备，并具备与旅游行政管理部门联网的条件。国际旅行社的营业设备除以上外，还应当具备业务用车辆。

③ 有不少于30万元的注册资本。

(2)申请开办旅行社应提交的文件

《旅行社条例》规定，申请设立旅行社，应当向省、自治区、直辖市旅游行政管理部门提交下列文件：

①设立申请书。内容包括申请设立的旅行社的中英文名称及英文缩写，设立地址，企业形式、出资人、出资额和出资方式，申请人、受理申请部门的全称、申请书名称和申请的时间；

②法定代表人履历表及身份证明；

③企业章程；

④依法设立的验资机构出具的验资证明；

⑤营业设施、设备的证明或者说明；

⑥工商行政管理部门出具的《企业名称预先核准通知书》。

旅行社申请出境旅游业务的，应当向国务院旅游行政主管部门提交原许可的旅游行政管理部门出具的，证明其经营旅行社业务满两年且连续两年未因侵害旅游者合法权益受到行政机关罚款以上处罚的文件。

(3)旅行社的审批程序

受理申请的旅游行政管理部门应当自受理申请之日起20个工作日内作出许可或者不予许可的决定。予以许可的，向申请人颁发旅行社业务经营许可证，申请人持旅行社业务经营许可证向工商行政管理部门办理设立登记；不予许可的，书面通知申请人并说明理由。

申请经营出境旅游业务的，受理申请的旅游行政管理部门应当自受理申请之日起20个工作日内作出许可或者不予许可的决定。予以许可的，向申请人换发旅行社业务经营许可证，旅行社应当持换发的旅行社业务经营许可证到工商行政管理部门办理变更登记；不予许可的，书面通知申请人并说明理由。

2. 旅行社分社的设立

(1)设立分社的条件

旅行社设立分社的，应当持旅行社业务经营许可证副本向分社所在地的工商行政管理部门办理设立登记，并自设立登记之日起3个工作日内向分社所在地的旅游行政管理部门备案。旅行社分社的设立不受地域限制。分社的经营范围不得超出设立分社的旅行社的经营范围。分社的名称中应当包含设立社名称、分社所在地地名和“分社”或者“分公司”字样。旅行社每设立一个经营国内旅游业务和入境旅游业务的分社，应当向其质量保证金账户增存5万元；每设立一个经营出境旅游业务的分社，应当向其质量保证金账户增存30万元。

(2)设立分社需提交的文件

①设立社的旅行社业务经营许可证副本和企业法人营业执照副本；

②分社的《营业执照》；

③分社经理的履历表和身份证明；

④增存质量保证金的证明文件。

3. 旅行社服务网点的设立

(1)设立服务网点的条件

服务网点是指旅行社设立的，为旅行社招徕旅游者，并以旅行社的名义与旅游者签订旅游合同的门市部等机构。旅行社设立服务网点应当依法向工商行政管理部门办理设立登记手续，并向所在地的旅游行政管理部门备案。设立社设立服务网点的区域范围，应当在设立社所在地的设区的市的行政区划内。服务网点的名称、标牌应当包括设立社名称、服务网点所在地地名等，不得含有使消费者误解为是旅行社或者分社的内容，也不得用易使消费者误解的简称。旅行社服务网点应当接受旅行社的统一管理，不得从事招徕、咨询以外的活动。

(2)设立服务网点需提交的文件

①设立社的旅行社业务经营许可证副本和企业法人营业执照副本；

②服务网点的《营业执照》；

③服务网点经理的履历表和身份证明。

4. 分社和服务网点的审批程序

分社、服务网点备案后，受理备案的旅游行政管理部门应当向旅行社颁发《旅行社分社备案登记证明》或者《旅行社服务网点备案登记证明》。

设立社应当加强对分社和服务网点的管理，对分社实行统一的人事、财务、招徕、接待制度规范，对服务网点实行统一管理、统一财务、统一招徕和统一咨询服务规范。

二、外商投资旅行社的设立与审批

设立外商投资旅行社，由投资者向国务院旅游行政主管部门提出申请，并提交符合本条例第六条规定条件的相关证明文件。国务院旅游行政主管部门应当自受理申请之日起30个工作日内审查完毕。同意设立的，出具外商投资旅行社业务许可审定意见书；不同意设立的，书面通知申请人并说明理由。

申请人持外商投资旅行社业务许可审定意见书、章程，合资、合作双方签订的合同向国务院商务主管部门提出设立外商投资企业的申请。国务院商务主管部门应当依照有关法律、法规的规定，作出批准或者不予批准的决定。予以批准的，颁发外商投资企业批准证书，并通知申请人向国务院旅游行政主管部门领取旅行社业务经营许可证，申请人持旅行社业务经营许可证和外商投资企业批准证书向工商行政管理部门办理设立登记；不予批准的，书面通知申请人并说明理由。

外商投资旅行社不得经营中国内地居民出国旅游业务以及赴香港特别行政区、澳门特别行政区和台湾地区旅游的业务，但是国务院决定或者我国签署的自由贸易协定和内地与香港、澳门关于建立更紧密经贸关系的安排另有规定的除外。

三、旅行社的变更

旅行社名称、经营场所、出资人、法定代表人等登记事项变更的，应当在办理变更登记后，持已变更的《企业法人营业执照》向原许可的旅游行政管理部门备案。

旅行社终止经营的，应当在办理注销手续后，持工商行政管理部门出具的注销文件，向原许可的旅游行政管理部门备案。旅行社不再从事旅游业务的，凭旅游行政管理部门出具的凭证，向银行取回质量保证金。

四、旅行社的经营规范

1. 旅行社对其聘用人员的规范管理：旅行社为接待旅游者委派的导游人员或者为组织旅游者出境旅游委派的领队人员，应当持有国家规定的导游证、领队证；旅行社聘用导游人员、领队人员应当依法签订劳动合同，并向其支付不低于当地最低工资标准的报酬；旅行社不得要求导游人员和领队人员接待不支付接待和服务费用或者支付的费用低于接待和服务成本的旅游团队，不得要求导游人员和领队人员承担接待旅游团队的相关费用。

2. 旅行社对旅游业务的规范管理：旅行社要为游客提供真实可靠的旅游消息，不得进行虚假宣传。旅行社与游客签订旅游合同应当载明如下事项：旅行社的名称及其经营范围、地址、联系电话和旅行社业务经营许可证编号；旅行社经办人的姓名、联系电话；签约地点和日期；旅游行程的出发地、途经地和目的地；旅游行程中交通、住宿、餐饮服务安排及其标准；旅行社统一安排的游览项目的具体内容及时间；旅游者自由活动的时间和次数；旅游者应当交纳的旅游费用及交纳方式；旅行社安排的购物次数、停留时间及购物场所的名称；需要旅游者另行付费的游览项目及价格；解除或者变更合同的条件和提前通知的期限；违反合同的纠纷解决机制及应当承担的责任；旅游服务监督、投诉电话；双方协商一致的其他内容。旅行社有义务对旅游合同的具体内容向游客做出真实准确、完整的说明；对格式条款发生多种解释争议的要做出有利于游客的解释；不经游客同意，不能安排合同以外的有偿项目。

3. 对委托代理业务的规范管理：旅行社需要对旅游业务作出委托的，应当委托给具有相应资质的旅行社，征得旅游者的同意，并与接受委托的旅行社就接待旅游者的事宜签订委托合同，确定接待者的各项服务安排及其标准，约定双方的权利、义务；旅行社将旅游业务委托给其他旅行社的，应当向接受委托的旅行社支付不低于接待和服务成本的费用；接受委托的旅行社不得接待不支付或者不足额支付接待和服务费用的旅游团队。接受委托的旅行社违约，造成旅游者合法权益受到损害的，作出委托的旅行社应当承担相应的赔偿责任。作出委托的旅行社赔偿后，可以向接受委托的旅行社追偿。接受委托的旅行社故意或者重大过失造成旅游者合法权益损害的，应当承担连带责任。

※课前导读

2007年9月，刘某等8名游客报名参加北京某旅行社组织的海南5日游。双方口头约定，9月30日12点乘机赴海南，10月4日下午3点乘机返京，旅行社派导游全程服务。后因旅行社未买好全陪导游的机票，没有派全陪导游随团前往海南。但该旅行社承诺已与地接社联系好，保证接待质量。旅游团乘机赴海南时，北京组团社派导游到机场送行，并将返程机票交给游客刘某，告知返程时间为10月4日下午3点钟。10月3日，旅游团在从三亚返回海口的途中，地陪导游询问乘机返京的时间，刘某答复是次日下午3点。

10月4日上午9点多，刘某拿出机票，想看看下午返程的确切时间，突然发现机票上标明的起飞时间是当天上午8点10分，并非组团社所说的下午3点钟。后经地接社的多方努力，重新购买了12点零5分的返程票。但是，由于旅游团第一次购买的是不得转签、退换的优惠票，原票全部作废。刘某等游客考虑单位尚有急事需办理，只好先支付了机票款共12600元。返京后，刘某等游客向北京组团社索要全部机票款。

旅行社认为，返程机票已交给刘某由其自行保管，在旅游过程中地接社导游曾多次询问返程时间，而由于游客的疏忽大意造成误机，因此其损失不应该由旅行社承担。但考虑到游客的实际利益，出于对游客的同情和安抚，同意补偿机票损失的10%，双方各执己见，不能达成一致。

第三节　旅行社的权利和义务

旅行社的权利和义务，是指根据旅游法律、法规的规定，旅行社在其经营活动中的权利和责任。旅行社不仅和旅游者产生权利和义务的关系，还要同相关行业如交通部门、饭店部门、餐饮部门、景区部门及其他商业部门产生权利、义务关系，与旅游行政部门也形成某种权利、义务关系。

一、旅行社的权利

1. 旅行社有权同旅游实体和个人签订合同，有权进行招徕和广告宣传。旅行社与旅游者签订的旅游合同，应体现公平、自愿、等价有偿的原则。合同一经签订，对双方具有约束力，旅行社应按照合同约定的项目向旅游者提供服务。

2. 旅行社应当为旅游者提供符合保障旅游者人身、财物安全需要的服务，对有可能危及旅游者人身、财物安全的项目，应当向旅游者作出真实的说明和明确的警示，并采取防止危害发生的措施；对旅游地可能引起旅游者误解或产生冲突的法律规定、风俗习惯、宗教信仰等，应当事先给旅游者以明确的说明和忠告。

3. 旅行社有权要求旅游者依照旅游合同规定的时间、路线、方式进行旅游。如旅行者未按合同约定的时间参加旅游团，旅行社可以扣除旅游者交付的定金作为违约金。旅游者因个人的行为给旅行社造成损失，旅行社有权对其提出索赔。这些具体的条款在合同中应明确规定。所签的旅游合同应就下列内容作出明确的约定：

(1)合同的标的，指旅游行程(包括乘坐交通工具、游览景点、住宿标准、餐饮标准、娱乐标准、购物次数等)安排；

(2)合同的价金，即旅游价格；

(3)违约责任。

4. 旅行社向旅游者收取有关服务费用，而旅游者有义务支付接受服务后应付的费用。旅行社为游客提供导游、交通、联系食宿、组织旅游项目等服务，有权收取相应的报酬，亦称合同的价金。反之，旅行社的服务也应该严格按照合同所签订的项目和数量来完成。

二、旅行社的义务

1. 旅行社员工的基本义务是关心旅游者的利益，按照合同的约定向旅游者提供各项服务，所提供的服务不得低于国家标准或行业标准。这些服务一般来说指综合性服务，如：提供导游服务，代订火车票或飞机票，代订旅馆客房，保证旅客的食宿，按合同全部完成旅游项目。此外，旅行社对旅游者就其服务项目和服务质量提出的询问，应作出真实、明确的答复。

2. 旅行社向旅游者提供的旅游服务信息必须真实可靠，不得作虚假宣传。旅行社所做广告应当具备以下内容：旅行社名称和许可证号码，委托代理业务广告应当注明被代理旅行社的名称，严禁旅行社进行超出核定经营范围的广告宣传。

3. 旅行社所提供的服务项目应明码标价，质价相符，不得有价格欺诈行为。旅行社对旅游者提供的旅游服务项目，按照国家规定收费；旅行社增加服务项目需要加收费用的，应事先征得旅游者同意，旅行社提供有偿服务，应当按照国家有关规定向旅游者出具服务单据。

4. 旅行社从事旅游业务经营活动，必须投保旅行社责任保险，并尽可能保证所提供的服务符合保障旅游者人身、财产安全的要求；对可能危及旅游者人身、财产安全的事宜，应当向旅游者做出真实的说明和明确的警示，并采取防止危害发生的措施；对旅游地可能引起旅游者误解或产生冲突的法律规定、风俗习惯、宗教信仰等，应当事先给旅游者以明确的说明和忠告。

5. 旅行社为接待旅游者聘用的导游和组织旅游者出境旅游聘用的领队，应当持有省、自治区、直辖市以上人民政府旅游行政管理部门颁发的资格证书。

三、违反旅行社条例有关规定的处罚

1. 有下列情形之一的，由旅游行政管理部门或者工商行政管理部门责令改正，没收违法所得，违法所得10万元以上的，并处违法所得1倍以上5倍以下的罚款；违法所得不足10万元或者没有违法所得的，并处10万元以上50万元以下的罚款：

(1)未取得相应的旅行社业务经营许可，经营国内旅游业务、入境旅游业务、出境旅游业务的；

(2)分社的经营范围超出设立分社的旅行社的经营范围的；

(3)旅行社服务网点从事招徕、咨询以外的活动的。

2. 旅行社转让、出租、出借旅行社业务经营许可证的，由旅游行政管理部门责令停业整顿1个月至3个月，并没收违法所得；情节严重的，吊销旅行社业务经营许可证。受让或者租借旅行社业务经营许可证的，由旅游行政管理部门或者工商行政管理部门责令停止非法经营，没收违法所得，并处10万元以上50万元以下的罚款。

3. 旅行社未在规定期限内向其质量保证金账户存入、增存、补足质量保证金或者提交相应的银行担保的，由旅游行政管理部门责令改正；拒不改正的，吊销旅行社业务经营许可证。

4. 旅行社不投保旅行社责任险的，由旅游行政管理部门责令改正；拒不改正的，吊销旅行社业务经营许可证。

5. 旅行社有下列情形之一的，由旅游行政管理部门责令改正；拒不改正的，处1万元以下的罚款：

（1）变更名称、经营场所、法定代表人等登记事项或者终止经营，未在规定期限内向原许可的旅游行政管理部门备案，换领或者交回旅行社业务经营许可证的；

（2）设立分社未在规定期限内向分社所在地旅游行政管理部门备案的；

（3）不按照国家有关规定向旅游行政管理部门报送经营和财务信息等统计资料的。

6. 外商投资旅行社经营中国内地居民出国旅游业务以及赴香港特别行政区、澳门特别行政区和台湾地区旅游业务，或者经营出境旅游业务的旅行社组织旅游者到国务院旅游行政主管部门公布的中国公民出境旅游目的地之外的国家和地区旅游的，由旅游行政管理部门责令改正，没收违法所得，违法所得10万元以上的，并处违法所得1倍以上5倍以下的罚款；违法所得不足10万元或者没有违法所得的，并处10万元以上50万元以下的罚款；情节严重的，吊销旅行社业务经营许可证。

7. 旅行社为旅游者安排或者介绍的旅游活动含有违反有关法律、法规规定的内容的，由旅游行政管理部门责令改正，没收违法所得，并处2万元以上10万元以下的罚款；情节严重的，吊销旅行社业务经营许可证。

8. 旅行社向旅游者提供的旅游服务信息含有虚假内容或者作虚假宣传的，由工商行政管理部门依法给予处罚。

9. 旅行社以低于旅游成本的报价招徕旅游者的，由价格主管部门依法给予处罚。

10. 旅行社未经旅游者同意在旅游合同约定之外提供其他有偿服务的，由旅游行政管理部门责令改正，处1万元以上5万元以下的罚款。

11. 旅行社有下列情形之一的，由旅游行政管理部门责令改正，处2万元以上10万元以下的罚款；情节严重的，责令停业整顿1个月至3个月：

（1）未与旅游者签订旅游合同；

（2）与旅游者签订的旅游合同未载明本条例第二十八条规定的事项；

（3）未取得旅游者同意，将旅游业务委托给其他旅行社；

（4）将旅游业务委托给不具有相应资质的旅行社；

（5）未与接受委托的旅行社就接待旅游者的事宜签订委托合同。

12. 旅行社组织中国内地居民出境旅游，不为旅游团队安排领队全程陪同的，由旅游行政管理部门责令改正，处1万元以上5万元以下的罚款；拒不改正的，责令停业整顿1个月至3个月。

13. 旅行社委派的导游人员和领队人员未持有国家规定的导游证或者领队证的，由旅游行政管理部门责令改正，对旅行社处2万元以上10万元以下的罚款。

14. 旅行社不向其聘用的导游人员、领队人员支付报酬，或者所支付的报酬低于当地最低工资标准的，按照《中华人民共和国劳动合同法》的有关规定处理。

15. 有下列情形之一的，对旅行社，由旅游行政管理部门或者工商行政管理部门责令改正，处10万元以上50万元以下的罚款；对导游人员、领队人员，由旅游行政管理部门责令改正，处1万元以上5万元以下的罚款；情节严重的，吊销旅行社业务经营许可证、导游证或者领队证：

（1）拒不履行旅游合同约定的义务的；

（2）非因不可抗力改变旅游合同安排的行程的；

（3）欺骗、胁迫旅游者购物或者参加需要另行付费的游览项目的。

16. 旅行社要求导游人员和领队人员接待不支付接待和服务费用、支付的费用低于接待和服务成本的旅游团队，或者要求导游人员和领队人员承担接待旅游团队的相关费用的，由旅游行政管理部门责令改正，处2万元以上10万元以下的罚款。

17. 旅行社违反旅游合同约定，造成旅游者合法权益受到损害，不采取必要的补救措施的，由旅游行政管理部门或者工商行政管理部门责令改正，处1万元以上5万元以下的罚款；情节严重的，由旅游行政管理部门吊销旅行社业务经营许可证。

18. 有下列情形之一的，由旅游行政管理部门责令改正，停业整顿1个月至3个月；情节严重的，吊销旅行社业务经营许可证：

（1）旅行社不向接受委托的旅行社支付接待和服务费用的；

（2）旅行社向接受委托的旅行社支付的费用低于接待和服务成本的；

（3）接受委托的旅行社接待不支付或者不足额支付接待和服务费用的旅游团队的。

19. 旅行社及其委派的导游人员、领队人员有下列情形之一的，由旅游行政管理部门责令改正，对旅行社处2万元以上10万元以下的罚款；对导游人员、领队人员处4000元以上2万元以下的罚款；情节严重的，责令旅行社停业整顿1个月至3个月，或者吊销旅行社业务经营许可证、导游证、领队证：

（1）发生危及旅游者人身安全的情形，未采取必要的处置措施并及时报告的；

（2）旅行社组织出境旅游的旅游者非法滞留境外，旅行社未及时报告并协助提供非法滞留者信息的；

（3）旅行社接待入境旅游的旅游者非法滞留境内，旅行社未及时报告并协助提供非法滞留者信息的。

20. 因妨害国（边）境管理受到刑事处罚的，在刑罚执行完毕之日起五年内不得从事旅行社业务经营活动；旅行社被吊销旅行社业务经营许可的，其主要负责人在旅行社业务经营许可被吊销之日起五年内不得担任任何旅行社的主要负责人。

21. 旅行社违反本条例的规定，损害旅游者合法权益的，应当承担相应的民事责任；构成犯罪的，依法追究刑事责任。

22. 旅游行政管理部门或者其他有关部门及其工作人员有下列情形之一的，对直接负责的主管人员和其他直接责任人员依法给予处分：

（1）发现违法行为不及时予以处理的；

（2）未及时公告对旅行社的监督检查情况的；

（3）未及时处理旅游者投诉并将调查处理的有关情况告知旅游者的；

（4）接受旅行社的馈赠的；

（5）参加由旅行社支付费用的购物活动或者游览项目的；

(6)通过旅行社为自己、亲友或者其他个人、组织牟取私利的。

23. 导游人员违反有关规定造成旅游者损害的，应承担下列赔偿责任：

(1)导游未按照国家或旅游行业对客人服务标准的要求提供导游服务的，旅行社应赔偿旅游者所付导游服务费用的2倍。

(2)导游违反旅行社与旅游者的合同约定，损害了旅游者的合法权益，旅行社应对旅游者进行赔偿。

①导游擅自改变活动日程，减少或变更参观，旅行社应退还景点门票、导游服务费并赔偿同额违约金。

②导游违反约定，擅自增加用餐、娱乐、医疗保健等项目，旅行社承担旅游者的全部费用。

③导游违反合同或旅程计划，擅自增加购物次数，每次退还旅游者购物价款的20%。

④导游擅自安排旅游者到非旅游部门指定商店购物，所购商品系假冒伪劣商品，旅行社应赔偿旅游者的全部损失。

⑤导游私自兜售商品，旅行社应全额退还旅游者购物价款。

⑥导游索要小费，旅行社应赔偿被索要小费的2倍。

(3)导游在旅游行程期间，擅自离开旅游团队，造成旅游者无人负责，旅行社应承担旅游者滞留期间所支出的食宿费等直接费用，并赔偿全部旅游费用30%违约金。

※课前导读

2000年12月至2001年1月间，黎剑、杜伟等人，以北京中天旅行社接待部名义，租用北京崇文门饭店203房间作为经营场所，并以北京中天旅行社名义发布广告，在收取游客大量旅游款或购票订金后携款潜逃，此案共涉及游客355人，金额99万余元，堪称旅游业大案。此案系中天旅行社内部管理混乱将部门随意承包所造成的，北京市旅游局在认定责任后，依据有关规定对该社进行了停业整顿，并动用了其10万元服务质量保证金对游客进行补偿。

第四节　旅行社管理制度

一、旅行社经营许可证制度

旅行社业务经营许可证制度：所指的许可证，是旅行社经营旅游业务的资格证明，由国家旅游局统一印制，由具有审批权的旅游行政管理部门颁发，未取得许可证的，不得从事旅游业务。

二、旅行社质量保证金制度

为加强对旅行社服务质量的监督和管理，保护旅游者的合法权益，保障旅行社规范经营，维护我国旅游业声誉，国家旅游局根据《旅行社条例》的有关规定，按照旅行社的特点参照国际惯例，经国务院批准，对旅行社实行质量保证金制度。(1995年1月1日国家旅游局发布了《旅行社质量保证金暂行规定》及其实施细则。)

1. 旅行社质量保证金

旅行社质量保证金(以下简称保证金),是指由旅行社缴纳,旅游行政管理部门管理,用于保障旅游者权益的专用款项。

保证金的所有权及其在旅游行政理部门管理期间产生的利息,属于缴纳的旅行社;保证金为保证现金形式,其他有价证券、实物、工业产权、非专利技术等不能作为保证金的缴付和抵押形式;各级旅游行政管理部门在规定的职权范围内根据有关法规、规章和程序,作出支付保证金金额的决定,保证金须保持满额,支付赔偿后不足部分旅行社须在60天内补足;缴纳保证金的有关凭证不得作为抵押或偿还债务的凭证。旅行社发生合并、解散、转产、破产等情形,保证金作为旅行社企业财产的一部分,按有关法律规定处置;旅行社终止经营,返还保证金。

2. 赔偿请求人

保证金制度中的赔偿请求人,是指向旅游行政管理部门投诉并要求旅行社给予经济赔偿的当事人。赔偿请求人请求赔偿的时效期限为90天,以请求人受侵害事实发生时计算。超过时效的请求可以不予受理。

3. 旅行社质量保证金的适用情况

(1)适用保证金赔偿的情形

根据《旅行社质量保证金暂行规定实施细则》中第十八条对保证金赔偿的范围作出如下规定:

①旅行社因故意或过失,未达到合同约定的服务质量标准而造成旅游者的经济权益损失。

②旅行社的服务未达到国家或行业规定的标准而造成旅游者的经济权益损失。

③因旅行社歇业、解散、破产或合并而造成预收旅行费损失。

④国家旅游局认定的其他应该用保证金赔偿的情形。这主要指难以判定属于前三种情形中的哪一种,或不属于前三种情形但仍是由旅行社自身造成,应予赔偿的。

(2)不适用保证金赔偿的情形

①旅行社因不可抗力因素不能履行合同的;

②旅游者在旅游期间发生人身财产意外事故的;

③适用保证金情形之外的其他经济纠纷;

④超过规定的时效期限的;

⑤司法机关已经受理的。

4. 旅行社质量保证金赔偿标准

(1)因旅行社的故意或过失,为达到合同约定的服务质量标准,造成旅游者经济损失的,旅行社应承担下列赔偿责任:

①旅行社收取旅游者预付款后,因旅行社的原因不能成行,应提前3天(出境旅游应提前7天)通知旅游者,否则应承担违约责任,并赔偿旅游者已交预付款10%的违约金。

②因旅行社过错造成旅游者误机(车、船),旅行社应赔偿旅游者的直接经济损失,并赔偿经济损失10%的违约金。

③旅行社安排的旅游活动及服务档次与协议合同不符,造成旅游者经济损失,应退还旅游者合同金额与实际花费的差额,并赔偿同额违约金。

(2)旅行社在旅游过程中,因相关部门的原因发生下列质量问题,组团社应先行赔偿旅游者的损失。

①旅行社安排的餐厅，因餐厅原因发生质价不符的，旅行社应赔偿旅游者所付餐费的20%。

②旅行社安排的饭店，因饭店原因低于合同约定的等级档次，旅行社应退还旅游者所付房费与实际房费的差额，并赔偿差额20%的违约金。

③旅行社安排的交通工具，因交通部门原因低于合同约定的等级档次，旅行社应退还旅游者所付交通费与实际费用的差额，并赔偿差额20%的违约金。

④旅行社安排的观光景点，因景点原因不能游览，旅行社应退还景点门票、导游费并赔偿退还费用20%的违约金。

(3)旅行社在旅游质量问题发生之前已采取以下措施的，可以减轻或免除其赔偿责任：

①对旅游质量和安全状况已事先对旅游者给予充分说明、提醒、劝诫、警告的。

②所发生的质量问题是非故意、非过失或无法预知或已采取了预防性措施的。

③质量问题发生后，已采取了善后处理措施的。

5. 旅行社质量保证金的赔偿工作

各级旅游质监所全面负责处理旅游投诉和旅游质量的监督与管理，并具体负责保证金案件的审理。具体任务是：

(1)受理涉及所管范围内的旅行社保证金赔偿请求；

(2)进行调查、核实；

(3)依规定的赔偿原则及程序作出赔偿决定。

审理保证金赔偿案件遵循的原则是：①以事实为依据，以法律、法规为准绳公正办案，保护双方当事人的合法权益；②办案中，应当先行调解，调解无效的，应当依法进行审理；③办案中不受任何组织和个人的非法干涉。

6. 保证金赔偿应当符合的条件

(1)符合保证金赔偿适用范围；

(2)请求人是旅游合法权益直接受到侵害的旅游者和其合法代理人；

(3)有明确的被投诉旅行社，具体的要求和事实根据。

7. 赔偿申请

赔偿申请人请求赔偿的时效期限为90天，以请求的受侵害事实发生时计算。超过时限的请求可以不予以受理。请求人应当向质监所提出赔偿请求书。赔偿请求书应当写明下列事项：

(1)被投诉旅行社的名称、导游姓名；

(2)请求人的姓名、性别、国籍、职业、年龄及团队名称、地址、电话；

(3)赔偿请求和根据的事实、理由与证据。

8. 赔偿审核

质监所接到赔偿请求书，经审查，符合本办法受理条件的，应当及时作出受理决定；不符合本办法受理条件的，应当在接到赔偿请求书之日起7个工作日内通知请求人不予受理的理由。质监所作出受理决定后，应当及时将《旅游投诉受理通知书》送达被投诉旅行社。被投诉旅行社在接到通知书后，应当在30日内作出书面答复。书面答复应当写明调查核实过程、事实证据、责任及处理意见。质监所应当对被投诉旅行社的书面答复进行复查。被投诉旅行社接到质监所《旅游投诉受理通知书》，可以与请求人自行协商解决纠纷，但必须在规定的时间内将有关和解情况报送质监所。

9. 赔偿处理

质监所处理赔偿请求案件，能够调解的，应当在查明事实，分清责任的基础上在30日内进行调解，促使请求人与被投诉旅行社互相谅解，达成协议。

质监所对调解不成的案件，可以分别作出以下处理：

(1)属于请求人自身的过错，可以决定撤销立案，通知请求人并说明理由；

(2)属于请求人与被投诉旅行社的共同过错，可以决定由双方各自承担相应的责任，双方各自承担责任的方式，可以由双方当事人自行协商确定，也可以由质监所决定；

(3)属于被投诉旅行社的过错，可以决定由被投诉旅行社承担责任，可以责令被投诉旅行社向请求人赔偿损失；

(4)属于其他旅游服务单位的过错，可以决定转送有关部门处理。

质监所作出的处理决定应当用《旅行社质量保证金赔偿决定书》通知请求人和被投诉旅行社。当事人对赔偿决定不服的，可以在接到决定书之日起15日内向上一级质监所提出申诉。质监所受理赔偿案件，应当在受理之日起90天内审理终结。有特殊原因的，经上级质监所批准，可以延长审理30日。

三、旅行社公告制度

质量保证金存缴数额降低，旅行社业务经营许可证的颁发、变更和注销，国务院旅游行政主管部门或者省级旅游行政管理部门应当在作出许可决定或者备案后20个工作日内向社会公告。

旅行社违法经营或者被吊销旅行社业务经营许可证的，由作出行政处罚决定的旅游行政管理部门，在处罚生效后10个工作日内向社会公告。

旅游者对旅行社的投诉信息，由处理投诉的旅游行政管理部门每季度向社会公告。

四、监督制度

旅游行政管理部门是旅行社的监督检查部门，负责对旅行社经营业务、对外报价、资产状况、服务质量、旅游安全、财务管理、资格认证等进行监督、检查。国家旅游局负责全国旅行社的监督管理工作；县级以上旅游行政管理部门对旅行社及其分支机构实施监督检查时，可以进入其经营场所，查阅招徕、组织、接待旅游者的各类合同，相关文件、资料，以及财务账簿、交易记录和业务单据等材料，旅行社及其分支机构应当给予配合。

县级以上旅游行政管理部门对旅行社及其分支机构监督检查时，应当由两名以上持有旅游行政执法证件的执法人员进行。

不符合上述规定要求的，旅行社及其分支机构有权拒绝检查。

五、旅行社业务年检制度

旅行社业务年检制度，是指旅游行政管理部门每年对旅行社前一年的业务经营情况进行检查和评估，通过对旅行社行业经营状况的分析和对旅行社执行国家政策法规的检查，找出旅行社业务中存在的影响旅游业发展的基本问题，并依法对违法经营的旅行社进行处罚的制度。对旅行社实施年检制度是旅行社行业管理的基础，是促进旅行社企业健康发展的重要手段。

年检制度的主要内容包括：

1. 旅行社的基本情况，包括企业形式、出资人、员工人数、部门设置、分支机构、网络体系等；

2. 旅行社的经营情况，包括营业收入、利税等；

3. 旅行社组织接待情况，包括国内旅游、入境旅游、出境旅游的组织及接待人数等；

4. 旅行社安全、质量、信誉情况，包括投保旅行社责任保险、认证认可和奖惩等。

对上述资料中涉及旅行社商业秘密的内容，旅游行政管理部门应当予以保密。

※单元实训

实训一：

1. 实训资料

某省一家大型旅行社，下设A、B两个分社。2008年3月，B分社经理李某持分社营业执照和合同文本与某企业签订了一份旅游合同，约定由B分社承担该企业350人赴海南旅游的接待、导游等活动，旅游费用总计为26万元。在组织旅游过程中，由于B分社的疏忽，造成游客在岛上滞留两日。旅游结束后，该旅游团队遂向当地人民法院提起诉讼，要求B分社赔偿其经济损失。B分社要求总社一起参加诉讼。但总社认为：(一)B分社常年在外地经营，平时的经济效益都留在分社，只上缴约定的承包金额；(二)按有限公司章程规定，下属分社经理的委任，须经董事会决定。但B分社现任经理李某却未经公司董事会决定，而是总社总经理擅自以公司名义委任的，所以总社不予支持，也不同意承担B分社的违约赔偿责任。

2. 实训问题

(1)B分社的违约赔偿责任应由谁来承担？为什么？

(2)B分社经理李某的委任不符合有限公司章程，能否就此免除总社的责任？

实训二：

1. 实训资料

2007年7月中旬，南京某高校的10名教师欲参加南京甲旅行社组织的庐山7日游活动。双方约定：每人交纳380元人民币，按豪华旅游团标准接待，住三星级宾馆，空调车接送，包餐、包门票，导游全程陪同。7月23日，该团由南京乘船到达九江。甲旅行社告诉游客说："你们放心，到九江码头找到九江市乙旅行社的导游刘某就行了，他们会为你们安排游程的。"

7月25日早晨6点，在乙旅行社导游刘某的陪同下，这10名游客乘公共汽车去庐山。到了庐山，该导游又急匆匆地把这10人安排进一家卫生条件较差的旅馆，并让游客自行到附近餐馆买饭吃。在游程中，导游刘某陪着他带来的一名女朋友一走了之，不知去向，致使4名游客刚游玩不久就掉队走散。在随后的两天游览活动中，更是不见导游身影，10名游客只好自行安排游览。这10名游客参加甲旅行社举办的庐山7日游，原本是想图个安全、方便，可是他们并没有享受到应有的服务，甚至连门票、车票都得自己再花钱。另据庐山风景区旅游行政管理部门查实，九江乙旅行社是冒牌的，导游也是新聘的。客人们对南京市甲旅行社把他们地接给信誉不良、服务不好的九江乙旅行社的这种不负责任的做法，表示极大愤慨，遂到南京市旅游行政管理部门进行投诉，要求赔偿损失。南京市旅游行政部门经查，游客投诉情况属实，且甲旅行社与九江乙旅行社之间并无委托地接合同。

2. 实训问题

(1)根据旅行社经营规则，组团社应该如何选择接团社？

(2)九江乙旅行社应受到何种处罚，其法律依据是什么？

实训三：

1. 实训资料

孙小姐等25名游客与某旅行社签订了旅游合同，参加该旅行社组织的“桂林4日游”。双方在合同中约定，游客每人交纳团费1350元，旅行社提供“空调旅游大巴”，住宿标准为“双人标准间、独立卫生间”等，但没有约定违约责任。在旅游过程中，旅行社多处违反合同约定，将承诺的“空调旅游大巴”换成了普通的客车，将住宿标准从“双人标准间、独立卫生间”变成了“四人普通间、公共卫生间”等。

孙小姐等25名游客认为旅行社违反合同约定，私自降低了服务标准，使他们的合法权益受到了侵害，要求旅行社赔偿损失，具体数额为每人团费的一半即675元。而旅行社则辩称由于恰逢旅游旺季，旅游目的地接待能力有限，旅行社凭借以往关系才解决了交通住宿问题，否则孙小姐等游客可能要露宿街头了。所以，降低交通、住宿标准是因为恰逢旅游旺季所致，属于不可抗力，因此拒绝赔偿。

2. 实训问题

(1)旅行社的辩称是否合法？为什么？

(2)孙小姐等游客的要求是否合法？旅游投诉机关能否支持？

实训四：

1. 实训资料

2006年7月底，某市旅游局质监所收到旅游者张某等11人的投诉，称经导游员王某的介绍，于本月初参加了某旅行社组织的海南环岛观光5日游，每人缴纳旅游费2100元，由王某担任该团导游员。但在海南住地安排的宾馆及餐饮标准与原协议约定的不相符合，原定的三星级宾馆实为二星级宾馆，且地理位置偏僻，餐饮标准也低于原定标准。经市质监所核查，该“旅行社”是由某旅行社两名工作人员与某公司业务员拼凑的，未获得主管部门批准和工商部门注册登记的无证旅行社。王某为另一旅行社的合法导游员，因担任该团全陪而获取导游费1000元。

2. 实训问题

对该“旅行社”责任人应怎样处罚？有何依据？

实训五：

1. 实训资料

张先生所在的居民区内有一家国内旅行社，张先生全家准备在黄金周期间前往国外旅游。在黄金周来临之前，张先生到该国内旅行社咨询如何办理出国旅游手续。该旅行社的营业部接待人员向张先生介绍，他们可以直接在该社报名，并可为张先生办理出国旅游各种手续。第三天，张先生再次来到该旅行社门市部，要求接待人员为他办理出国旅游手续。接待人员收取了张先生的旅游团款，并以该国内旅行社的名义与张先生签订了书面的旅游合同。签订书面旅游合同的第九天，张先生偶然从当地的报纸上看到旅游管理部门的一则公告，刊登了当地能够经营出境游资格的旅行社名单，但未见到该国内旅行社。张先生来到旅行社，要求旅行社全额退还旅游团款；旅行社一再做张先生的思想工作，消除张先生的顾虑。在张先生一再坚持下，旅行社同意张先生的退团要求，但要求张先生按照合同约定，支付全额旅游团款20%的违约金。

2. 实训问题

旅游管理部门应当如何处罚该旅行社?

实训六:

1. 实训资料

叶某与广州某旅行社签订了深、珠两日游。叶某与团友在导游带领下到了一家“走私数码产品专卖店”。叶某自愿购买了一台价值600元的数码相机，交款时商店老板要求叶某出示其身份证并做了登记，叶某也没在意。出了商店后，导游却“严正”地告知叶某因其购买的相机价格太低，加上是“走私货”，出关时将被深圳海关要求交纳85%的货款税。于是叶某返回商店要求退货，商店老板称叶某在交款时其身份证已在深圳海关系统处作了登记，退货一样要交税，否则会被海关认作不法走私分子并刑事拘留，于是告诉叶某逃税的办法就是换购价值4000元以上的产品就无需再纳税。叶某情急之下便换购了一台价值3900元的DV。行程结束后，叶某发现所购买的DV无法正常使用，而且是“三无”产品，才知道自己上当了，于是向质监所投诉要求旅行社赔偿。

2. 实训问题

旅游管理部门应当如何处理此投诉?

实训七:

1. 实训资料

谢某于2009年1月参加了广州某国际旅行社组织的香港两日游，行程结束后，晚上10点旅行社从深圳驶回广州途中，因司机个人驾照原因被交警扣留了车辆。谢某等人要求导游打电话向旅行社有关领导反映希望协商如何解决回程事宜，导游却以不便与领导沟通为由拒绝通话，也不向团友表明什么时候能派车过来接应。因此每个团友情绪都很激动，对导游及旅行社不积极的态度表示不满。在无奈中等待了两个多小时，旅行社才重新调派车辆过来。于是，谢某向省旅游质监所投诉。

2. 实训问题

旅游管理部门应当如何处理此投诉?

第六章　旅游住宿饮食及娱乐管理法律、法规

※章节重点

1. 旅游住宿业
2. 食品安全法

※课前导读

20世纪开始不久，当时世界上最大的饭店业主埃尔斯活思·弥尔顿·斯塔特勒为适应旅行者的需要，在斯塔特勒饭店的每套客房都设有浴室，并制定统一的标准来管理他在各地开设的饭店，增加了不少方便客人的服务项目。20世纪20年代，饭店业得到了迅速发展，美国的大中小城市，纷纷通过各种途径集资兴建现代饭店，而且汽车饭店也在美国各地涌现。到20世纪30年代，由于经济大萧条，旅游业面临危机，饭店业亦不可避免地陷入困境。在兴旺时期开业的饭店，几乎尽数倒闭，饭店业受到极大挫折。商业饭店时期，汽车、火车、飞机等给交通带来很大便利，许多饭店设在城市中心，汽车饭店就设在公路边。这一时期的饭店，设施方便、舒适、清洁、安全。服务虽仍较为简单，但已日渐健全，经营方向开始以客人为中心，饭店的价格也趋向合理。

第一节　旅游住宿管理法律、法规

一、旅游住宿业概述

1. 旅游住宿业概念及发展

(1)旅游住宿业概念。旅游住宿业，是指为旅游者提供住宿、餐饮及多种综合服务的行业。在旅游业的食、住、行、游、购、娱六大要素中，旅游住宿业是一个十分重要的环节，与旅行社业、旅游交通业并称为旅游业的三大支柱，是人们在旅行游览活动中必不可少的“驿站”。

(2)旅游住宿业的发展。旅游住宿业，起源于古代罗马和中国的驿站。近代工业革命刺激了这类行业的发展。20世纪中叶旅游活动的发展，使旅游住宿业成为国际性的经营项目和许多国家重要的经济成分，从旅游住宿业的发展历史看，随着旅行游览活动的出现、发展，旅游住宿业在国际上大体经历了设备简易、只供睡眠和食物的客栈时期，专为王室和贵族享乐而建筑豪华的大饭店时期，为商业旅行者服务的方便、舒适、价格合理的商业旅馆时期，发

展到主要是为观光旅游者服务的新型旅馆时期。这种新型的旅游住宿场所，在旅游业不断发展的过程中，起着非常重要的作用。

2. 旅游住宿企业的种类

旅游住宿业，亦称旅馆业，具有形式各异、功能不同的种类。如最早流行于欧洲、盛行于美国的“BB”家庭旅馆（即意为仅提供“住宿和早餐”的旅馆）、“自己管理自己”旅馆以及农舍旅馆、青年旅舍、汽车旅馆、公寓式旅馆等。在我国，旅游住宿企业主要是指旅馆、饭店、宾馆以及各种招待所、客栈等经营接待旅客并为旅客提供住宿、饮食的场所。由此可见，无论是国内，或是国外，旅游住宿场所可谓名目繁多，其功能、形式也各不相同。但是，作为旅游住宿企业，必须具备能为旅游者提供住宿这一基本功能。如果不具备这一基本功能，就不能称其为旅游住宿企业。

二、旅游饭店星级评定

为了达到饭店管理和服务的规范化和标准化，也为了方便旅游者的选择，国际上通常采用对旅游饭店星级评定的方法来反映饭店的软件和硬件水平。

1. 旅游饭店的星级和符号

用星的数量和设色表示旅游饭店的等级。星级分为五个等级，即一星级、二星级、三星级、四星级、五星级（含白金五星级）。最低为一星级，最高为白金五星级。星级越高，表示旅游饭店的档次越高。预备星级作为星级的补充，其等级与星级相同。星级以镀金五角星为符号，用一颗五角星表示一星级，两颗五角星表示二星级，三颗五角星表示三星级，四颗五角星表示四星级，五颗五角星表示五星级，五颗白金五角星表示白金五星级。

2. 星级饭店评定的依据

（1）饭店的建筑、装潢、设备、设施条件；

（2）饭店的设备、设施的维修保养状况；

（3）饭店的管理水平；

（4）饭店的服务质量；

（5）饭店的服务项目。

3. 星级饭店评定权限

（1）全国旅游饭店星级评定机构负责全国饭店星级评定的领导工作，并具体负责全国五星级（含预备五星级）饭店的评定与复核工作。

（2）省旅游饭店星级评定机构在国家旅游饭店星级评定机构指导下，具体负责本地区三星、四星级（含预备三星、四星级）饭店的评定与复核工作，并向国家星评机构推荐五星级（含预备五星级）饭店。

（3）市旅游饭店星级评定机构在省旅游饭店星级评定机构指导下，具体负责本地区一、二星级（含预备一、二星级）饭店的评定，并向省星评机构推荐三星级（含预备三星级）饭店。特例是：黄山市具体负责评定本地区三星级（含预备三星级）以下饭店，并向省星评机构推荐四星级（含预备四星级）饭店。

（4）省直饭店星级评定由省星评机构负责。

4. 星级饭店（预备星级饭店）证书、标牌由国家旅游局统一制作，省星评委统一颁发

三、住宿业中关于权利和义务的规定

1. 住宿业经营者的权利和义务

(1)依据我国有关法律、法规，旅游住宿业经营者的主要权利包括七个方面的内容。

①在依法核准的经营范围内，对外进行宣传促销活动。

②在自愿、平等、公平、诚实信用原则下与相关单位或个人订立合同。

③向住宿旅客收取住宿和服务费用。

④对预订客房不予使用或违反合同提前离店的旅客，要求其赔偿损失。

⑤对破坏饭店设备、设施的，饭店有权要求其赔偿损失。

⑥出现下列情况的，饭店有不接待旅客或者驱逐旅客的权利：因客满或客房维修、存在安全隐患的；旅客患有法定不准住店传染病的；旅客拒绝支付合法费用的；旅客在住店期间违法犯罪、寻衅、滋事的。

⑦住宿业经营者依法享有申诉、申请复议和诉讼的权利。

(2)依据我国有关法律、法规，旅游住宿业经营者的主要义务包括五个方面的内容。

①执行有关法律、法规。

②接受有关部门的监督管理。

③保障住店旅客人身、财物安全。

④礼貌热情待客，提供规范服务。

⑤依法照章纳税。

2. 旅客的权利和义务

(1)依据我国有关法律、法规的规定，旅客住宿所享有的权利有三个方面的内容。

①依法享有合同约定的食、宿等规范服务。

②旅客的人身、财物得到安全保障。

③旅客合法权益受到损害时，依法享有投诉、起诉权。

(2)旅客在享有权利的同时，也应当履行义务，有三个方面的内容。

①旅客住店应出示有效的相关证件，并如实填写住宿登记表。

②向饭店支付住宿及相关服务费用，损坏饭店设备、设施的应照价赔偿。

③遵守国家的法律、法规及饭店规章制度。

四、旅游住宿治安管理

1. 开办旅游住宿企业的治安管理

开办旅馆，其房屋建筑、消防设备、出入口和通道等，必须符合消防治安法规的有关规定，并且要具备必要的防盗安全设施。申请开办旅馆，经主管部门审查批准，经当地公安机关签署意见，向工商行政管理部门申请登记领取营业执照后，才可以开业。经批准开业的旅馆，如有歇业、转业、合并、迁移、改变名称等情况，应当在工商行政管理部门办理变更登记后3日内，向当地的县、市公安局、公安分局备案。

2. 对旅馆经营中的治安管理

旅馆的经营，必须遵守国家的法律，要建立各项安全管理制度，设置治安保卫组织或者指定安全人员。我国的旅游住宿企业，形式多种多样，有旅馆、饭店、宾馆、招待所、客栈等，凡是经营旅游住宿业务的，按《办法》都必须设置治安保卫部门。为了加强治安管理，《办法》规定，旅馆接待旅客住宿必须登记；旅客住店登记时，旅馆必须查验旅客的身份证件，并要求旅客按规定的项目如实登记。在接待境外旅客住宿时，除了要履行上述查验身份证件、如实登记规定项目外，旅馆还应当在24小时内向当地公安机关报送住宿登记表。旅客住店时，往往都随身携带一些财物，为了保障旅客财物的安全，减少失窃、被盗等治安案件的发生，《办法》规定，旅馆业必须设置旅客财物保管箱、保管柜或保管室、保险柜，并指定专人负责保管工作。对旅客寄存的财物，要建立严格、完备的登记、领取和交接制度。旅馆对旅客遗留的物品，应当加以妥善保管，并根据旅客登记所留下的地址设法将遗留物品归还原主；如果遗留物主不明，则应当提示招领，经招领3个月后仍然无人认领的，则应当登记造册，并送当地公安机关按拾遗物品处理。对旅客遗留物品中的违禁物品和可疑品，旅馆应当及时报告公安机关处理。旅馆在经营中，如果发现旅客将违禁易燃、易爆、剧毒、腐蚀性和放射性等危险物品带入旅馆，必须加以制止并及时报告公安机关处理，以避免安全事故的发生。公安机关对违禁将上述危险物品带入旅馆的，可以依照《中华人民共和国治安管理处罚条例》有关条款的规定，予以行政处罚。如果因此造成重大事故，造成严重后果并构成犯罪的，由司法机关依法追究刑事责任。

3. 旅馆企业开办歌舞厅等娱乐服务场所的管理

随着旅游业的发展，旅馆也从以往单纯提供住宿、餐饮服务，发展为提供住宿、餐馆、娱乐、健身等多项服务，特别是旅游星级饭店也规定必须要提供上述服务项目。对此，《办法》规定，在旅馆内开办歌厅、音乐茶座等娱乐、服务场所的，除执行本《办法》有关规定外，还应当按照国家和当地政府的有关规定管理。国务院1999年3月26日发布了《娱乐场所管理条例》。

4. 严禁在旅馆内卖淫、嫖宿、赌博、吸毒、传播淫秽物品等违法犯罪活动

旅馆，是一个对公众开放的公共场所，任何人只要持有效证件即可在旅馆住宿、就餐以及娱乐。因此，难免会有一些违法犯罪分子混迹其间，进行某种违法犯罪活动，为此《办法》规定，旅馆内严禁卖淫、嫖宿、赌博、吸毒、传播淫秽物品等违法犯罪活动。对于上述违法犯罪活动，公安机关可以依照《中华人民共和国治安管理处罚条例》有关条款的规定，处罚有关人员，对于情节严重构成犯罪的，由司法机关依照《中华人民共和国刑法》追究刑事责任。旅馆工作人员在工作中，如果发现违法犯罪分子、形迹可疑的人员和被公安机关通缉的罪犯，应当立即向公安机关报告，不得知情不报或者隐瞒包庇。如旅馆工作人员发现犯罪分子却知情不报或者隐瞒包庇，公安机关可以酌情予以处罚。如果旅馆负责人参与违法犯罪活动，其所经营的旅馆已成为犯罪活动场所，公安机关除依法追究刑事责任外，还应当会同工商行政管理部门对该旅馆依法处理。

5. 公安机关对旅馆治安的管理职责

(1)指导监督旅馆建立各项安全管理制度和落实安全防范措施；

(2)协助旅馆对工作人员进行安全业务知识的培训；

(3)依法惩办侵犯旅馆和旅客合法权益的违法犯罪分子。

公安人员到旅馆执行公务时，应当出示证件，严格依法办事，要文明礼貌待人，维护旅馆的正常经营和旅客的合法权益。旅馆工作人员和旅客应当予以协助，同心协力，共同维护和搞好旅游住宿业的治安管理工作。

※课前导读

2005 年 5 月 1 日，高原旅行社组织旅游者前往昆明旅游。一天，导游带领大家去本地一家旅游定点饭店用午餐，用餐结束后继续游览，当游览活动进行到一半时，有人出现不良反应，几十分钟后，恶心、呕吐的人越来越多。导游立即让司机开车将旅游团成员送到医院，对出现不良反应的旅游者进行紧急治疗。经医院抢救后，有症状的旅游者全部脱离危险。经查，导致这次事故的主要原因是午餐食物中毒引起。饭店经理得到消息后，及时赶到医院探望旅游者，并垫付了部分医疗费。旅游团向旅游行政管理部门提出，由于中毒事件导致没有完成全部行程，组团的旅行社应当退还部分旅游费并赔偿损失。根据《中华人民共和国食品卫生法》第 48 条规定："违反本法规定，造成食物中毒事故或者其他食源性疾患的，或者因其他违反本法行为给他人造成损害的，应当依法承担民事赔偿责任。"所以，饭店的赔偿是符合法律规定的。

第二节　食品安全管理法律、法规

一、食品及食品安全的法定含义

食品，指各种供人食用或者饮用的成品和原料以及按照传统既是食品又是药品的物品，但是不包括以治疗为目的的物品。既是食品又是药品的物品，是指依据《中华人民共和国药品管理法》规定的"保健、滋补食品"。如罗汉果、肉桂、薄荷、茯苓等中药材；作为调料的花椒、大料；作为营养强化剂的多种维生素（钙、铁、磷等）。

食品安全，指食品无毒、无害，符合应当有的营养要求，对人体健康不造成任何急性、亚急性或者慢性危害。

二、食品安全法

2009 年 2 月 28 日，十一届全国人大常委会第七次会议审议通过了食品安全法，已于 2009 年 6 月 1 日起实施。这是继 1982 年食品卫生法（试行）、1995 年的食品卫生法之后，又一个食品卫生法制建设史上的里程碑。

1. 食品安全法的宗旨

为保证食品安全，保障公众身体健康和生命安全。

2. 食品安全法适用范围

（1）食品生产和加工（以下称食品生产），食品流通和餐饮服务（以下称食品经营）；

（2）食品添加剂的生产经营；

（3）用于食品的包装材料、容器、洗涤剂、消毒剂和用于食品生产经营的工具、设备的生产经营；

（4）食品生产经营者使用食品添加剂、食品相关产品；

（5）对食品、食品添加剂和食品相关产品的安全管理。

3. 食品安全监督管理部门

国务院设立食品安全委员会，国务院卫生行政部门承担食品安全综合协调职责，负责食品安全风险评估、食品安全标准制定、食品安全信息公布、食品检验机构的资质认定条件和检验规范的制定，组织查处食品安全重大事故。国务院质量监督、工商行政管理和国家食品药品监督管理部门依照本法和国务院规定的职责，分别对食品生产、食品流通、餐饮服务活动实施监督管理。

4. 食品安全标准

(1) 食品、食品相关产品中的致病性微生物、农药残留、兽药残留、重金属、污染物质以及其他危害人体健康物质的限量规定；

(2) 食品添加剂的品种、使用范围、用量；

(3) 专供婴幼儿和其他特定人群的主辅食品的营养成分要求；

(4) 对与食品安全、营养有关的标签、标识、说明书的要求；

(5) 食品生产经营过程的卫生要求；

(6) 与食品安全有关的质量要求；

(7) 食品检验方法与规程；

(8) 其他需要制定食品安全标准的内容。

5. 食品生产经营的要求：国家对食品生产经营实行许可制度。从事食品生产、食品流通、餐饮服务，应当依法取得食品生产许可、食品流通许可、餐饮服务许可。

(1) 具有与生产经营的食品品种、数量相适应的食品原料处理和食品加工、包装、贮存等场所，保持该场所环境整洁，并与有毒、有害场所以及其他污染源保持规定的距离；

(2) 具有与生产经营的食品品种、数量相适应的生产经营设备或者设施，有相应的消毒、更衣、盥洗、采光、照明、通风、防腐、防尘、防蝇、防鼠、防虫、洗涤以及处理废水、存放垃圾和废弃物的设备或者设施；

(3) 有食品安全专业技术人员、管理人员和保证食品安全的规章制度；

(4) 具有合理的设备布局和工艺流程，防止待加工食品与直接入口食品、原料与成品交叉污染，避免食品接触有毒物、不洁物；

(5) 餐具、饮具和盛放直接入口食品的容器，使用前应当洗净、消毒，炊具、用具用后应当洗净，保持清洁；

(6) 贮存、运输和装卸食品的容器及工具和设备应当安全、无害，保持清洁，防止食品污染，并符合保证食品安全所需的温度等特殊要求，不得将食品与有毒、有害物品一同运输；

(7) 直接入口的食品应当有小包装或者使用无毒、清洁的包装材料或餐具；

(8) 食品生产经营人员应当保持个人卫生，生产经营食品时，应当将手洗净，穿戴清洁的工作衣、帽；销售无包装的直接入口食品时，应当使用无毒、清洁的售货工具；

(9) 用水应当符合国家规定的生活饮用水卫生标准；

(10) 使用的洗涤剂或消毒剂应当对人体安全、无害；

(11) 法律、法规规定的其他要求。

6. 禁止生产经营的食品

(1) 用非食品原料生产的食品或者添加食品添加剂以外的化学物质和其他可能危害人体健康物质的食品，或者用回收食品作为原料生产的食品；

(2)致病性微生物、农药残留、兽药残留、重金属、污染物质以及其他危害人体健康的物质含量超过食品安全标准限量的食品;

(3)营养成分不符合食品安全标准的专供婴幼儿和其他特定人群的主辅食品;

(4)腐败变质、油脂酸败、霉变生虫、污秽不洁、混有异物、掺假掺杂或者感官性状异常的食品;

(5)病死、毒死或者死因不明的禽、畜、兽、水产动物肉类及其制品;

(6)未经动物卫生监督机构检疫或者检疫不合格的肉类,或者未经检验或者检验不合格的肉类制品;

(7)被包装材料、容器、运输工具等污染的食品;

(8)超过保质期的食品;

(9)无标签的预包装食品;

(10)国家为防病等特殊需要明令禁止生产经营的食品;

(11)其他不符合食品安全标准或者要求的食品。

7. 食品安全事故处置

发生食品安全事故的单位应当立即予以处置,防止事故扩大。事故发生单位和接收病人进行治疗的单位应当及时向事故发生地县级卫生行政部门报告。农业行政、质量监督、工商行政管理、食品药品监督管理部门在日常监督管理中发现食品安全事故,或者接到有关食品安全事故的举报,应当立即向卫生行政部门通报。县级以上卫生行政部门接到食品安全事故的报告后,应当立即会同有关农业行政、质量监督、工商行政管理、食品药品监督管理部门进行调查处理,并采取下列措施,防止或者减轻社会危害:

(1)开展应急救援工作,对因食品安全事故导致人身伤害的人员,卫生行政部门应当立即组织救治;

(2)封存可能导致食品安全事故的食品及其原料,并立即进行检验;对确认属于被污染的食品及其原料,责令食品生产经营者依照本法第五十三条的规定予以召回、停止经营并销毁;

(3)封存被污染的食品用工具及用具,并责令进行清洗消毒;

(4)做好信息发布工作,依法对食品安全事故及其处理情况进行发布,并对可能产生的危害加以解释、说明。

发生重大食品安全事故的,接到报告的县级卫生行政部门应当按照规定向本级人民政府和上级人民政府卫生行政部门报告。县级人民政府和上级人民政府卫生行政部门应当按照规定上报。设区的市级以上人民政府卫生行政部门应当立即会同有关部门进行事故责任调查,督促有关部门履行职责,向本级人民政府提出事故责任调查处理报告。重大食品安全事故涉及两个以上省、自治区、直辖市的,由国务院卫生行政部门依照前款规定组织事故责任调查。

任何单位或者个人不得对食品安全事故隐瞒、谎报、缓报,不得毁灭有关证据。

8. 违反食品安全法的法律责任

(1)未经许可从事食品生产经营活动,或者未经许可生产食品添加剂的,由有关主管部门按照各自职责分工,没收违法所得、违法生产经营的食品、食品添加剂和用于违法生产经营的工具、设备、原料等物品;违法生产经营的食品、食品添加剂货值金额不足一万元的,并处二千元以上五万元以下罚款;货值金额一万元以上的,并处货值金额五倍以上十倍以下罚款。

(2)有下列情形之一的,由有关主管部门按照各自职责分工,没收违法所得、违法生产经营的食品和用于违法生产经营的工具、设备、原料等物品；违法生产经营的食品货值金额不足一万元的，并处二千元以上五万元以下罚款；货值金额一万元以上的，并处货值金额五倍以上十倍以下罚款；情节严重的，吊销许可证：

①用非食品原料生产食品或者在食品中添加食品添加剂以外的化学物质和其他可能危害人体健康的物质，或者用回收食品作为原料生产食品；

②生产经营致病性微生物、农药残留、兽药残留、重金属、污染物质以及其他危害人体健康的物质含量超过食品安全标准限量的食品；

③生产经营营养成分不符合食品安全标准的专供婴幼儿和其他特定人群的主辅食品；

④经营腐败变质、油脂酸败、霉变生虫、污秽不洁、混有异物、掺假掺杂或者感官性状异常的食品；

⑤经营病死、毒死或者死因不明的禽、畜、兽、水产动物肉类，或者生产经营病死、毒死或者死因不明的禽、畜、兽、水产动物肉类的制品；

⑥经营未经动物卫生监督机构检疫或者检疫不合格的肉类，或者生产经营未经检验或者检验不合格的肉类制品；

⑦经营超过保质期的食品；

⑧生产经营国家为防病等特殊需要明令禁止生产经营的食品；

⑨利用新的食品原料从事食品生产或者从事食品添加剂新品种、食品相关产品新品种生产，未经过安全性评估；

⑩食品生产经营者在有关主管部门责令其召回或者停止经营不符合食品安全标准的食品后，仍拒不召回或者停止经营的。

(3)有下列情形之一的，由有关主管部门按照各自职责分工，没收违法所得、违法生产经营的食品和用于违法生产经营的工具、设备、原料等物品；违法生产经营的食品货值金额不足一万元的，并处二千元以上五万元以下罚款；货值金额一万元以上的，并处货值金额二倍以上五倍以下罚款；情节严重的，责令停产停业，直至吊销许可证：

①经营被包装材料、容器、运输工具等污染的食品；

②生产经营无标签的预包装食品、食品添加剂，或者标签、说明书不符合本法规定的食品及食品添加剂；

③食品生产者采购或使用不符合食品安全标准的食品原料、食品添加剂、食品相关产品；

④食品生产经营者在食品中添加药品。

(4)有下列情形之一的，由有关主管部门按照各自职责分工，责令改正，给予警告；拒不改正的，处二千元以上二万元以下罚款；情节严重的，责令停产停业，直至吊销许可证：

①未对采购的食品原料和生产的食品、食品添加剂、食品相关产品进行检验；

②未建立并遵守查验记录制度、出厂检验记录制度；

③制定食品安全企业标准未依照本法规定备案；

④未按规定要求贮存、销售食品或者清理库存食品；

⑤进货时未查验许可证和相关证明文件；

⑥生产的食品或食品添加剂的标签、说明书涉及疾病预防及治疗功能；

⑦安排患有本法第三十四条所列疾病的人员从事接触直接入口食品的工作。

(5)事故单位在发生食品安全事故后未进行处置、报告的，由有关主管部门按照各自职责分工，责令改正，给予警告；毁灭有关证据的，责令停产停业，并处二千元以上十万元以下罚款；造成严重后果的，由原发证部门吊销许可证。

(6)有下列情形之一的，依照本法第八十五条的规定给予处罚：

①进口不符合我国食品安全国家标准的食品；

②进口尚无食品安全国家标准的食品，或者首次进口食品添加剂新品种、食品相关产品新品种，未经过安全性评估；

③未遵守本法的规定出口食品。

(7)集中交易市场的开办者、柜台出租者、展销会的举办者允许未取得许可的食品经营者进入市场销售食品，或者未履行检查、报告等义务的，由有关主管部门按照各自职责分工，处二千元以上五万元以下罚款；造成严重后果的，责令停业，由原发证部门吊销许可证。

(8)未按照要求进行食品运输的，由有关主管部门按照各自职责分工，责令改正，给予警告；拒不改正的，责令停产停业，并处二千元以上五万元以下罚款；情节严重的，由原发证部门吊销许可证。

(9)被吊销食品生产、流通或者餐饮服务许可证的单位，其直接负责的主管人员自处罚决定作出之日起五年内不得从事食品生产经营管理工作。食品生产经营者聘用不得从事食品生产经营管理工作的人员从事管理工作的，由原发证部门吊销许可证。

(10)食品检验机构、食品检验人员出具虚假检验报告的，由授予其资质的主管部门或者机构撤销该检验机构的检验资格；依法对检验机构直接负责的主管人员和食品检验人员给予撤职或者开除的处分。

(11)受到刑事处罚或者开除处分的食品检验机构人员，自刑罚执行完毕或者处分决定作出之日起十年内不得从事食品检验工作。食品检验机构聘用不得从事食品检验工作的人员的，由授予其资质的主管部门或者机构撤销该检验机构的检验资格。

(12)在广告中对食品质量作虚假宣传，欺骗消费者的，依照《中华人民共和国广告法》的规定给予处罚。

(13)食品安全监督管理部门或者承担食品检验职责的机构、食品行业协会、消费者协会以广告或者其他形式向消费者推荐食品的，由有关主管部门没收违法所得，依法对直接负责的主管人员和其他直接责任人员给予记大过、降级或者撤职的处分。

(14)县级以上地方人民政府在食品安全监督管理中未履行职责，本行政区域出现重大食品安全事故、造成严重社会影响的，依法对直接负责的主管人员和其他直接责任人员给予记大过、降级、撤职或者开除的处分。

(15)县级以上卫生行政、农业行政、质量监督、工商行政管理、食品药品监督管理部门或者其他有关行政部门不履行本法规定的职责或者滥用职权、玩忽职守、徇私舞弊的，依法对直接负责的主管人员和其他直接责任人员给予记大过或者降级的处分；造成严重后果的，给予撤职或者开除的处分；其主要负责人应当引咎辞职。

(16)造成人身、财产或者其他损害的，依法承担赔偿责任。

(17)应当承担民事赔偿责任和缴纳罚款、罚金，其财产不足以同时支付时，先承担民事赔偿责任。

(18)构成犯罪的，依法追究刑事责任。

※课前导读

2004年6月13日下午，桂林市兴安县游客邓某在桂林火车站附近被“小姐”以“看录像喝茶只收5元钱”为诱饵，拉进隐山饭店三楼茶庄。进去几分钟后邓某感觉不对劲要走，服务员拿出单子说要交418元。身上没带多少钱的邓某无奈被茶庄的两名男子“陪”着去银行取钱，银行工作人员发现邓某神情反常，就拨打了“110”报警。警方迅速赶到，将3人带回并移交旅游综合执法人员处理。外号叫“蚂蟥”的茶庄老板闻讯后仓皇出逃。经调查取证，旅游综合执法人员认定该茶庄存在欺客“宰客”行为，依法对茶庄工作人员徐某、廖某作出了行政拘留15天的处罚，并缉拿茶庄老板“蚂蟥”。

第三节 娱乐场所管理法律、法规

一、《娱乐场所管理条例》总则

1. 娱乐场所的含义

娱乐场所，是指向公众开放的、消费者自娱自乐的营业性歌舞、游艺等场所。

《娱乐场所管理条例》于1999年3月17日国务院第15次会议通过并发布，自1999年7月1日起施行。

2.《娱乐场所管理条例》的宗旨及经营方向：

(1)娱乐场所管理条例的宗旨是：以加强娱乐场所的管理，丰富人民群众文明、健康的娱乐生活，促进社会主义精神文明建设为宗旨。

(2)娱乐场所的经营方向是：娱乐场所经营单位应当坚持为人民服务、为社会主义服务的方向，开展文明、健康的娱乐活动。

3. 娱乐场所禁止含有下列内容的活动：

(1)反对宪法确定的基本原则的；

(2)危害国家的统一、主权或者领土完整的；

(3)危害国家安全、利益或者社会稳定的；

(4)煽动民族分裂、侵害少数民族风俗习惯、破坏民族团结的；

(5)宣扬淫秽、色情、迷信或者渲染暴力，有害消费者身心健康的；

(6)违背社会公德或者诽谤、侮辱他人的。

4. 娱乐场所的监督管理

县级以上人民政府文化行政主管部门、公安机关在各自的职责范围内，依照本条例的规定，分别对娱乐场所的经营活动和消防、治安管理工作，加强指导和监督。

文化行政主管部门、公安机关的工作人员在娱乐场所依法执行公务时，应出示执法证件，文明礼貌，依法办事。不得收取任何费用。

各级人民政府文化行政主管部门、公安机关及其工作人员不得举办娱乐场所，并不得参与或者变相参与娱乐场所的经营活动。

二、娱乐场所经营单位的设立

1. 设立娱乐场所经营单位应具备的条件

(1)有单位名称、住所、组织机构和章程;

(2)有确定的经营范围和娱乐项目;

(3)有与其提供的娱乐项目相适应的场地和器材设备;

(4)娱乐场所的安全、消防设施和卫生条件符合国家规定的标准。

2. 场所禁设地及管理禁涉入人员

娱乐场所不得在可能干扰学校、医院、机关正常学习或工作秩序的地点设立。因犯有强奸罪，强制猥亵、侮辱妇女罪，组织、强迫、引诱、容留、介绍卖淫罪，赌博罪，制作、贩卖、传播淫秽物品罪，或者走私、贩卖、运输、制造毒品罪，曾被判处有期徒刑以上刑罚的;因犯罪曾被剥夺政治权利的，上述人员不得参与娱乐场所的经营管理活动。

国家禁止设立外商独资经营的娱乐场所。

三、娱乐场所的经营活动

1. 任何单位未经文化行政主管部门、公安机关、卫生行政部门审核合格，并领取营业执照，不得从事娱乐场所经营活动;娱乐场所经营单位不得涂改、转借、出租营业执照，不得将娱乐场所转包他人经营。

2. 娱乐场所提供的种种娱乐项目、服务项目等的收费，必须明码标价。

3. 游艺娱乐场所不得设置使用有赌博功能的电子游戏机机型等。

4. 歌舞娱乐场所不得接待未成年人。

5. 娱乐场所从业人员在营业时间内，应统一着装并佩带工作标志。

6. 歌舞娱乐场所聘请文艺表演团体或个人从事营业性演出的，应当符合国家有关营业性演出管理的规定。

四、娱乐场所治安管理

1. 娱乐场所的安全保障及要求

(1)娱乐场所经营单位应当建立、健全各项安全制度，按照国家有关规定，配备保安人员。保安人员必须经县级以上地方人民政府公安机关培训,经培训并取得资格证书的方可上岗。

(2)娱乐场所的从业人员应当持有居民身份证，其中外地务工人员还应当持有暂住证和务工证明。外国人及其境外人员在娱乐场所就业的，应当按照国家有关规定，取得外国人就业许可证书。

2. 娱乐场所禁止的行为及要求

(1)严禁娱乐场所经营单位及其人员组织、强迫、引诱、容留、介绍他人卖淫，开设赌场、赌局，引诱、教唆、欺骗、强迫他人吸毒或注射毒品，进行封建迷信活动，贩卖或传播淫秽书刊、影片、录像带、录音带、图片及其他淫秽物品，提供以营利为目的的陪侍，或者为进入娱乐场所的人员从事上述活动提供方便条件。

(2)严禁进入娱乐场所的人员在娱乐场所卖淫、嫖娼、吸毒，贩卖或传播淫秽书刊、影片、录像带、录音带、图片及其他淫秽物品，从事淫秽、色情或者违背社会公德的活动和封建迷信活动，或者从事以营利为目的的陪侍。

3. 对从业人员及进入娱乐场所的人员要求

(1)凡发现娱乐场所实施违禁行为的人或事的人员，必须予以制止，并立即向当地公安机关报告。

(2)任何人不得在娱乐场所内打架斗殴、酗酒、滋事，不得调戏、侮辱妇女，不得进行扰乱娱乐场所正常经营秩序的活动。

(3)任何人不得非法携带枪支、弹药、管制刀具和爆炸性、易燃性、放射性、毒害性、腐蚀性物品进入娱乐场所。

(4)娱乐场所设置包厢、包间应当安装展现室内整体、环境的透明门窗，并不得有内锁装置。

(5)娱乐场所经营单位，应当加强防火措施，保证消防设施的正常使用。

(6)歌舞娱乐场所容纳的消费者不得超过核定人数。

五、对违反《娱乐场所管理条例》行为的处罚

1. 未经核准擅自设立娱乐场所及擅自变更增加娱乐项目的处罚

(1)对擅自设立娱乐场所经营单位的处罚：

①由工商行政管理部门予以取缔；

②没收违法所得及经营器材。违法所得4000元以上的并处违法所得2倍以上5倍以下罚款；没有违法所得或违法所得不足4000元的，并处4000元以上20000元以下罚款。

(2)娱乐经营单位变更娱乐项目未经批准的处罚：

①由文化行政主管部门责令限期补办审核手续；

②逾期不办理审核手续，责令停业整顿，没收违法所得，并处2000元以上10000元以下罚款。

2. 对将娱乐场所转包他人经营，接纳未成年人进入娱乐场所的，提供具有赌博功能游戏机的处罚

(1)由文化行政主管部门责令改正，给予警告，责令停业整顿；

(2)没收违法所得，违法所得2500元以上的，并处违法所得2倍以上4倍以下罚款；没有违法所得或违法所得不足2500元的，并处2500元以上10000元以下罚款；情节严重的，由工商行政管理部门吊销营业执照。

3. 对实施禁演、禁播放曲目画面行为的处罚

(1)由文化行政主管部门责令停业整顿；

(2)没收违法所得及器材，并处4000元以上40000元以下罚款；情节严重的，由工商行政管理部门吊销营业执照，构成犯罪的依法追究刑事责任。

4. 保安人员未取得资格证上岗的，务工人员无证或证件不齐备的，超量接待消费者，包厢不符合要求的处罚

(1)由公安机关责令改正，给予警告；

(2)责令停业整顿，并处1000元以上10000元以下罚款；情节严重的，由工商行政管理部门吊销营业执照。

5. 对进行封建迷信活动，提供营利性陪侍的处罚

(1)由公安机关责令改正，给予警告；

(2)责令停业整顿，并处4000元以上20000元以下罚款；情节严重的，由工商行政管理部门吊销营业执照。

6. 娱乐场所对发生在本单位的卖淫、嫖娼活动放任不管的处罚

(1)由公安机关责令停业整顿，并处1000元以上10000元以下罚款；情节严重的，由工商行政管理部门吊销营业执照

(2)对经营主管人员和直接责任人员给予纪律处分，并由公安机关处1000元以下的罚款。

7. 对组织、强迫、引诱、介绍卖淫者，对参与赌博、吸毒、从事色情活动者，打架、斗欧、酗酒、滋事、侮辱妇女者的处罚，由公安机关依照《治安管理条例》处罚

※**单元实训**

实训一：

1. 实训资料

2007年7月2日中午，约有530人在某市一家大酒店参加两起结婚宴、一起公司宴和一起旅游团餐。所有就餐者食谱为：卤牛肉、姜汁豇豆、炝拌笋尖、糖拌西红柿、盐水鸭、白水兔丁、韭菜绿乌鸡、笋子牛楠、双椒武昌鱼、珍珠甲鱼、青豆烧田鸡、姜汁肘子、豆沙甜烧白、南瓜绿豆汤、两个时令蔬菜、两道小吃、一个水果拼盘，酒水自带；晚餐为中午所剩回锅菜。晚饭后部分就餐者陆续出现腹痛、腹泻、发热、恶心、呕吐等症状，腹泻开始为稀便、后为水样便、黏液脓血便，腹泻多达每天十余次。最早发病者为7月2日晚21时、末例病人为7月3日晨4时，年龄最大者75岁、最小者15岁，中毒人数累计共69人，无中毒病人死亡，所有病人经对症治疗于7月9日都已康复。

案件发生后，该市卫生局高度重视，立即派卫生执法监督所监督员于3日会同市疾病控制中心人员对腹泻病人及该大酒店的剩余食品和餐用具进行了采样，要求对所有的餐用具进行彻底消毒，监督销毁导致食物中毒的剩余食品，责令该大酒店暂停营业，并要求店方积极配合各医院抢救病人；同时按照食物中毒事故处理办法的报告要求于4日分别向当地政府和市卫生局报告。市卫生局当日将初次报告传真至省总队，并责成市卫生执法监督所会同市疾病控制中心组成督查组前往督促调查，要求全力救治病人、确保无人员死亡、尽快查明中毒原因、对该大酒店实施行政处罚等。

根据该市疾病控制中心关于该大酒店食物中毒的调查报告及检验报告书(简疾(食)检字(2005)05404 6号，在剩余食品卤牛肉、白水兔丁、姜汁豇豆中均检出大肠菌群≥24000MPN/100克，超过国家标准159倍)，推测本次食物中毒与加工操作中生、熟没有严格分开，中午剩余熟食品没有冷藏保存等有关，判定本次食物中毒为细菌性食物中毒。

2. 实训问题

你认为酒店应承担什么样的责任？

实训二：

1. 实训资料

某学校34位教师利用假期参加旅游活动，某旅行社安排该教师旅游团入住甲宾馆。第三天，有一位游客在晚餐后呕吐并伴有腹泻，腹部疼痛难忍，导游员及时将其送到医院。随

后，除两名游客因在外独自用餐无恙外，另外31名游客均有不同程度的呕吐、腹泻现象，经医院确诊为食物中毒。旅游团投诉到当地卫生防疫部门，经过检验，认定引起游客患病的根源为餐厅提供的食品不符合卫生标准，细菌严重超标。为此，旅游团的行程被迫推迟。事后，甲宾馆负责人承认这次事故是由于其工作失误所致，同意承担游客的经济损失和医疗费用。但是，在旅游结束后很长时间，甲宾馆一直未兑现赔偿承诺。游客遂向旅行社所在地的旅游行政管理部门进行投诉，要求该旅行社赔偿游客的损失。旅行社则辩称，造成游客集体食物中毒的原因是由于甲宾馆工作失误，旅行社也是受害者，不应对游客进行赔偿。

2. 实训问题

(1)应该由谁来承担赔偿责任？如果旅行社先行赔偿，可否向甲宾馆追偿？

(2)依据《旅行社质量保证金赔偿暂行办法》和《旅行社质量保证金赔偿试行标准》，旅行社应赔偿游客哪些损失？

实训三：

1. 实训资料

2007年3月，三名台湾游客游览桂林，被导游以看夜景为名，带到位于漓江边上的天湖宾馆。三人喝了四瓶啤酒、吃了一碟小吃后，服务小姐莫名其妙地端上几杯自调饮料。结账时，账单赫然打出九千六百元人民币(约台币四万元)。三名台湾游客当然不肯付钱，宾馆竟出动打手威胁，三人最后付了一半价钱，逃出虎口。事后，三人向相关旅游管理部门报案。

2. 实训问题

旅游相关部门应该如何处理此案件？

第七章　旅游资源管理法律、法规

※章节重点

1. 风景名胜区
2. 风景名胜区旅游资源保护的法律责任
3. 人文旅游资源
4. 文物
5. 世界遗产
6. 历史文化名城
7. 自然保护区

※课前导读

历史文化名城

1982 年经国务院批准的首批历史文化名城有 24 个：北京、承德、大同、南京、苏州、扬州、杭州、绍兴、泉州、景德镇、曲阜、洛阳、开封、江陵、长沙、广州、桂林、成都、遵义、昆明、大理、拉萨、西安、延安。

1986 年经国务院批准的第二批历史文化名城有 38 个：上海、天津、沈阳、武汉、南昌、重庆、保定、平遥、呼和浩特、镇江、常熟、徐州、淮安、宁波、歙县、寿县、亳州、福州、漳州、济南、安阳、南阳、商丘、襄樊、潮州、阆中、宜宾、自贡、镇远、丽江、日喀则、韩城、榆林、武威、张掖、敦煌、银川、喀什。

1994 年经国务院批准的第三批历史文化名城有 37 个：正定、邯郸、新绛、代县、祁县、哈尔滨、吉林、集安、衢州、临海、长汀、赣州、青岛、聊城、邹城、临淄、郑州、浚县、随州、钟祥、岳阳、肇庆、佛山、梅州、海康、柳州、琼山、乐山、都江堰、泸州、建水、巍山、江孜、咸阳、汉中、天水、同仁。

第一节　风景名胜旅游资源管理法律、法规

一、风景名胜区的界定

关于风景区的称谓，我国一度曾比较混乱，叫法较多，如自然风景区、旅游风景区、风景游览区、风景旅游区、风景保护区等。2006 年 12 月 1 日，国务院颁布实施的《风景名胜区管理

条例》规定了“风景名胜区”的特有含义：具有观赏、文化或者科学价值，自然景观、人文景观比较集中，环境优美，可供人们游览或者进行科学、文化活动的区域。这是从立法的角度对风景名胜区所做的概括和界定。

二、风景名胜区的等级划分及其管理

1. 等级划分

依照《风景名胜区管理条例》规定，风景名胜区划分为以下两个等级：

(1) 国家级风景名胜区。自然景观和人文景观能够反映重要自然变化过程和重大历史文化发展过程，基本处于自然状态或者保持历史原貌，具有国家代表性的，可以申请设立国家级风景名胜区。设立国家级风景名胜区，由省、自治区、直辖市人民政府提出申请，国务院建设主管部门会同国务院环境保护主管部门、林业主管部门、文物主管部门等有关部门组织论证，提出审查意见，报国务院批准公布。

(2) 省级风景名胜区。具有区域代表性的，可以申请设立省级风景名胜区。设立省级风景名胜区，由县级人民政府提出申请，省、自治区人民政府建设主管部门或者直辖市人民政府风景名胜区主管部门，会同其他有关部门组织论证，提出审查意见，报省、自治区、直辖市人民政府批准公布。

2. 分级的依据

依照《风景名胜区管理条例》的规定，风景名胜区等级划分的依据主要有以下两点：

(1) 风景名胜区内景物的观赏、文化、科学价值是划分风景名胜区等级的依据。通常风景名胜区内都有自然景观和人文景观，如果这些景物比较集中，并且又有很高的观赏、文化和科学价值，那么它就能被评为较高级的风景名胜区。

(2) 环境质量、规模大小、游览条件是划分风景名胜区等级的又一依据。通常情况下，风景名胜区都是环境优美，具有一定的规模和范围，可供人们休息和进行科学、文化活动的区域。但只有那些环境特别优美，规模和范围特别宏大，能为人们提供特别优越的游览条件的风景区，才能被评为国家重点风景名胜区。

3. 风景名胜区的管理

国家城乡建设环境保护部门主管全国风景名胜区的管理工作。地方各级人民政府城乡建设部门主管本地区的风景名胜区管理工作。具体而言，对风景名胜区按照其等级分为三个层次进行审批管理：

(1) 市、县风景名胜区的审批管理

市、县风景名胜区，由市、县主管部门组织有关部门提出风景名胜区资源调查评估报告，报市、县人民政府审定公布，并报省级主管部门备案；

(2) 省级风景名胜区的审批管理

省级风景名胜区，由市、县人民政府提出风景名胜区资源调查评估报告，报省、自治区、直辖市人民政府审定公布，并报建设部备案；

(3) 国家风景名胜区的审批管理

国家重点风景名胜区，由省、自治区、直辖市人民政府提出风景名胜区资源调查评估报告，报国务院审定公布。

三、风景名胜区旅游资源的保护、开发和利用

1. 风景名胜区旅游资源的保护

《风景名胜区管理条例》规定：风景名胜区内的景观和自然环境，应当根据可持续发展的原则，严格保护，不得破坏或者随意改变。风景名胜区管理机构应当建立健全风景名胜资源保护的各项管理制度。风景名胜区内的居民和游览者应当保护风景名胜区的景物、水体、林草植被、野生动物和各项设施。具体的保护措施主要有以下七项：

(1)风景名胜区管理机构应当对风景名胜区内的重要景观进行调查、鉴定，并制定相应的保护措施。

(2)在风景名胜区内禁止进行下列活动：开山、采石、开矿、开荒、修坟立碑等破坏景观、植被和地形地貌的活动；修建储存爆炸性、易燃性、放射性、毒害性、腐蚀性物品的设施；在景物或者设施上刻画、涂污；乱扔垃圾。

(3)禁止违反风景名胜区规划，在风景名胜区内设立各类开发区和在核心景区内建设宾馆、招待所、培训中心、疗养院以及与风景名胜区资源保护无关的其他建筑物；已经建设的，应当按照风景名胜区规划，逐步迁出。

(4)在国家级风景名胜区内修建缆车、索道等重大建设工程，项目的选址方案应当报国务院建设主管部门核准。

(5)在风景名胜区内进行下列活动，应当经风景名胜区管理机构审核后，依照有关法律、法规的规定报有关主管部门批准：设置、张贴商业广告；举办大型游乐等活动；改变水资源、水环境自然状态的活动；其他影响生态和景观的活动。

(6)风景名胜区内的建设项目应当符合风景名胜区规划，并与景观相协调，不得破坏景观、污染环境、妨碍游览。在风景名胜区内进行建设活动的，建设单位、施工单位应当制定污染防治和水土保持方案，并采取有效措施，保护好周围景物、水体、林草植被、野生动物资源和地形地貌。

(7)国家建立风景名胜区管理信息系统，对风景名胜区规划实施和资源保护情况进行动态监测。国家级风景名胜区所在地的风景名胜区管理机构应当每年向国务院建设主管部门报送风景名胜区规划实施和土地、森林等自然资源保护的情况；国务院建设主管部门应当将土地、森林等自然资源保护的情况及时抄送国务院有关部门。

2. 风景名胜区旅游资源的利用与管理

保护与开发风景名胜区旅游资源的目的就是要充分利用风景名胜区旅游资源的特点，开展健康有益的游览活动，产生可观的经济效益和社会效益。但在充分利用旅游资源的同时，也应加强风景名胜区的管理工作，保证可持续发展。如何使风景名胜区的旅游资源合理利用并进行有效管理？《风景名胜区管理条例》规定：

(1)风景名胜区管理机构应当根据风景名胜区的特点，保护民族民间传统文化，开展健

康有益的游览观光和文化娱乐活动，普及历史文化和科学知识。

(2)风景名胜区管理机构应当根据风景名胜区规划，合理利用风景名胜区资源，改善交通、服务设施和游览条件。风景名胜区管理机构应当在风景名胜区内设置风景名胜区标志和路标、安全警示等标牌。

(3)风景名胜区内宗教活动场所的管理，依照国家有关宗教活动场所管理的规定执行。风景名胜区内涉及自然资源保护、利用、管理和文物保护以及自然保护区管理的，还应当执行国家有关法律、法规的规定。

(4)国务院建设主管部门应当对国家级风景名胜区的规划实施情况、资源保护状况进行监督检查和评估。对发现的问题，应当及时纠正、处理。

(5)风景名胜区管理机构应当建立健全安全保障制度，加强安全管理，保障游览安全，并督促风景名胜区内的经营单位接受有关部门依据法律、法规进行的监督检查。禁止超过允许容量接纳游客和在没有安全保障的区域开展游览活动。

(6)进入风景名胜区的门票由风景名胜区管理机构负责出售。门票价格依照有关价格的法律、法规的规定执行。风景名胜区内的交通、服务等项目，应当由风景名胜区管理机构依照有关法律、法规和风景名胜区规划，采用招标等公平竞争的方式确定经营者。风景名胜区管理机构应当与经营者签订合同，依法确定各自的权利、义务。经营者应当缴纳风景名胜区资源有偿使用费。

(7)风景名胜区的门票收入和风景名胜区资源有偿使用费，实行收支两条线管理。风景名胜区的门票收入和风景名胜区资源有偿使用费应当专门用于风景名胜区资源的保护和管理以及风景名胜区内财产的所有权人、使用权人损失的补偿。具体管理办法，由国务院财政部门、价格主管部门会同国务院建设主管部门等有关部门制定。

(8)风景名胜区管理机构不得从事以营利为目的的经营活动，不得将规划、管理和监督等行政管理职能委托给企业或者个人行使。风景名胜区管理机构的工作人员，不得在风景名胜区内的企业兼职。

四、风景名胜区旅游资源保护的法律责任

1.有下列行为之一的，由风景名胜区管理机构责令停止违法行为、恢复原状或者限期拆除，没收违法所得，并处50万元以上100万元以下的罚款。

(1)在风景名胜区内进行开山、采石、开矿等破坏景观、植被、地形地貌的活动的；

(2)在风景名胜区内修建储存爆炸性、易燃性、放射性、毒害性、腐蚀性物品的设施的；

(3)在核心景区内建设宾馆、招待所、培训中心、疗养院以及与风景名胜区资源保护无关的其他建筑物的。县级以上地方人民政府及其有关主管部门批准实施本条第一款规定的行为的，对直接负责的主管人员和其他直接责任人员依法给予降级或者撤职的处分；构成犯罪的，依法追究刑事责任。

2. 在风景名胜区内从事禁止范围以外的建设活动，未经风景名胜区管理机构审核的，由风景名胜区管理机构责令停止建设、限期拆除，对个人处2万元以上5万元以下的罚款，对单位处20万元以上50万元以下的罚款。

3. 在国家级风景名胜区内修建缆车、索道等重大建设工程，项目的选址方案未经国务院建设主管部门核准，县级以上地方人民政府有关部门核发选址意见书的，对直接负责的主管人员和其他直接责任人员依法给予处分；构成犯罪的，依法追究刑事责任。

4. 个人在风景名胜区内进行开荒、修坟立碑等破坏景观、植被、地形地貌的活动的，由风景名胜区管理机构责令停止违法行为、限期恢复原状或者采取其他补救措施，没收违法所得，并处1千元以上1万元以下的罚款。

5. 在景物、设施上刻画、涂污或者在风景名胜区内乱扔垃圾的，由风景名胜区管理机构责令恢复原状或者采取其他补救措施，并处50元的罚款；刻画、涂污或者以其他方式故意损坏国家保护的文物、名胜古迹的，按照治安管理处罚法的有关规定予以处罚；构成犯罪的，依法追究刑事责任。

6. 未经风景名胜区管理机构审核，在风景名胜区内进行下列活动的，由风景名胜区管理机构责令停止违法行为、限期恢复原状或者采取其他补救措施，没收违法所得，并处5万元以上10万元以下的罚款；情节严重的，并处10万元以上20万元以下的罚款。

(1) 设置、张贴商业广告的；

(2) 举办大型游乐等活动的；

(3) 改变水资源、水环境自然状态的活动的；

(4) 其他影响生态和景观的活动。

7. 施工单位在施工过程中，对周围景物、水体、林草植被、野生动物资源和地形地貌造成破坏的，由风景名胜区管理机构责令停止违法行为、限期恢复原状或者采取其他补救措施，并处2万元以上10万元以下的罚款；逾期未恢复原状或者采取有效措施的，由风景名胜区管理机构责令停止施工。

8. 国务院建设主管部门、县级以上地方人民政府及其有关主管部门有下列行为之一的，对直接负责的主管人员和其他直接责任人员依法给予处分；构成犯罪的，依法追究刑事责任。

(1) 违反风景名胜区规划在风景名胜区内设立各类开发区的；

(2) 风景名胜区自设立之日起未在2年内编制完成风景名胜区总体规划的；

(3) 选择不具有相应资质等级的单位编制风景名胜区规划的；

(4) 风景名胜区规划批准前在风景名胜区内进行建设活动的；

(5) 擅自修改风景名胜区规划的；

(6) 不依法履行监督管理职责的其他行为。

9. 风景名胜区管理机构有下列行为之一的，由设立该风景名胜区管理机构的县级以上地方人民政府责令改正；情节严重的，对直接负责的主管人员和其他直接责任人员给予降级或者撤职的处分;构成犯罪的,依法追究刑事责任。

(1)超过允许容量接纳游客或者在没有安全保障的区域开展游览活动的;

(2)未设置风景名胜区标志和路标、安全警示等标牌的;

(3)从事以营利为目的的经营活动的;

(4)将规划、管理和监督等行政管理职能委托给企业或者个人行使的;

(5)允许风景名胜区管理机构的工作人员在风景名胜区内的企业兼职的;

(6)审核同意在风景名胜区内进行不符合风景名胜区规划的建设活动的;

(7)发现违法行为不予查处的。

10. 相关违法行为侵害国家、集体或者个人的财产的,有关单位或者个人应当依法承担民事责任。

11. 依照本条例的规定,责令限期拆除在风景名胜区内违法建设的建筑物、构筑物或者其他设施的,有关单位或者个人必须立即停止建设活动,自行拆除;对继续进行建设的,做出责令限期拆除决定的机关有权制止。有关单位或者个人对责令限期拆除决定不服的,可以在接到责令限期拆除决定之日起 15 日内,向人民法院起诉;期满不起诉又不自行拆除的,由做出责令限期拆除决定的机关依法申请人民法院强制执行,费用由违法者承担。

五、旅游区(点)质量等级评定

1. 旅游区(点)的定义

旅游区(点)是指经县级以上(含县级)行政管理部门批准成立,有统一管理机构,范围明确,具有参观、游览、度假、康乐、求知等功能,并提供相应旅游服务设施的独立单位。包括旅游景区、景点、主题公园、度假区、保护区、风景区、森林公园、动物园、植物园、博物馆、美术馆等。

2. 旅游区(点)评定的标准、范围

旅游区(点)质量等级评定,依据中华人民共和国国家标准《旅游区(点)质量等级划分与评定》(GB/T17775—1999)进行。凡在中国境内,正式开业接待旅游者一年以上的旅游区(点),包括旅游景区、景点、主题公园、游乐园、度假区、自然保护区、风景名胜区、森林公园、动物园、文博院馆等,均可申请参加质量等级评定。

3. 旅游区(点)质量等级、标志及划分依据

旅游区(点)质量等级划分为四级,从高到低依次为 AAAA、AAA、AA、A 级旅游区(点)。

旅游区(点)质量等级的标志、标牌、证书由国家旅游局行政主管部门统一规定并颁发。

旅游区(点)的确定,依据“服务质量与环境质量评价体系”、“景观质量评价体系”的评价得分,并参考“游客意见评价体系”的得分数。

4. 旅游区(点)质量等级评定的组织和权限

国家旅游局负责全国旅游区(点)质量等级评定工作。

国家旅游局设立旅游区(点)质量等级评定委员会,负责全国旅游区(点)质量等级评定的组织、领导工作,并具体负责评定 AAAA 级和 AAA 旅游区(点)。

各省级旅游局设立地方旅游区(点)质量等级评定机构,在国家旅游局旅游区(点)质量等级评定委员会的指导下,负责本地区旅游区(点)质量等级评定工作,具体负责本地区 AA 级和 A 级旅游区(点)的评定和向国家旅游局推荐本地区符合条件的 AAAA 级、AAA 级旅游区(点)。AA 级、A 级旅游区(点)评定需向国家旅游局备案。

※课前导读

2003年4月中旬，在湖南南部一个名为张谷英村的地方，有一个叫张再发的村民，发现自己家房子的山墙快要倒了，他就自己动手，拆除并维修了这面山墙。张再发拆除的这面山墙，由于年久失修，在拆除以前这堵墙已经严重破损。张再发觉得墙体如果不维修，不知道哪天就会倒塌，说不定还会砸到人。

但是，早在2001年6月，张谷英村的古民居建筑群以其严格按照封建伦理观念修建的整体建筑风格，被列为国家重点保护文物。鉴于张谷英村的民居建筑是文物这一特点，文物部门规定，在修建时必须在文物部门的指导下，依照维持原貌的原则，保持整体的建筑风格。所以，张再发修墙之前便和村里打过招呼。可是，村委会告诉张再发，因为整个村子是文物，所以村委会并没有批准维修的权利，让其去找设在村里的张谷英民俗文化建设指挥部。该建设指挥部是当地政府为开发保护张谷英村设立的综合办事机构，其主要职能之一就是监管张谷英村的修建工作。张再发提到既然房子是文物，修墙如果修成原样肯定会花较多的钱，于是就请求指挥部能给自己一些修缮补贴。对于张再发的请求，指挥部拒绝了。指挥部指出，文物处管辖的国家经费没有对个人房屋维修的计划，这笔经费主要是对环境整治、大面积公益设施的维修费用。对于指挥部不承担个人维修费用的答复，张再发自然不满意。他想，房子虽然是国宝，但是毕竟还是自己的财产，为了安全，他自己动手，私自维修了墙体。结果，被张谷英民俗文化建设指挥部告之：推倒重修，恢复原状。

第二节 人文旅游资源管理法律、法规

一、人文旅游资源的概念及范围

1. 人文旅游资源的概念

我国是一个历史悠久、民族众多的文明古国，名胜古迹源远流长，历史文物难计其数，风土人情各异，人文旅游资源丰富多彩，种类众多、质量上乘，名列世界前茅。人文旅游资源，是指由于历史发展所产生的各种有形或无形的旧中国物质或文化传统，它包括古代建筑、历史遗迹和民俗风情等。具体而言，在我国作为人文旅游资源的有：文化遗迹、历史名城、古代建筑、古典园林、帝王陵墓、宗教圣地、雕绘艺术、博物馆、革命遗址、现代建筑、民俗风情、工艺美术、名菜佳肴等。有形的人文旅游资源，主要是指历史文物古迹，因此，本节所称文物，是指人们在各个时期生产、生活和斗争中遗留下来的具有历史、科学和艺术价值的遗物和遗迹。历代旅游者都把文物当做旅游活动中欣赏、参观、游览的主要对象之一。在现代旅游业发展

中，各国在立法时，也都把文物定为重要资源之一。

2. 文物的范围

文物是国家的宝贵财富，也是用来发展旅游业的重要资源。

(1)文物的分类

文物种类很多，按不同标准可进行不同划分：

①按文物的性质，可分为历史文物和革命文物。

历史文物，主要指各个历史时代遗留下来的遗迹和遗物；

革命文物，主要指反映中国人民在各个革命阶段反对帝国主义、封建主义、官僚资本主义斗争中遗留下来的遗物和有纪念意义的旧址。

②按文物的来源，可分为出土文物和传世文物。

出土文物，是指文物考古工作者从地下发掘出来的地藏文物；

传世文物，是指解放前私人收藏的文物、祖传文物、从地下发掘的地藏文物和宫廷收藏的文物。

③按文物的保存方法，可以分为馆藏文物和散存文物。

馆藏文物，主要是指由国家文物单位收藏和保管的文物。

散存文物，主要是指流散在社会上或民间的尚未被国家文物单位收藏和保管起来的文物。

④按文物的移动状况，可以分为固定文物和非固定文物。

凡能移动的文物称之为非固定文物，诸如博物馆单位中收藏的出土文物、传世文物以及私人收藏的文物等等。

(2)文物保护的范围

《文物保护法》规定，在我国境内，具有历史、艺术、科学价值的文物，受国家《文物法》保护。

①具有历史、艺术、科学价值的古文化遗址、古墓葬、古建筑、石窟和石刻。例如陕西蓝田猿人遗址、北京十三陵、承德热河行宫、四川乐山大佛等等。

②与重大历史事件、革命运动和著名人物有关的，具有重要纪念意义、教育意义和史料价值的建筑群、遗址、纪念物，例如：广州三元里平英团遗址、南京中山陵、北京天安门等。

③历史上各时代的珍贵艺术品、工艺美术品。例如秦代兵马俑、汉代云纹、唐三彩低温釉陶、宋代菱花镜等等，都是我国的艺术瑰宝。

④重要的革命文献资料以及具有历史、艺术、科学价值的手稿或古旧图书等。

⑤反映历史上各时代、各民族社会制度、社会生产、社会生活的代表性实物。

此外，具有科学价值的古脊椎动物化石和古人类化石同文物一样受国家保护。《文物保护法》规定，在中华人民共和国境内，地下、内水和领海中遗存的一切文物属于国家所有。国家指定保护的纪念建筑物、古建筑、石刻等，除国家另有规定者外，属国家所有。国家机关、部队、全民所有制企业、事业组织收藏的文物，属于国家所有。

《文物保护法》规定，属于集体所有和私人所有的纪念建筑物、古建筑和传世文物，也称散存文物，所有权属于集体或者个人。国家对这些属于集体和私人的文物，也明确依法予以保护；但文物所有者在行使其所有权时应依法受到限制，他们必须遵守国家有关文物保护的规定，出售私人收藏的文物，必须卖给国家指定的单位，不准私自倒卖牟利，严禁私自卖给外国人。

3. 馆藏文物、私人收藏文物及文物出境

全民所有的博物馆、图书馆和其他单位对收藏的文物，必须区分等级，设置藏品档案，建立严格的管理制度，并向文化管理部门登记。地方各级文化行政管理部门，应分别建立本行政区域内的馆藏文物档案；国家文化部应建立国家一级文物藏品档案。馆藏文物禁止出卖，上述单位进行文物藏品的调拨、交换，须报文化行政管理部门备案；未经批准任何单位或个人不得调取文物。

私人收藏文物，严禁倒卖牟利，严禁私自卖给外国人；可由文化行政管理部门指定的单位收购，其他任何单位或个人不得经营文物收购业务。银行、冶炼厂、造纸厂以及废旧物资回收部门，应与文化行政部门共同负责拣选出掺杂在金银器和废旧物资中的文物，除供银行研究所必要的历史货币可由银行留用外，其余移交给文化行政管理部门处理。公安、海关、工商行政管理部门依法没收的重要文物，应当移交文化行政管理部门。

文物出口和个人携带文物出境，都必须事先向海关申报，经国家文物行政管理部门指定的省、自治区、直辖市文化行政管理部门进行鉴定，并发给许可出口凭证。文物出境必须从指定口岸运出，经鉴定不能出境的文物，国家可以征购。具有重要历史、艺术、科学价值的文物，除经国务院批准运往国外展览以外，一律禁止出境。

二、触犯《文物保护法》法律责任

为加强对文物的法律保护，《文物保护法》对各种违法行为规定了执法主体和处罚内容。主要是：

1. 行政处罚

刻画、涂污或损坏国家保护文物后果尚不严重的，或者损毁文物保护单位标志的，由公安部门或文物所在单位处以罚款或者责令赔偿损失。在地下、内水、领海及其他场所中发现文物，隐匿不报或不上交国家的，由公安部门给予警告或者罚款，追缴其非法所得的文物。未经文化行政管理部门批准，从事文物购销活动的，由工商行政管理部门或者由工商行政管理部门根据文化行政管理部门的意见，没收其非法所得和非法经营的文物，可以并处罚款。将私人收藏的文物私自卖给外国人的，由工商行政管理部门罚款，并可没收其文物和非法所得。

2. 刑事处罚

贪污或者盗窃国家文物的，盗运珍贵文物出口或者进行文物投机倒把活动情节严重的，故意破坏国家保护的珍贵文物或者名胜古迹的，国家工作人员玩忽职守、造成珍贵文物损毁或者流失情节严重的，均依法追究刑事犯罪责任。私自挖掘古文化遗址、古墓葬的，以盗窃论处；将私人收藏的珍贵文物私自卖给外国人的，以盗运珍贵文物出口论处；文物工作人员对所管理的文物监守自盗的，依法从重处罚。

※课前导读

具有18至19世纪风貌的易北河谷位于德国的德累斯顿市。景观沿着河谷纵深有18公里长，主要由古老的牧场、巴洛克宫殿及16世纪的别墅和花园组成。至今，河谷边倾斜的梯田仍然被用于葡萄种植，长147米的钢桥、单轨悬缆铁路、缆索铁道、蒸汽船和老造船厂仍在使用中。2004年，易北河谷被列入《世界遗产名录》。两年后，德累斯顿市政府以缓解交通堵塞为由，计划在易北河上修建一座现代化桥梁，预计2011年竣工通车。然而，联合国教科文组织认为这可能破坏易北河的景观，因此，世界遗产委员会将易北河谷列入《濒危世界遗产名录》，并多次与当地政府协商，但未能阻止建桥计划。2009年6月25日，世界遗产委员会在对易北河谷的状况进行审查后认为，建于河谷中心位置的桥梁破坏了这里的独特景观，因此作出了除名决定。

第三节 其他旅游资源管理法律、法规

一、世界遗产

世界遗产，是指前代所遗留的，对人类生存和发展具有特殊价值而为国际社会特别加以保护的自然和文化遗产。1972年11月，联合国教科文组织在巴黎举行的第17届会议上通过了《保护世界文化和自然遗产公约》，该公约包括前言和38条正文，1975年12月生效。公约的宗旨是为集体保护具有突出的普遍价值的文化和自然遗产，建立一个根据现代科学方法制定的永久性有效制度。该公约将世界遗产分为文化遗产和自然遗产，并对此做了定义。

为有效保护世界遗产，公约规定，保护世界遗产主要是有关国家的责任。并规定在尊重遗产所在国的主权，不使所在国规定的财产权受到损失的前提下，承认这类遗产是世界遗产的一部分，整个国际社会有责任合作予以保护。依照该公约，在联合国教科文组织内建立一个政府间的"世界遗产委员会"，并根据各缔约国的申请编制《世界遗产目录》，对列入目录的世界遗产由国际社会提供援助并安排保护、保存、陈列以及传给后代的义务。

我国于1985年参加了该公约，截至2000年底，中国共有27处自然、文化遗产被列入世界遗产目录，其中20处被列入世界文化遗产目录，3处被列入世界自然遗产目录，4处被列入世界文化和自然双重遗产目录。

二、历史文化名城及其保护

历史文化名城，是指地面或地下历史文物和革命文物比较集中，体现了中华民族悠久历史、光荣革命传统与光辉灿烂文化，对发展我国的旅游业和社会主义精神文明建设具有重要意义的城市。历史文化名城多为我国古代政治、经济、文化的中心，或是近代革命运动和发生

重大历史事件的重要城市。

《文物保护法》第八条规定，保存文物特别丰富、具有重大历史价值和革命意义的城市，由国家文化行政管理部门会同城乡建设环境保护部门报国务院核定公布为历史文化名城。中华人民共和国成立后，经国务院批准，我国已公布三批共99座历史文化名城。

根据我国法律的规定，中央及地方政府要充分认识保护历史文化名城工作的重要性和紧迫性，从国家和民族的长远利益出发，对历史文化名城必须加强保护和管理；在合理开发利用旅游资源和城市现代化建设中，要注意保护城市的文物古迹和环境风貌，注意城市布局的合理和协调；旅游设施建设要纳入城市的统一规划，对集中反映历史文化的老城区要采取保护措施，不能因新建设使其受到损害或任意迁动位置；对历史文化名城的保护、建设工作贯彻"保护为主，抢救第一"的方针。

三、自然保护区及其保护

自然保护区，是指对有代表性的自然生态系统及珍稀、濒危野生动植物物种的天然集中分布区和有特殊意义的自然遗迹等保护对象所在的陆地、水系或者海域，依法划出一定面积予以特殊保护和管理的区域。划分自然保护区依法对其实行保护和管理，是我国保护自然环境和自然资源的一项重要工作。

根据1994年12月1日起施行的我国《自然保护区条例》规定，符合下列条件之一者，应当建立自然保护区：

1. 典型的自然地理区域。有代表性的自然生态系统区域以及已经遭受破坏但经保护能够恢复的同类自然生态系统区域。

2. 珍稀、濒危野生动植物、物种的天然集中分布区域。

3. 具有特殊保护价值的海域、海岸、岛屿、湿地、内陆、水域、森林、草原和荒漠。

4. 具有重大科学文化价值的地质构造，著名溶洞、化石分布区，冰川、火山、温泉等自然遗迹。

5. 经国务院或省级人民政府批准，需要予以特殊保护的其他自然区域 。

我国的自然保护区分为国家级自然保护区和地方级自然保护区。自然保护区的设立，以自然保护为主，在不影响自然保护区的自然环境和自然资源的前提下，组织开展参观、旅游等活动。外国人进入国家级自然保护区，接待单位应事先报经国务院有关自然保护区行政主管部门批准；进入地方级自然保护区，接待单位应事先报经省级人民政府自然保护区行政主管部门批准；进入保护区的外国人，应遵守有关法律、法规。

自然保护区可以分为核心区、缓冲区和实验区，不同地带采用不同保护方法。核心区是自然保护区内保存完好的天然状态的生态系统以及珍稀、濒危动植物的集中区，通常禁止任何单位和个人进入，也不允许进入从事科学研究活动；缓冲区，是在核心区外围划定的一定面积的区域，只准进入从事科学研究、观测活动，禁止在其中开展旅游和生产经营活动；实验区，是指在缓冲区的外围区域划定的区域，可以进入从事科学实验、教学实习、参观考察、旅游以及驯化或繁殖珍稀、濒危野生动植物等活动。在实验区内经批准开展旅游、参观活动，应服从自然保护区管理机构的管理。

※**单元实训**

实训一：

1. 实训资料

江西赣州古城墙建于北宋嘉祐年间(1056—1063 年)，是我国惟一保存到现在的宋代砖城，全长 3664 米(项目施工段约 900 米)，高度和宽度均约 5 米。比西安的明代城墙、北京的元代故宫城墙还早数百年，属全国重点文物保护单位。预计总投资亿元的“赣州国际商城项目”于 2003 年 7 月奠基，涉及面积 4.8 万平方米，其主要建设目的是对当地有着数百年历史的中山路、濂溪路商业街进行整体改造。由于建设单位在靠近古城墙的地方擅自施工，工程楼房高接近 20 米，其体量、高度、色调、风格和建筑形式等与古城墙极不协调，严重影响了赣州古城墙原貌。江西省赣州市委、市政府经慎重研究后于 2003 年底宣布，这一预计总投资近亿元的“赣州国际商城项目”立即停建。

2. 实训问题

请你说出案例中的千年宋代砖城得以保护的法律依据？

实训二：

1. 实训资料

近年来，许多房地产开发商纷纷将目光瞄向风景秀丽、环境优美的名山大川，豪宅别墅竞相亮相，香山艺墅就是其中之一。香山艺墅位于北京市西山风景区，占地约 5 万平方米，总建筑规模约 3 万平方米，此外，又有几家房地产开发商向北京市政府提交了 10 个别墅项目的开发计划。据有关专家介绍，目前泰山、崂山等一些名山大川也已成为开发商猎取的目标。人们普遍担心，随着城市土地资源的日益稀缺，房地产开发商这股大做“山水文章”的浪潮，必将引发出一波更大的风景旅游地瓜分浪潮。这样，虽然会带来短期的经济效益，但势必使环境效益为此付出沉重的代价，这些地区的整体美感将受到严重影响。

2. 实训问题

(1)我国对风景名胜区是如何进行空间划分的？

(2)谈谈我国对于风景名胜区的开发是怎样规定的？

实训三：

1. 实训资料

虢国是我国西周时期一个古老而神秘的王国，国都在黄河三门峡青龙涧旁。20 世纪 50 年代兴建三门峡水库时，人们从虢国墓地挖出了大量文物和车马坑。20 世纪 90 年代初，虢国墓考古重大发现再次震惊世界，出土珍贵文物 1 万多件，其中玉茎铜芯柄铁剑的发现把我国冶铁史向前推进了 1 个多世纪，被称为“中华第一剑”。三门峡虢国墓被列为全国重点文物保护单位。2007 年 7 月，山西省运城市人黄某和河南省陕县农民李某在金钱的诱惑下，密谋盗挖这群古墓葬。他们多次到墓址附近进行窥探。同年 8 月，两人以做生意为名在虢国墓附近租房居住，并纠集了其他 5 人组成盗墓团伙。9 月 8 日，该团伙开始盗掘虢国墓地，得到数百件珍贵文物。案发后，这批珍贵文物大部分被公安机关追回，一小部分被倒卖，流落到文物贩子手中。经文物专家鉴定：仅查获的文物中就有国家二级文物 19 件，三级文物 60 件，一般文物 177 件。

2. 实训问题

(1)我国《文物保护法》对加强古墓葬遗址的保护有哪些法律规定?

(2)根据我国相关法律、法规,所述盗墓团伙应受到何种处罚?

实训四:

1. 实训资料

紫金山位于南京市,景区方圆数十里,奇岩怪石层拱错叠,形成无数洞穴泉井,有九洞十八景之称。平均每天来此登山旅游的游客多达2万人次,但其中很多游人都不按指定路线行游,一些好不容易长出来的绿色植被被踩毁。有的游客甚至折枝采花,使紫金山北麓山体植被受到严重损伤,多处出现“光坡”现象。当工作人员对此类现象进行制止时,反而经常遭到游客指责。此外,由于游客过多,也给紫金山带来严重的环境污染。特别是北麓登山者肆意在山上进行野餐,将大量垃圾扔下山崖,散落到灌木丛中,五颜六色的软包装塑料袋缠绕在山崖的树枝上,极不雅观,处理起来难度也很大。游人在一些文物古迹上的乱刻乱画更是无法修复。整个紫金山景区的旅游环境受到极大的破坏,从而严重影响到景区的旅游效果。

2. 实训问题

(1)景区管理者应如何正确引导游客的旅游行为,有何法律依据?

(2)对上述游客破坏游览环境的行为应如何处理?

第八章　旅游出入境管理法律、法规

※章节重点

1. 护照
2. 签证

※课前导读

签证的种类

签发普通签证，须根据外国人来华的事由，在签证上标明相应的汉语拼音字母：

D 字签证发给来中国定居的人员；

Z 字签证发给来中国任职或就业的人员及其随行家属；

X 字签证发给来华留学、进修、实习 6 个月以上的人员；

F 字签证发给来华访问、考察、讲学、经商、进行科技文化交流及短期进修、实习等活动不超过 6 个月的人员；

L 字签证发给来华旅游、探亲或因私事入境的人员；

G 字签证发给经中国过境的人员；

C 字签证发给执行乘务、航空、航运任务的人员；

J－1 字签证发给常驻中国的外国记者，J－2 字签证发给临时来华采访记者。

第一节　中国公民出入境管理法律、法规

一、中国公民出境入境管理制度概述

我国规范公民出入境的法律、法规主要是 1985 年 11 月 22 日，六届全国人大常委会第十三次会议通过的《中华人民共和国公民出境入境管理法》(以下简称《管理法》)，有六章二十条内容，以及 1986 年 12 月 3 日国务院批准，1986 年 12 月 26 日公安部、外交部、交通部发布，1994 年 7 月 13 日国务院批准修订，1994 年 7 月 15 日公安部、外交部、交通部发布的《中华人民共和国公民出境入境管理法实施细则》(以下简称《实施细则》)，有七章二十八条内容。

《管理法》在总则部分规定了中国公民出境入境的基本原则：①中国公民凭国务院主管机关及其授权的机关签发的有效护照或者其他有效证件出境、入境，无须办理签证；②中国公民

出境、入境，从对外开放的或者指定的口岸通行，接受边防检查机关的检查；③中国公民出境后，不得有危害祖国安全、荣誉和利益的行为。

此外，《管理法》在附则部分还规定：中国公民往来香港地区或者澳门地区的管理办法，由国务院有关部门另行制定；在同中国毗邻国家接壤边境地区居住的中国公民临时出境、入境，有两国之间协议的，按协议执行，没有协议的，按照中国政府的规定执行；国际列车和民航国际航班乘务人员、国境铁路工作人员的出境、入境，按照协议和有关规定执行。

二、中国公民出入境的有效证件

1. 护照

中国公民出境旅游应申请办理普通护照。护照是一国公民向本国或外国当局证明其身份的文书，是各主权国家发给本国公民出境、旅行、居留、入境的证件，其目的是证明持证人的国籍、身份及出国目的等。

(1)护照的分类。我国颁发的护照分为外交护照(一般为红色)、公务护照(一般为墨绿色)、普通护照(其中因公护照为深褐色、因私护照为褐色)几种。普通护照由公安部出入境管理机构或公安部委托的县级以上地方人民政府公安机关出入境管理机构以及中华人民共和国驻外使馆、领馆和外交部委托的其他驻外机构签发。外交护照由外交部签发。公务护照由外交部，中华人民共和国驻外使馆、领馆或者外交部委托的其他驻外机构以及外交部委托的省、自治区、直辖市和社区的市人民政府外事部门签发。

(2)旅游者护照的办理。旅游者申请的护照属于普通护照。按照有关规定，中国公民申请办理普通护照，应向公安机关出入境管理部门提出申请，回答有关询问，履行下列手续：交验户口簿和其他户籍证明；提交出境申请表；提交所在单位对申请人出境的意见；提交旅游所需外汇的证明，公民参加旅行社组织的团队出国旅游，只需向公安机关提交有出国经营权的旅行社出具的全额旅游费用发票。办理探亲旅游，还应提交亲友邀请证明，亲友生活保证书和出示我公安机关的亲属关系说明，公安机关发给护照时，还附发出境卡。护照由持证人保存、使用；不得毁损、涂改，严防遗失。遗失护照，应报告主管部门，在登报声明或挂失声明后申请补发。护照有效期 5 年，可申请延长；申请应在有效期满前半年提出；因情况变化，需变更护照或加注的，应提出申请，并携带加注事项证明或说明材料到指定机关办理。旅游者已持有效护照的，可以直接到组团社办理出国旅游手续。

2. 旅行证

中华人民共和国旅行证是中国旅行者出入境的主要证件，由中国驻外的外交代表机关、领事机关或外交部授权的其他驻外机关颁发。旅行证分为 1 年一次有效和 2 年多次有效两种，由持证人保存、使用。需变更或加注旅行证的记载事项，应提交变更材料、加注事项的证明或说明材料并向颁证机关提出申请。

3. 出入境通行证

出入境通行证是出入中国边境的通行证件，由省级公安部门及其授权的部门签发。持证人在有效期内可以一次或多次出入境。

4. 签证

中国公民凭护照或其他有效证件出入境，无须办理签证。但作为允许旅游者前往一个国家或中途经过或停留的证件，中国旅游者在经批准出境获得护照和出境卡后，应申办欲前往国的签证或入境许可证。按照国际惯例，一般按护照种类发给相应签证，但也可发给高于或低于护照的签证。出国旅游应向驻华使、领馆办理签证申请；没有使、领馆，也没有其他使馆代办业务的，则需到办理该国签证机关的国家办理。出国旅游要提前办理签证，办好签证要特别注意有效期和停留期。

护照以及出入境证件持有人出现下列情形之一的，原发证机关或上级机关予以吊销或宣布作废：持证人因非法进入前往国或非法居留被送回国内的；持护照、证件招摇撞骗的；从事危害国家安全、荣誉和利益活动的；违反法律规定的，持证人还将受到收缴证件、警告、拘留的处罚；情节严重的，追究其刑事责任。

三、中国公民出入境手续

1. 因私出境手续

私事是指：定居、探亲、访友、继承财产、自费留学、就业、旅游和其他私人事务。根据《管理法》及其《实施细则》的规定：中国公民因私事出境，应向户口所在地的市、县公安部门提出申请，提交以下手续：

(1)交验户口簿或者其他户籍证明；

(2)填写出境申请表；

(3)提交所在工作单位对申请人出境的意见；

(4)提出与出境事由相应的证明，出境旅游须提交旅行所需外汇费用证明。

受理申请的市、县公安机关对公民的申请，应当在30天内，地处偏僻、交通不便的应当在60天内做出批准或不批准的决定，通知申请人；申请人在规定的期间内没有接到审批结果的，有权查询，受理机关应当做出答复；申请人认为不批准出境不符合《管理法》的，有权向上一级机关提出申诉。

2. 因公出境手续

《管理法》规定：中国公民因公务出境，由派遣单位向外交部或者授权的地方外事部门申请办理出境证件；海员因执行任务出境，由港务监督局或港务监督局授权的港务监督办理出境证件。

3. 不准出境的规定

根据《管理法》及其《实施细则》的规定，凡有下列情形之一的，一律不批准出境：

(1)刑事案件的被告人和公安机关或者人民检察院或者人民法院认定的犯罪嫌疑人；

(2)人民法院通知有未了结民事案件的；

(3)被判处刑罚正在服刑的；

(4)正在劳动教养的；

(5)国务院有关机关认为出境后将对国家安全造成危害或者对国家利益造成重大损失的。

4. 中国公民入境手续

在境外的中国公民短期回国，凭有效的中华人民共和国护照或者有效的中华人民共和国旅行证或者其他有效入境、出境证件入境。定居国外的中国公民要求回国定居的，应当在入境前向中国驻外国的外交代表机关、领事机关或者外交部授权的其他驻外机关提出申请，也可由本人或者国内亲属向拟定居的市、县公安局申请回国定居证明。定居国外的中国公民要求短期回国，要按照户口管理规定，办理暂住登记。

5. 中国旅游者出入境的权利、义务

中国公民出境、入境，从对外开放的或者指定的口岸通行，接受边防检查机关的检查。中国公民出境后，不得有危害祖国安全、荣誉和利益的行为。中国旅游者出入境的合法权益受中国法律保护，同时也受前往国法律的保护。当今世界，许多国家为发展旅游业，对旅游者在旅游活动中最关心的安全、服务质量、发生意外事故得到法律保障等问题，通过立法建立相应的法律制度，签订双边和多边协定，规定外国旅游者应受到与本国国民同等的待遇和法律保护，并给予若干的优惠。中国旅游者理应得到相关外国法律的保护。中国旅游者持护照出入中国国境无须办理签证；公安机关对于中国旅游者出境申请应在规定时间内答复；申请人有权查询规定时间没有审批结果的原因，受理部门应做出答复；申请人认为不批准出境不符合法律规定的，可向上一级公安机关申诉，受理机关应做出处理和答复；旅游者本人保存、使用其护照，非经法定事由和特定机关，不受吊销、收缴和扣押。旅游者有权按规定缴纳有关费用。

四、出国旅游管理法律制度

1. 我国开办出国旅游的方针

出国旅游广义上也称为出境旅游，指持"护照"前往其他国家和地区的旅游，包括边境游、港澳游和出国游，前往地区不同，旅游所持证件也不同。根据旅游费用来源可分为公费、自费以及其他三类；根据出境方式可分为有组织与非组织两类。我国目前所指出国旅游，特指中国公民自费出国旅游，即公民自费赴外国观光、度假、娱乐和其他专项旅游活动。国家针对我国作为发展中国家的国情及其经济实力，参照国际上的一般做法，对开办公民自费出国旅游采取"有计划、有组织、有控制发展的指导方针"：

(1)有计划，指国家根据全国入境旅游的情况，包括创汇额和接待外国旅游者人数，并考虑国内市场的需求，制定出国旅游的年度计划，确定每年出国旅游的总量规模，以保证旅游业的外汇收入的增长大于支出。

(2)有组织，指在现阶段从国际国内的实际情况出发，公民出国旅游仍以团队形式进行，不办理散客出国旅游业务，要求整团出入国境。

(3)有控制，指对出国旅游实行总量控制和配额管理，并对特许经营出国旅游业务的旅行社进行审批和数量控制。

2. 中国公民出国旅游管理的几项制度

国家旅游局发布的自2002年7月1日开始实施的《中国公民出国旅游管理办法》，为规范旅行社组织中国公民出国旅游活动，保障出国旅游者和出国旅游经营者的合法权益，对公民出国旅游管理作了具体规定。目前，我国对公民出国旅游主要采取以下几项管理制度。

(1)总量控制、配额管理制度。国务院旅游行政部门根据上年度全国入境旅游的业绩、出国旅游目的地的增加情况和出国旅游的发展趋势，在每年的2月底以前确定本年度组织出国旅游的人数安排总量，并下达省、自治区、直辖市旅游行政部门。省、自治区、直辖市旅游行政部门根据本行政区域内各组团社上年度经营入境旅游的业绩、经营能力、服务质量，按照公平、公正、公开的原则，在每年的3月底以前核定各组团社本年度组织出国旅游的人数安排。

(2)组团社审批制度。组团社是指经国家旅游行政管理部门批准、特许经营中国公民出国旅游业务的国际旅行社。根据国家开办公民出国旅游的方针政策，从国家长远利益出发，国家根据坚持出入挂钩，考虑地区合理分布，按市场需求循序渐进、动态管理的原则，对经营公民出国旅游的旅行社实行审批制度。未经国务院旅游行政部门批准取得出国旅游业务经营资格的，任何单位和个人不得擅自经营或者以商务、考察、培训等方式变相经营出国旅游业务。

(3)出国旅游目的地审批制度。出国旅游目的地，指我国政府批准、允许旅行社组织旅游团队前往的国家和地区。出国旅游的目的地国家，由国务院旅游行政部门会同国务院有关部门提出，报国务院批准后，由国务院旅游行政部门公布。任何单位和个人不得组织中国公民到国务院旅游行政部门公布的出国旅游的目的地国家以外的国家旅游；组织中国公民到国务院旅游行政部门公布的出国旅游的目的地国家以外的国家进行涉及体育活动、文化活动等临时性专项旅游的，须经国务院旅游行政部门批准。根据国家旅游局发布的公告，截至2003年11月，我国与新加坡、马来西亚、泰国、菲律宾、韩国、澳大利亚、新西兰、日本、越南、老挝、柬埔寨、文莱、印度尼西亚、尼泊尔、缅甸、德国、马耳他、南非、埃及、土耳其、印度、马尔代夫、匈牙利、克罗地亚、巴基斯坦、古巴、约旦以及中国香港、中国澳门等共29个国家和地区签有旅游协定。随着我国加入WTO和综合国力的不断加强，我国公民出国旅游的目的地国家和地区也将不断扩大。

(4)现阶段以团队方式开展出国旅游制度。团队，是指有经营权的旅行社组织的3人以上的出国旅游团。为保障参游人员的人身安全及合法权益，便于旅游服务质量的监督管理，防止旅游者非法滞留、涉足“三禁”(黄、赌、毒)，我国规定公民出国旅游主要以团队形式进行，且每团派遣领队，暂不办理零星散客出国旅游。领队负责团队活动安排，代表组团社负责与境外接待社接洽，保证团队旅游服务质量，处理突发事宜。组团社的职责是：按核定的配额人数组团，办理参游人员报名、收费手续，填写“审核证明”；要求境外接待社按照团队活动计划安排旅游，不得安排参加色情、赌博、毒品以及危险性活动；对于团队在境外遇到特殊困难和安全问题时，领队须及时向我驻外使馆、旅游办事处报告；组团社须及时向公安部门和旅游行政管理部门报告；对滞留不归的，组团社须及时向公安和旅游行政管理部门报告，有关查询、遣返等事项，组团社应予以协助并负责垫付费用，事后向被遣返人员追偿；协助有关部门做好团队行李验收等管理工作。公安机关的职责是：查验参游人员提交的“审核证明”和费用发票；确认组团社和参游人员的合法资格后，依照有关法律、法规办理出国旅游手续；在法定期限内做出批准或不批准的决定，通知参游人员；参游人员经批准出境，由公安机关出入境管理部门颁发护照，并附发出境卡。有关法律责任：团队未经批准在境外组团的，入境时由边防检查站对组团社的有关责任人员按《中国出境入境边防检查条例》有关规定处罚；对以出国旅游名义，弄虚作假，骗取出境证件，偷越国(边)境的，或者为组织、运送他人偷越国(边)境的，依照《管理法》及其《实施细则》和《全国人大常委会关于严惩组织、运送他人偷越国(边)境犯罪的补充规定》的有关规定处罚。

3. 边境旅游

边境旅游，是出国旅游的一部分。指经批准和指定的旅游部门组织和接待我国及毗邻国家的公民在双方政府商定的边境地区进行的旅游活动。其特点是：由特定部门组织；接待对象主要是两个邻近国家的公民；通常有双边协议，并在规定区域内进行；时间较短，不需要亲友提供担保。发展边境旅游能促进经济发展，促进边境地区周边国家友好往来；能带动相关行业，并提高旅游企业经济效益；有利于兴边富民、稳定边疆；有利于扩大对外影响、增强国际地位。

※课前导读

我国规范外国旅游者在我国进行旅游活动的法律、法规主要有:1985年11月22日,六届人大常委会第十三次会议通过的《中华人民共和国外国人入境出境管理法》(以下简称《管理法》),有八章三十五条内容;1986年12月3日国务院批准,1986年12月27日公安部、外交部发布,1994年7月13日国务院批准修订,1994年7月15日公安部、外交部发布的《中华人民共和国外国人入境出境管理法实施细则》(以下简称《实施细则》),包括八章五十七条内容。《管理法》适用于外国人入、出通过中华人民共和国国境和在中国境内居留、旅行。

第二节 外国旅游者入出境管理法律、法规

一、外国人入出境管理制度概述

1. 外国人入出境管理的基本原则

(1) 主管机关许可的原则。《管理法》规定:“外国人入境、过境和在中国境内居留,必须经中国政府主管机关许可。”这里的主管机关包括,一是中国的外交代表机关、领事机关和外交部授权的其他驻外机关;二是公安部、公安部授权的地方公安机关和外交部、外交部授权的地方外事部门。

(2) 指定口岸通行,接受边防检查的原则。根据相关规定,外国人入出境,必须在对外国人开放或指定的口岸通行,在北京主要是北京机场;天津水运口岸在天津、渤海中原油田海面交货点,空运口岸是天津机场;河北水运口岸在秦皇岛、唐山,空运口岸在石家庄。

(3) 保护外国人合法权利和利益的原则。外国人的人身自由不受侵犯,非经人民检察院批准或者决定、或者人民法院决定,并由公安机关或者国家安全机关执行,不受逮捕。

(4) 遵守中国法律的原则。《管理法》规定:“外国人在中国境内,必须遵守中国法律,不得危害中国国家安全、损害社会公共利益、破坏社会公共秩序。”

2. 外国人入出境管理机关及职责

中国政府在国外受理外国人入境、过境申请的机关,是中国的外交代表机关、领事机关和外交部授权的其他驻外机关;中国政府在国内受理外国人入境、过境、居留、旅游申请的机关,是公安部、公安部授权的地方公安机关和外交部、外交部授权的地方外事部门。外国人入出境管理机关的职责如下:

(1) 受理外国人入境、过境、居留、旅游申请的机关,有权拒发签证、证件;对于已经发出的签证、证件,有权吊销或者宣布作废。

(2)公安部和外交部在必要时，可以改变各自授权的机关所做出的决定；

(3)对非法入境、非法居留的外国人，县级以上公安机关可以拘留审查、监视居住或者遣送出境；

(4)公安机关外事民警执行任务时，有权查验外国人的护照和其他证件。外事民警查验时，应当出示自己的证件，有关组织或者个人有协助的责任。

二、外国人入境签证管理

1. 签证管理的原则规定

《管理法》第六条规定："外国人入境，应该向中国的外交代表机关，领事机关或者外交部授权的其他驻外机关申请办理签证。在特定情况下，依据国务院规定，外国人也可以向中国政府主管机关指定口岸的签证机关申请办理签证。"根据上述规定，海外旅游者来中国旅游应到中国的外交代表机关、领事机关或者外交部授权的其他驻外机关申请办理签证。在特定情况下，外国人可以向中国政府主管机关指定的签证机关办理签证。根据《实施细则》规定，"特定情况"，是指外国人持有中国国内被授权单位的函件，并持有与中国有外交关系或官方贸易往来国家普通护照的。因下列事由确需紧急来华而来不及在上述中国驻外机构申请办理签证的外国人，也可以向公安部授权的口岸签证机关申请办理签证。

(1)中方临时决定邀请来华参加交易会的；

(2)应邀来华参加投标或正式签订贸易合同的；

(3)应邀参加设备安装或者工程抢修的；

(4)应中方要求来华解决索赔问题的；

(5)应邀来华提供科技咨询的；

(6)应邀来华团组办妥签证后，经中方同意临时增换的；

(7)看望危急病人或者处理丧事的；

(8)直接过境人员由于不可抗拒的原因不能在 24 小时内乘原机离境或者需改乘其他交通工具离境的；

(9)其他被邀请确实来不及在中国驻外机构申请签证，并持有指定的主管部门同意在口岸申办签证的函电的；

(10)我国国际旅行社和经批准的港澳旅行社组织、接待的旅游团。个人签证申请可以由接待单位代办，团体旅游签证申请可以由我国国际旅行社和经批准的港澳旅行社代办。持有口岸签证机关提前签发签证的外国个人或者团队可以从全国所有对外开放口岸入境。

2. 签证的种类

签证是指一个国家官方机关发给本国人或外国人入、出本国国境或在本国停留、居留的许可证明。签证手续，实际上是一国实施有条件准许入境的措施。在我国，签证根据外国人的身份与护照的种类，可分为外交签证、礼遇签证、公务签证和普通签证四种。根据需要次数和时间限制，分为长期、短期签证，一般是一次出入境有效。有些国家为加强友好交往在互惠原则的基础上，互免签证手续；也有许多双边条约规定互免签证手续。旅游者办理护照后，应申请所去国和中途经过或停留国家在其有效证件上签证。

3. 办理签证的手续

《管理法》及其《实施细则》规定，外国人申请签证须回答被询问的有关情况并履行下列手续：

(1) 提供有效护照或者能够代替护照的证件；

(2) 填写签证申请表，交近期 2 寸半身正面免冠照片；

(3) 交验与申请入境、过境事由有关的证明。例如：申请 D 字签证，须持有定居身份确认表，定居身份确认表由申请人或者委托其在中国的亲属向申请定居地的市、县公安局出入境管理部门申请领取；申请 Z 字签证，须有中国聘雇单位的聘请或者雇用证明，或者被授权单位的函电；申请 X 字签证，须有接受单位或者主管部门的证明；申请 F 字签证，须有被授权单位的函电；申请 L 字签证，来华旅游的，须有中国旅游部门的接待证明，必要时须提供离开中国后前往国家（地区）的飞机票、车票或者船票；申请 G 字签证，须持有前往国家（地区）的有效签证。如果申请人免办前往国家（地区）的签证，须持有联程客票；申请 C 字签证，按协议提供有关的证明；外国人来中国定居或者居留 1 年以上的，在申请入境签证时，还须交验所在国政府指定的卫生医疗部门签发的，或者卫生医疗部门签发的并经过公证机关公证的健康证明书，健康证明书自签发之日起 6 个月有效。

旅游者领取签证后，需要申请变更或延期，诸如有效期延长、增加随行人员、增加不对外国人开放地点，法律是许可的，但应向证件发放机关申办，并办理下列手续：交验护照和签证、旅行证等证件；填写变更或延期申请表，提供与延期或变更有关的材料；缴纳规定的费用。

三、外国人在中国居留和住宿管理

1. 居留管理规定

外国人在中国居留，必须持有中国政府主管机关签发的身份证件或者居留证件。身份证件或者居留证件的有效期限，根据入境的事由规定。外国人居留证件，发给在中国居留一年以上的人员；外国人的临时居留证，发给在中国居留不满一年的人员；在中国投资或同中国的企事业单位进行经济、科技、文化合作以及其他需要在中国长期居留的外国人，经中国政府主管机关批准，可获得长期居留或永久居留资格。因政治原因要求在中国政治避难的外国人，经中国政府主管机关批准，准许在中国居留。持有 F、L、G、C 字签证的外国人，可以在签证的期限内在中国居留，不需要办理居留证件。对不遵守中国法律的外国人，中国政府主管机关可以缩短其在中国停留的期限或者取消其在中国停留的资格。

2. 住宿管理规定

外国人在中国境内临时住宿，应当依照规定办理住宿登记。

(1) 外国人在宾馆、饭店、旅店、招待所、学校等企事业单位或者机关、团体及其他中国机构内住宿，应出示有效护照或者证件，并填写临时住宿登记表。在非开放地区住宿还要出示旅行证。

(2) 外国人在中国居民家住宿，在城镇的，须于抵达后 24 小时内，由留宿人或本人持住宿人护照、签证和留宿人户口簿到当地公安机关申报，填写临时住宿登记表；在农村的，须于 72 小时内向当地派出所或户籍办公室申报。

(3)外国人在中国的外国机构或在中国的外国人家中住宿，须于住宿人抵达后24小时内，由住宿机构、留宿人或者本人持住宿人的护照或居留证件，向当地公安机关申报，并填写临时住宿登记表。

(4)外国人在移动性住宿工具内临时住宿，须于24小时内向当地公安机关申报。为外国人的移动性住宿工具提供场所的机构或个人，须于24小时前向当地公安机关申报。

(5)持居留证的外国人在中国变更居留地点，必须依照规定办理迁移手续。未持居留证件的外国人和来华留学的外国人，未经中国政府主管机关允许，不得在中国就业。

四、外国人出境管理

1. 出境要求

根据《管理法》及《实施细则》规定，对外国人出境管理有下列要求：

(1)外国人出境，凭本人有效护照或者其他有效证件；

(2)外国人应当在签证准予停留的期限内或居留证件的有限期内出境；

(3)持有居留证件的人，若在居留证件有效期内出境并需返回中国的，应当在出境前向当地公安机关申请办理返回中国的签证；若出境后不再返回的，出境时应向中国边防检查站缴销居留证件。

2. 有下列情形之一的外国人，边防检查机关有权阻止出境，并依法处理：

(1)持用无效出境证件的；

(2)持用他人出境证件的；

(3)持用伪造或者涂改的出境证件的。

五、外国旅游者入出境的权利、义务及其法律限制

1. 外国旅游者入出境的权利、义务

外国旅游者享有入出境的下列合法权益并受中国法律保护：人身自由不受侵犯，非经人民检察院批准或人民法院决定，并由公安机关执行，不受逮捕；根据双边或多边条约，按照互惠原则，免签签证的权利以及法律、法规规定的其他权利。外国旅游者入出境应经过中国政府主管机关许可，持有效证件；在签证有效期内，应遵守中国法律、法规，不危害中国国家安全、损害社会公共利益、破坏社会公共秩序。

2. 外国旅游者入出境的法律限制

(1)根据中国法律规定，下列外国人(包括旅游者)不准入境：

①被中国政府驱逐出境、未满不准入境年限的；

②被认为入境后可能进行恐怖、暴力、颠覆活动的；

③患有精神病、麻风病、艾滋病、性病、开放性肺结核病等传染病的；

④被认为入境后可能进行走私、贩毒、卖淫活动的；

⑤不能保障其在中国所需费用的；

⑥被认为入境后可能进行危害我国国家安全和利益的其他活动的。

(2)有下列情况之一的外国人包括旅游者不准出境：

①对于刑事案件的被告人和公安机关或者人民法院或者人民检察院认定的犯罪嫌疑人；

②人民法院通知有未了结的民事案件不能离境的；

③有其他违反中国法律的行为尚未处理，经有关主管机关认定需要追究的。

(3)对外国人包括外国旅游者，违反我国《管理法》，有下列情形之一的，县级以上公安机关可以处以警告、罚款或者10日以下拘留处罚；情节严重的，公安机关可以处以限期离境或者驱逐出境；构成犯罪的，依法追究刑事责任。具体情形是：

①非法入出中国国境的；

②在中国境内非法居留或者停留的；

③未持有效证件，前往不对外国人开放的地区旅行的；

④伪造、涂改、冒用、转让入境、出境证件的。

六、我国港、澳、台地区同胞往来内地的法律问题

1. 我国港、澳地区同胞入出境来往内地的法律问题

1999年1月1日以前，港、澳同胞来往内地旅游须申请办理《港、澳同胞回乡证》，不必办理签证。由于回乡证已使用20多年，该证件设计较早，在防伪性能、使用效率等方面已不能适应形势的需要。从1999年1月1日起，港、澳居民来往内地包括来内地旅游使用《港、澳居民来往内地通行证》。该通行证，是港、澳居民入出内地的旅行证件和在内地住宿、居留、旅行的身份证件，由公安部委托香港、澳门中国旅行社受理通行证申请，授权广东省公安厅审批、签发《通行证》。具有中国国籍的香港、澳门居民，只要未向国籍管理机关申报为外国人，无论是否持有外国护照或旅行证件，均可申请通行证。18岁以下的港、澳居民可申领3年期有效证件，18岁以上(含18岁)的港、澳居民可申领10年期有效证件。与《回乡证》相比，《通行证》具有以下优点：过关手续简便，持证人不必再填写入出境登记卡，检察机关不用再加盖入出境查验章；管理水平提高，《通行证》设置机读码，入出境边防检查机关用机器查验证件，验证时证件上的有关资料都可输入计算机管理系统，以避免人工输入时可能造成的错误；证件使用率大大提高，《回乡证》在使用104次后即需换发证件，《通行证》在有效期内使用次数不受限制；《通行证》为卡式证件，携带保管方便。

2. 我国台湾同胞回大陆探亲的法律问题

台湾同胞回大陆探亲、旅游需办理旅游证件。凡从美国、日本或其他国家来的同胞，由我驻外使、领馆签发《中华人民共和国旅行证》；经港澳来的，可向外交部驻港、澳签证处申请该证，也可申请由港、澳中国旅行社代办该证。台湾同胞不得重领、冒领、涂改或伪造、转予他人使用的《旅行证》，《旅行证》在有效期内经入境口岸边防检查站查验并盖章后，便成为其进出大陆，在内地旅游的证件。台胞持有效证件应经设有海关的地方通过并办理海关手续。台胞回大陆旅游，海关对其携带的行李物品，在自用合理数量范围内从宽验放，与外国旅游者相比，有优待规定。

※课前导读

申报旅客携带或者分离运输下列物品进出境者，应如实向海关申报：1.海关征税或限量免税进境的物品；2.进出境旅行自用物品和超出规定的旅行自用物品范围但仍为旅行途中需用的物品；3.国家禁止进出境的物品和国家限制进出境的文物、货币、金银及其制品，以及印刷品、音像制品等物品；4.货物、货样和其他超出旅客行李范围的物品。

第三节 我国入出境检查法律、法规

一、海关检查

1.海关的概念

海关是国家行政机关，是国家设立的，代表国家对进出境的运输工具、货物、物品的进出境活动进行监督管理的行政执法机关。其行使国家权力的基本特点是主权性和强制性。

2.海关检查的概念

海关检查，是指海关在国境口岸依法对进出国境的货物、运输工具、行李物品、邮递物品和其他物品执行监督管理、代收关税和查禁走私等任务时所进行的检查。

3.海关检查的具体规定

外国旅游者来中国，要接受海关对其入境运输工具和行李物品的检查。旅游者不仅搭乘飞机、船舶或列车，而且在邻近国家之间，往往驾驶车辆、船舶等旅游，因此各国都制定了对外国旅游者运输工具的监督和检查制度。进出中国国境的旅游者应将携带的符合规定的行李物品交海关检查。旅游者应填写“旅客行李申报表”一式两份，经海关查验行李物品后签章双方各执一份，在旅游者回程时交海关验核。来我国居留不超过6个月的旅游者，携带海关认为必须复运出境的物品，由海关登记后放行，旅游者出境时必须将原物带出；旅游者携带的金银、珠宝钻石等饰物，如准备携带出境，应向海关登记，由海关发给证明书，以便出境时海关凭证核放。进出国境的旅游者携带的行李物品符合纳税规定的，应照章纳税。

二、边防检查

为维护国家主权和安全，禁止非法出入境，便利乘机人员和交通运输畅通，国家在对外开放的港口、机场、国境车站和通道以及特许的进出口岸设立了边防检查站，对进出国境的人和物进行检查。自1976年3月起，公安部开始实施出入境人员填写边防检查出入境登记卡制度。随着公安出入境边防检查机关管理水平和科技应用程度的不断提高，公安部在维护国家主权、安全和正常的出入境秩序的同时，不断推出简化旅客出入境手续的措施，便利广大出入境旅客通行。自2007年1月1日起，免填入境登记卡的人员范围将扩大至包含内地居民、台湾居民及华侨在内的所有中国公民。上述措施将进一步缩短入境旅客在边防检查现场的候检时间。边防检查的内容包括:护照检查、证件检查、签证检查、出入境登记卡检查、行李物品检查、交通运输工具检查等。

1. 旅客出入境边防检查

(1)内地因公人员出境应交验:有效护照、证件;有效的前往国(地区)或过境国家(地区)签证;出境邀请单位的函电证明和国内有权单位出具的《出(国)境证明》或《海员出境证明》(仅限前往与我国互免签证国家、需在境外办理签证国家)。特殊规定:如途经香港、澳门的需出具《途经香港证明》或《途经澳门证明》。

(2)内地公民因私出境应交验:有效护照、证件;符合前往国(地区)或过境国家(地区)要求的入境或过境签证;护照颁发机关签发的《出境登记卡》(仅限首次出境时交验)。

(3)中国公民前往新、马、泰及菲律宾地区旅游应交验:护照;前往国的入境签证;有权组织中国公民自费出境旅游的旅行社出具专用旅游团人员名单;护照颁发机关签注的《出境登记卡》。

(4)内地公民入境应交验:本人有效旅行证件。

(5)内地公民因私前往港、澳、台地区,应交验:有效签注的《往来港澳通行证》、《前往港澳通行证》,前往台湾地区的应交验《大陆居民往来台湾通行证》、台湾当局入台许可证。

(6)港、澳同胞来往大陆,应交验:有效的港、澳同胞回乡证、《港澳居民来往大陆通行证》或其他有效旅行证件。台湾地区居民来往大陆的应交验有效签注的《台湾居民往来大陆通行证》。

(7)外国公民入出我国国境的,应交验:有效护照、证件及我国有关部门及驻外使领馆签发的有效签证。

(8)外国旅游团入出我国国境的应交验:有效护照、证件及团体签证。

2. 交通运输工具的检查

交通运输工具入境、出境、过境必须从对外国人开放的或者指定口岸通行,接受边防检查机关的检查和监护。航空器抵运中国前,交通运输工具负责人要负责向旅客分发入境登记卡,抵运后要向边防检查站提供旅客和机组名单。出境时办完值机手续后,航空公司负责办理值机手续人员要向边防检查站书面报告旅客人数。

3. 行李物品、货物的检查

边防检查站根据维护国家安全和社会秩序的需要,可以对出境、入境人员携带的行李物品和交通运输工具载运的货物进行重点检查。出境、入境的人员和交通运输工具不得携带、载运法律、行政法规规定的危害国家安全和社会秩序的违禁物品;携带、载运违禁物品的,边防检查站应当扣留违禁物品,对携带人、载运违禁物品的交通运输工具负责人依照有关法律、行政法规规定处理。任何人不得非法携带属于国家秘密的文件、资料和其他物品出境;非法携带属于国家秘密的文件、资料和其他物品的,边防检查站应当予以收缴,对携带人依照有关法律、行政法规规定处理。出境、入境的人员携带或者托运枪支、弹药必须遵守有关法律、行政法规的规定,向边防检查站办理携带或者托运手续;未经许可,不得携带或托运枪支、弹药出境或入境。

三、卫生检疫

为防止传染病由国外传入或由国内传出,保护人身健康,各国都制定了国境卫生检疫法。我国依据《国境卫生检疫法》设立了国境卫生检疫机关,在入出境口岸依法对包括旅游者在内的有关人员及其携带的动植物和交通工具等实施传染病检疫、检测和卫生监督;只有经过检疫，由国境卫生检疫机关许可，才能入出境。

四、动植物检疫

为了保护我国农、林、牧、渔业生产和人体健康，维护对外贸易信誉，履行国际间义务，防止危害动植物的病、虫、杂草及其他有害生物由国外传入或由国内传出，我国同世界各国都制定了动植物检疫的法律，在我国边境口岸设立的口岸动植物检疫站，代表国家对入出境的动物、动物产品、植物、植物产品及运载动植物的交通工具等执行检疫检查。旅游者应主动接受动植物检疫，并按有关规定入出境。

※单元实训

实训一：

1. 实训资料

杨某与朋友侯某在某国际旅行社签订了2008年11月24日泰、新、马十天游合同。泰国是本次行程的第一个旅游目的地。28日晚上杨某与侯某在曼谷外出逛街时杨某随身携带的手提包被抢走，包内有护照、现金等物品。杨某情急之下立即向地陪康某反映并要求康某协助报警，可康某迟迟未到，杨某最后在当地华人的协助之下报了警。在泰方警察局杨某因为语言不通无法与泰方警察沟通，再次求助地陪康某，康某仍未到场而是通过电话简单地帮杨某与警察作了翻译。杨某因为护照丢失而无法参加29日新加坡与马来西亚两地的行程，于是杨某请领队叶某将其丢失护照一事向广州组团社汇报并派人协助补办护照手续。叶某以组团社无法派人协助及本人要带队到其他目的地为由拒绝了杨某。杨某便求助泰国地接社，再次遭到拒绝，在求助多方无助的情况下与杨某同行的侯某因略懂英文便与杨某一同留下自行办理了相关手续。直到12月3日两人才从泰国飞回广州。杨某认为旅行社未尽职责履行服务义务，导致其滞留曼谷6天，应承担相应的赔偿责任，于是要求旅行社退还两人未产生的团费，另外赔偿侯某要协助其本人办理有关手续而滞留泰国产生的住宿费1200元，机票费3800元。

2. 实训问题

杨某的要求有无依据？为什么？

实训二：

1. 实训资料

2008年1月，上海某汽车配件厂与上海A旅行社签订了“香港—新加坡6日游”合同，组织本厂39名职工自费出境游。但由于A旅行社不具备办理出境旅游资格，所以此次旅游活动交由上海B国际旅行社代办。当游客王先生拿到自己的护照时大吃一惊，因为他的护照除了名字是对的，照片、身份证号码、出生年月都是错的。他当即向B旅行社反映。B旅行社则考虑，自己已和某境外社签好合同，如果游客王先生一人离团，其他38人都可能取消这次旅行，那样会给旅行社造成很大的经济损失。于是经过再三考虑，B旅行社经理让导游员李某对王先生说：“走吧，对方已经搞定，一定没问题。”王先生带着满腹疑虑随团启程了。

没想到刚进入香港，便被海关截住，王先生被以非法使用他人护照、入境卡与本人身份不符定罪，并罚3个月监禁。后经所在单位和旅行社的“营救”，王先生才获释返回上海。

回沪后，王先生在愤怒之下状告A、B两家旅行社，要求索赔精神损失费和误工损失费共计人民币9.4万余元。

2. 实训问题

(1)A旅行社应受何种处罚，为什么？

(2)B旅行社是否应承担一定责任？

第九章　旅游交通管理法律、法规

※章节重点

1. 旅游交通法规
2. 旅游交通法规的基本原则
3. 承运人责任的免除和减轻
4. 铁路运输违约责任

※课前导读

旅游交通是指交通运输部门及旅游业经营者为旅游者在旅行游览过程中提供的各类交通运输服务的总和，是交通运输部门及旅游业经营者借助于飞机、火车、各类汽车、轮船等交通运输工具和机场、车站、港口、码头等各项交通运输设施，从事运送旅客及其行李的社会生产活动。旅游者在旅游过程中乘坐的各种交通工具都与自己的生命、财产安全息息相关，也会发生合法权益被侵犯的问题，因而旅游者了解、掌握旅游交通维权常识，在旅游过程中出现了在交通中被侵犯合法权益的事项时，能运用所掌握的旅游交通管理法律、法规常识来维护自身合法权益。我国的《民用航空法》、《铁路法》、《公路运输管理暂行条例》、《海上交通安全管理法》、《内河交通安全管理条例》、《旅游汽车、游船管理办法》等法律、法规的颁布与施行，初步架构了我国旅游交通法规体系。

第一节　旅游交通法规概述

一、旅游交通法规的概念

旅游交通法规是调整旅游交通运输中各种关系的法律规范的总称。旅游交通法规的定义包括三个方面的含义。

1. 旅游交通法规是由一系列的法律规范构成的整体，而不是指某一部法律。构成旅游法规体系的有航空、铁路、海上、内河等运输方面的规范以及旅游景区、景点的索道等特殊交通工具的运输规范。

2. 由于旅游交通的涉外性以及国际旅游联合交通的广泛存在，旅游交通法规体系中既包括国内旅游交通法规，又包括国际旅游交通规范。

3. 旅游交通运输中的法律关系主要分为两大类：一是旅游交通运输管理关系；二是旅游交

通运输合同关系。这两类法律关系分属于纵向和横向法律关系，性质不同。

二、旅游交通法规的基本原则

1. 安全运输原则。安全运输是旅游交通的基本要求，亦是旅游交通法规的重要内容与原则。旅游交通运输的目的，是使旅游者及其行李物品实现安全、准时、快捷、舒适、方便的空间转移，确保旅游者得以进行正常的旅行、游览活动。如果旅游交通安全得不到保障，意味着不能实现旅游交通的目的和意义，给旅游业和旅游者造成损失与危害。国家旅游局《旅游安全管理暂行办法》明确规定，旅游安全管理工作必须贯彻“安全第一、预防为主”的方针，实行“统一指导、分级管理、基层为主”的原则。

2. 计划运输原则。计划运输原则是旅游交通法规的一项重要原则。计划运输原则是由旅游活动的性质以及旅游交通产品的特点决定的。散客的旅游活动在时间、地点的安排上有一定的计划性，团体旅游者更具有严格的游览计划，旅游者游览计划的实现程度如何，在很大程度上取决于旅游交通运输计划的配合与支持。如果旅游交通运输的计划不周密，往往会造成各旅游地区运力的空间分布失调，引起旅游热点地区交通拥挤与温、冷点地区运力过剩的矛盾，影响旅游接待合同的全面履行，诱发旅游纠纷。

3. 合理运输原则。合理运输是指通过科学管理手段，根据旅游流空间流向与流量特征，合理选择各种旅游交通工具，精心编排旅游线路，以最小的成本，取得最佳的社会经济效益的运输。

三、旅游交通运输业务管理的规定

我国航空运输、铁路运输、公路运输和水路运输在业务管理内容上有不同的情况和特点，但在旅客运输和行李运输方面都有相互类同的管理规定。与旅游关系比较密切的有如下业务管理规定。

1. 关于客票管理的规定

航空、铁路、公路、水路客运票，是旅客运输凭证，也是旅客运输合同订立与运输合同条件的初步证据，所以，无论是哪一种运输方式，作为运输部门即承运人，都应当向旅游者出具客票，这是承运人的义务性规定。客票一般分为普通票、儿童票、残疾军人票。航空客票分为普通舱客票和特等舱客票，客票实行记名式管理，即客票只限票面上填明姓名的旅客本人使用，不得转让和涂改，否则无效，票款不退；铁路客票分为硬席车票和软席车票，铁路、公路、水路的客票一般实行无记名式管理。

2. 关于乘机、车、船管理的规定

(1)按有效客票乘机、车、船。航空、铁路、公路和水路均要求旅客凭有效机、车、船票，经检票乘机、车和船；下机、车和船，也要履行检验客票的手续。

(2)客票变更。旅客购买机票后，要求变更乘机日期、航班、航程、票价级别或变更乘机人的，均应办理客票变更手续。凡旅客要求变更乘机日期、航班、航程，均按退票处理，另购订票；变更票价级别，由低票价改为高票价的补收票价差额，由高票价改为低票价的退还票价差额；变更乘机人的，必须由购票单位出具证明，经民航同意后方可办理变更手续，但以一次为限，再次变更则按退票处理。凡因民航原因旅客要求变更的，按优惠原则办理。铁路、公路、水路旅客，若不能按票面规定的日期、时间，在车(船)开车(开船)前规定的时间内，搭乘车（船）次乘车（船）时，应当办理签证改乘手续。签证后，仍不能乘车（船）者，一律按退票处理。

（3）误乘、漏乘、错乘。

①民航旅客未按票面注明的日期、航班乘机，机票作废；旅客未能按指定时间到达机场，以致到飞机起飞前未能办理好乘机手续，或因旅客乘机手续不全而未能乘机，均应按班机起飞前2小时内的退票处理。因民航或旅客健康原因误机，应安排旅客乘其他班机或按退票处理，不收退票费。

②铁路、公路、水路旅客误乘车、船，由发觉站（港）乘指定车（船）班次免费送回原乘车（船）站（港）。若旅客愿在发觉站（港）下车（船），则补收自愿乘车（船）至下车（船）站（港）的票价和手续费，铁路、公路规定可退回原票价款，水路规定原票不退。误乘旅客送回原乘车（船）站（港）后，要求退票时应予以退票，免收退票手续费。

③民航由于旅客原因，在航班始发站办理乘机手续后或者经停站过站时发生漏乘，机票作废，票款不退。若因航班飞行不正常而引起的漏乘，民航应尽可能安排旅客乘坐后续的飞机。若旅客要求退票，在始发站应退还全部票款，在经停站应退还未使用航班的票款。民航旅客错乘飞机，应在发现错乘后的第一站下机，民航应迅速安排错乘旅客免费搭乘最早航班返回原出发站，原客票仍然有效。若在发现错乘的航站，有其他航班去旅客票上的目的地，民航应安排其直接前往。

（4）遗失客票。民航旅客遗失客票，应凭个人或单位证明，在所乘航班规定起飞前2小时向民航申请挂失。挂失前，如已被冒用或冒退，民航不负责任。挂失经核实并查明客票未被冒用或冒退，可予以补发新票，收取补票费。补发的新票，不能办理退票。不定期的民航客票遗失，应凭原购票单位证明，向原购票的民航售票处提出，经民航查证，在未被冒用、冒退时，记录在案，待客票有效期满后，可退还原款。铁路、公路和水路的旅客遗失客票，应另行购票。若中途遗失客票，能够取得足够证明的，经确认后可继续乘车（船）。遗失客票后另行购票，在下车（船）前又找到原票的，经客运人员确认后，可以将其中一张按退票处理。

（5）退票。按照民航退票规定，若旅客自愿退票，除凭客票外，应提供个人或单位证明办理。在航班经停站终止旅行，该航班客票即告失效，未使用的航段票款不退。若因航班取消、提前、延误、航程改变以及民航不能提供原定座位等原因，旅客要求退票时，应退还全部票款。旅客因健康原因要求退票，必须提供医疗单位的证明或经民航认可，并在航班起飞时间提前提出，在始发站，退还全部票款；在中途站，扣除已使用航段的票款后，退还余款。按照铁路、公路和水路旅客运输的规定，火车、汽车在开车前20分钟、轮船在开航前2小时内办理退票手续。退票应收取退票费。中途站（港）和车（船）上一般不能退票。

3. 关于随身携带物品管理的规定

按照民航、铁路、公路和水路运输管理的规定，旅客随身携带物品的免费重量为：民航一等舱成人票30 kg、普通舱成人票20 kg，按折扣票价购票，一等舱为20 kg、普通舱为15 kg；儿童票无免费行李额。铁路，成人20 kg、小孩10 kg、外交人员35 kg；公路，成人10 kg、小孩5 kg；轮船，成人30 kg、小孩15 kg。为了维护旅游交通运输秩序，确保旅游安全，我国民航、铁路、公路和水路等运输部门都明文规定，凡国家禁止运输的物品、限制运输的物品、危险物品、妨害公共安全和卫生的其他物品，一律不准随身携带。

第二节　旅客航空运输管理法律、法规

一、中国民用航空法的宗旨、管理机关及公共航空运输

中国民用航空法的宗旨:为了维护国家的领空主权和民用航空活动当事人各方的合法权益，促进民用航空事业的发展。

中国民用航空管理机关:国务院民用航空主管部门对全国民用航空活动实施统一监督管理;根据法律和国务院的决定，在本部门的权限内，发布有关民用航空活动的规定、决定。国务院民用航空主管部门设立的地区民用航空管理机构依照国务院民用航空主管部门的授权，监督管理各该地区的民用航空活动。

公共航空运输，是指公共航空运输企业即航空公司以取酬为目的，使用民用航空器运送旅客、行李或者货物。它将旅客、行李或者货物从甲地运送到乙地的运输活动，具有营利性、开放性(向社会公众)。其所涉及的法律关系主要是民事合同关系，具体指承运人与旅客之间的权利、义务关系。

二、旅客航空运输的种类:国内航空运输和国际航空运输

国内航空运输，是指根据当事人订立的航空运输合同，运输的出发地点、约定的经停地点和目的地点均在中华人民共和国境内的运输。

国际航空运输，是指根据当事人订立的航空运输合同，无论运输有无间断或者有无转运，运输的出发地点、目的地点或者约定的经停地点之一不在中华人民共和国境内的运输。

三、禁止运输的规定

我国《航空法》规定:公共航空运输企业不得运输法律、行政法规规定的禁运物品。禁止旅客随身携带法律、行政法规规定的禁运物品乘坐民用航空器。禁止旅客随身携带危险品乘坐民用航空器。除因执行公务并按照国家规定经过批准外，禁止旅客携带枪支、管制刀具乘坐民用航空器。禁止违反国务院民用航空主管部门的规定，将危险品作为行李托运。对于拒绝接受安全检查的旅客，公共航空运输企业有权拒绝运输。这同样是保障航空运输安全以及所载旅客生命财物安全的需要，这也是世界上其他各国管理公共航空运输的通行做法。

四、承运人的责任

1. 承运人对因发生在民用航空器上或者在旅客上、下民用航空器过程中的事件造成的旅客人身伤亡承担责任。承运人承担民事责任的范围仅限于旅客的人身伤亡，即旅客的死亡或者肉体上的伤害，而不包括旅客精神上的痛苦，也不包括因旅客的死亡或受伤给他人造成的精神痛苦。凡在该期间以外的事件，从而造成旅客人身伤亡，承运人不承担责任。对完全是由于旅客本人的健康状况，即旅客的疾病而造成的旅客人身伤亡，承运人不承担责任。对部分由旅客本人的健康状况造成的旅客人身伤亡，承运人应当承担责任。例如，某旅客患有心脏病，飞行中飞机发生剧烈颠簸造成该客人摔倒，病发身亡。这种情况下，承运人应对该旅

客的死亡承担责任。

2. 承运人对旅客随身携带物品的责任。我国《航空法》规定：因发生在民用航空器上或者在旅客上、下民用航空器过程中的事件，造成旅客随身携带物品毁灭、遗失或者损坏的，承运人应当承担责任。旅客随身携带物品的毁灭、遗失或者损坏完全是由于行李，即该随身携带物品本身的自然属性、质量或者缺陷造成的，承运人不承担责任。

3. 承运人对旅客托运行李的责任。我国《航空法》规定：因为发生在航空运输期间的事件，造成旅客的托运行李毁灭、遗失或者损坏的，承运人应当承担责任。上述“航空运输期间”，是指在机场内、民用航空器上或机场外降落的任何地点，托运行李处于承运人掌管之下的全部期间。如果托运行李的毁灭、遗失或者损坏，完全是由于托运行李本身的自然属性、质量或者缺陷造成的，承运人不承担责任。如果托运行李的毁灭、遗失或者损坏，部分是由于托运行李本身的自然属性、质量或者缺陷造成的，承运人仍要承担责任。

4. 承运人对延误旅客、行李运输的责任。我国《航空法》规定：旅客、行李或者货物在航空运输中因延误造成的损失，承运人应当承担责任；但是承运人证明本人或者其受雇人、代理人为了避免损失的发生，已经采取一切必要措施，或者不可能采取此种措施的，不承担责任。在旅客运输中，承运人如果不能证明延误是由于天气条件、机械损坏等其无法控制的原因造成的，或者不能证明承运人本人或者其受雇人、代理人已经以应有的勤勉，采取了一切合理的、正常的必要措施确保航班的正点起飞和准点到达终点，就应当对因延误引起的下列损失承担：

(1) 旅客在等待另一航班过程中所支出的特殊费用；

(2) 旅客改乘下一经停地点航班的损失；

(3) 旅行社购买另一航空公司机票而额外支出的票款。

五、承运人责任的免除或者减轻规定

我国《航空法》规定：在旅客、行李运输中，经承运人证明，损失是由索赔人的过错造成或者促成的，应当根据造成或者促成此种损失的过错的程度，相应免除或者减轻承运人的责任。旅客以外的其他人就旅客死亡或者受伤提出赔偿请求时，经承运人证明，死亡或者受伤是旅客本人的过错造成或者促成的，同样应当根据造成或者促成此种损失的过错的程度，相应免除或者减轻承运人的责任。上述规定中，“索赔人”主要是指旅客或其代理人。如果旅客在航空运输中死亡，索赔人即为旅客的继承人或其代理人。“旅客以外的其他人”，是指旅客的代理人、继承人或该继承人的代理人。关于旅客、行李运输中承运人的免责问题，法律规定含义主要包括下列内容：

1. 在旅客、行李运输中，损失如果完全是由于索赔人的过错造成的，应当免除承运人的责任。如，飞机发生空中颠簸，承运人通知旅客系好安全带，但某旅客不听乘务员的安排而未系安全带造成撞伤。在这种情况下，可以免除承运人的责任。

2. 在旅客、行李运输中，损失如果是由于索赔人的过错促成的，应当根据促成此种损失的程度，相应减轻承运人的责任。例如，旅客将一活的动物作为一般行李托运，未向承运人申明。承运人误将该活动物运往旅客目的地以外的地方，致使该“托运行李”延误，该活动物因延误时间过长而死亡。在这种情况下，应当根据旅客的过错程度，相应减轻承运人的责任。实际上，也就是根据承运人的过错和旅客的过错程度，使双方分摊因其共同过错造成的损失。所谓“过错”是指行为人的故意或过失的行为或者不作为:如，旅客在托运行李时负有申报危险品的义务而没有申报;旅客的代理人在代旅客提取行李时不慎将行李摔坏等。

第三节　旅客铁路运输管理法律、法规

一、铁路法的宗旨及管理机关

人民铁路以保障铁路运输和铁路建设的顺利进行，适应社会主义现代化建设和人民生活需要为宗旨。

国务院铁路主管部门主管全国铁路工作，对国家铁路实行高度集中、统一指挥的运输管理体制，对地方铁路、专用铁路和铁路专用线进行指导、协调、监督和帮助。国家铁路运输企业行使法律、行政法规授予的行政管理职能。

二、铁路旅客运输企业的经营方向及要求

1. 铁路运输企业的经营方向

我国《铁路法》第五条规定:“铁路运输企业必须坚持社会主义经营方向和为人民服务的宗旨，改善经营管理，切实改革路风，提高运输服务质量。”铁路运输企业的义务就是为旅客、托运人和收货人提供运输服务。铁路运输企业应当不断改革铁路的服务方式，提高服务质量，加强企业管理，真正做到优质、高效、全面地为旅客或托运人和收货人提供各种运输服务活动。

2. 对铁路运输的要求

《铁路法》第十条规定:“铁路运输企业应当保证旅客和货物运输的安全，做到列车正点到达。”具体要求如下:

(1)必须保证旅客的乘车安全。旅客旅行是从一地到另一地，在旅行过程中安全是旅客的第一需要，铁路承运人在运送旅客过程中必须把保证旅客的生命财产安全放在首位，确保旅客列车的运行安全。

(2)保证货物、行李安全和完好。托运人托运货物、行李是实现上述物品的位移，铁路运输企业运送上述物品的主要义务是要保证这些物品的完整和安全。

(3)保证列车安全正点到达目的地。安全正点是铁路运输企业提供运输服务的基本义务之一，保证正点到达目的站，是指旅客列车必须按列车运行图规定的时间开出始发站和到达目的站。如果铁路不能按照规定的时间及时发车和到达旅行目的站，则势必打乱旅客的旅行计划，使旅客在精神上、物质上受到损失。因此，作为运输企业应当提高铁路运输的正点率。

三、铁路运输违约责任

由于客观情况的变化，有时旅客并不能按时乘车。从实际看，这种情况的发生主要是由两个方面的原因所致:一是旅客自身的原因，如情况发生变化、放弃或改变了旅行计划，也可能是由于各方面的原因，发生了误车等情况;二是铁路运输企业的原因，如列车晚点、车次取消等。这两种情况的法律责任是不同的。

1. 旅客违约责任。由于旅客自身的原因，造成不能按时乘车的法律后果应当由旅客自己负责，铁路运输企业不承担法律责任；但是，旅客可以按照规定办理退票或改乘其他列车的手续，并缴纳规定的退票或改乘的签证费用。旅客退票实际上是向铁路运输企业提出解除铁路运输合同的请示，铁路运输企业按照旅客的要求办理了退票手续，则双方的合同即告解除。由于是旅客单方解约，则应向铁路交纳违约费用，即所谓"退票费"。旅客要求办理改乘手续，实际上是向铁路运输企业提出变更合同的请示，铁路运输企业按照旅客的要求改签了旅客车票的乘车车次、日期，则是与旅客之间成立了新的旅客运输合同，双方当事人应当按照改签后的合同履行各自的权利和义务。在变更合同的情况下，旅客也应承担相应的法律责任，即向铁路支付签证费以及其他规定的手续费。

2. 铁路运输企业违约责任。由于铁路运输企业的原因而造成旅客不能按照车票载明日期、车次乘车的，铁路运输企业应当承担法律责任，即退还全部票款或安排改乘到达相同目的站的其他列车。在这种情况下，旅客改乘列车，铁路运输企业不得收取任何费用。

上述法律规定是要求铁路运输合同双方当事人都应当信守合同，按照合同约定履行义务，无论是哪一方违反合同、不履行合同义务，都要承担相应的法律责任。旅客运输是铁路运输企业为公众服务的"窗口"，旅客运输服务质量和水平的高低，直接关系到路风、路誉。因此，做好铁路旅客服务工作，是铁路运输企业经营管理的一项首要任务。

四、铁路旅客运输损害赔偿的规定

《铁路法》规定：铁路运输企业应当对承运的货物、包裹、行李自接受承运时起到交付时止的灭失、短少、变质、污染或者损坏，承担赔偿责任：

1. 托运人或者旅客根据自愿申请办理保价运输的，按照实际损失赔偿。但最高不超过保价额。

2. 未按保价运输承运的，按照实际损失赔偿，但最高不超过国务院铁路主管部门规定的赔偿限额，如果损失是由于铁路运输企业的故意或者重大过失造成的，不适用赔偿限额的规定，按照实际损失赔偿。托运人或者旅客根据自愿可以向保险公司办理货物运输保险，保险公司按照保险合同的约定承担赔偿责任。托运人或者旅客根据自愿可以办理保价运输，也可以办理货物运输保险；还可以既不办理保价运输或者货物运输保险。为了明确铁路运输企业对旅客的赔偿并维护旅客的合法权益，1994 年 8 月 30 日，经国务院批准，铁道部发布了《铁路旅客运输损害赔偿规定》（以下简称《规定》），其主要内容如下：

1. 适用范围。《规定》明确，凡是在中华人民共和国境内的铁路旅客运输中发生的旅客人身伤亡及其自带行李损失，依照《规定》应当由铁路运输企业赔偿的，均可适用该《规定》。上述"铁路旅客运输中"是指自旅客经检票进站至到达行程终点出站时止。"旅客"是指持有效车票凭证乘车的人员以及按照国务院铁路主管部门有关规定免费乘车的儿童。此外，经铁路运输企业同意，根据铁路货物运输合同，随车护送货物的人，也被视为旅客。

2. 限额赔偿规定。铁路运输企业依照该《规定》应当承担赔偿责任的，对每名旅客人身伤亡的赔偿责任限额为人民币 4 万元，自带行李损失的赔偿责任限额为人民币 800 元。铁路运输企业和旅客可以书面约定高于上述规定的赔偿责任限额。此外，铁路运输企业依照《规定》给付赔偿金，不影响旅客按照国家有关铁路旅客意外伤害强制保险规定获取保险金。

3. 索赔时效。旅客或者其继承人向铁路运输企业要求赔偿的请求，应当自事故发生之日起1年内提出，铁路运输企业应当自接到赔偿请求之日起30日内答复。

4. 免责事由。该《规定》指出：由于不可抗力或者旅客自身原因造成人身伤亡和自带行李损失的，铁路运输企业不承担赔偿责任。

※单元实训

实训一：

1. 实训资料

2007年10月2日，有一个旅游团队共19人从西安出发，到新疆旅游。他们一路上游山玩水，说说笑笑，好不热闹。尤其是当地那甜甜的葡萄，真是好吃极了。当他们在10月9日恋恋不舍地返回的时候，却发生了一件意想不到的事情。13日一大早，旅游团在领队的带领下，从宾馆出发，来到了火车站。这时距离开车的时间还有15分钟。旅游团中有一个15岁的小女孩，感到肚子有些不舒服，于是便去了卫生间。可谁料想，待她进去关上门之后，门却如何也打不开了。小女孩大声地叫喊，旁边的人听见了急忙前来帮助。原来卫生间的门因年久失修，门锁的弹簧断了。待候车室的工作人员赶来，将门锁撬开以后，小女孩要乘坐的火车已经开走了。小女孩大哭起来。这时，来了一位乘务员。他说："你的领队刚才找不到你，为了赶火车，他让其他的旅客们先走了，他正在候车室等你呢。"小女孩被带到了领队的面前。领队与乘务员商量，如何解决他们未赶上火车的问题。乘务员的意见是与火车站无关，让他们自行解决；而领队则认为，造成损失的直接责任是候车室设备的年久失修，应该让他们无偿改乘同一方向的车次。

2. 实训问题

你认为乘务员的意见是正确的吗？为什么？

实训二：

1. 实训资料

甲旅客和先生两人，平常忙于电子零件的生意，外出经常仅止于洽商，匆匆来去，少有闲情逸致游览风景名胜。这次碰上了结婚十周年，夫妻打算暂且放下工作，外出度假。他们一路上玩得非常愉快。回程当天上午，甲旅客买了个名牌皮包，价值3000元，并办理了机场的托运业务。可没想到飞机因故障在机场外降落。下了飞机之后，甲旅客在取托运行李时发现包不见了。该游客遂向负责人报案，可负责人却以案发地不在机场为由拒绝受理报案。甲旅客于是向相关部门提出申诉。

2. 实训问题

航空运输公司应赔偿甲旅客多少元钱？

实训三：

1. 实训资料

刘大妈今年喜逢60大寿。儿女为了给母亲高高兴兴地过生日，出于孝顺，带着刘大妈乘坐飞机外出至桂林旅游。刘大妈平时非常注意锻炼身体，生活也比较有规律，所以身体一向很好。可谁料想在飞行中飞机突然发生了剧烈的颠簸，刘大妈顿时感到气短，发虚汗，胸闷，身体极其不舒服。她刚要叫坐在身边的女儿，却突然眼前一黑，摔倒在地，不省人事了。刘大妈的儿女一见，顿时惊慌失措，急忙喊来服务人员帮助抢救。但医生说刘大妈是患的突发性心脏病，因病情比较急，抢救无效而死亡。刘大妈的儿女悲痛欲绝。他们认为，自己母亲的死亡与在飞行中飞机突然发生了剧烈的颠簸有直接关系，是导致母亲死亡的原因，并要求航空公司赔偿人民币20万元。

2. 实训问题

刘大妈的儿女能得到多少元的赔偿金？

实训四：

1. 实训资料

2008年3月，赵先生参加了某旅行社组织的旅游团前往昆明旅游。临行前接受组团社的推荐，购买了旅游意外保险。在乘火车前往昆明途中，火车车窗的玻璃突然被一块飞来的石头击碎，玻璃碎片将靠窗而坐的赵先生扎伤。事后，赵先生向旅行社索赔。旅行社说，此事故纯属意外，不是旅行社的责任，赵先生应向保险公司索要旅游意外保险赔偿。但保险公司却认为，旅客在火车上发生意外，应由铁路客运部门负责赔偿。

2. 实训问题

本案中，赵先生到底应该向谁要求赔偿？为什么？

实训五：

1. 实训资料

旅游者黄先生在旅游行程结束后乘飞机返程，上飞机后，乘务员主动帮助她将随身携带的行李包放入行李箱，但一失手行李包掉到了地上，包里夹放在衣物中的纪念品破碎了。后来黄先生在向航空公司索赔时，航空公司认为黄先生的损失完全是自己造成的，如果其行李中不夹放玻璃、陶瓷等纪念品，则不会造成损失，这完全是由于行李本身的属性造成的，所以他们不承担责任。

2. 实训问题

本案中，该航空公司是否应当赔偿黄先生？为什么？

第十章 旅游安全与保险法律、法规

※章节重点

1. 旅游安全管理的方针
2. 旅游安全事故
3. 旅游保险
4. 旅游保险合同

※课前导读

2003 年 8 月，李哲和妻子、女儿参加上海某旅行社组织的“千岛湖三日游”旅游团。地接社浙江某旅行社在 26 日下午安排了参加沿江漂流公司的竹筏漂流。李哲一家人坐在竹筏的后排，女儿坐在中间。游客们谁也不知道，筏工是临时性未经培训的民工，游客上船时，也没有人安排他们穿救生衣。竹筏离岸不久，风大水急，竹筏直打转，筏工慌了手脚，游客们这时惊慌失措。更让游客们没想到的是这时筏工使用的撑杆也失效了，他无法让竹筏正常的漂下去。慌乱中，李哲的女儿落入了水中，但筏工并没有采取任何抢救措施，跳入水中抢救的只有李哲。十分钟左右，在岸上的筏工听到呼救声后游过去帮着将李哲的女儿救起，但李哲因体力不支沉入了江底，再也没有活着出现。巨大的悲痛笼罩着李家，在他们要求组团的上海某旅行社承担赔偿责任遭到拒绝后，遂将上海某旅行社和浙江某旅行社起诉至法院，要求它们共同承担赔偿责任。

“没有安全，便没有旅游”，“安全是旅游的生命线”。作为旅游经营者首先要把游客的生命安全放在首位，否则就不能开展旅游活动，更谈不上科学发展。我国历来十分重视旅游安全工作，国家旅游局、公安部多次发出通知，要求各地采取有力措施，在旅游安全管理工作中实行“安全第一，预防为主”的方针，各旅游企业应当认真贯彻这一方针，以保障旅游者的安全。

第一节 旅游安全概述

在旅游消费中，游客的安全非常重要，这不仅涉及游客自身的利益，也是一个地区旅游产业发展的生命线。为了保证游客的安全，世界各国通过制定法律、法规，规定了国家管理机构、旅游经营者和各类游客的权利、义务以及处理办法等。我国各级政府历来十分重视旅游安全工作，在 1987 年和 1988 年国家旅游局和公安局就发出了《关于加强旅游安全保卫工作的通知》和《关于进一步加强旅游安全保卫工作的通知》，要求各地积极采取有关措施，切实保证游客的安全;1990年2月，国家旅游局制定颁布了《旅游安全管理暂行办法》，同年3月，劳动部颁布了《特别重大事故调查程序暂行规定》;1993年4月15日国家旅游局发布《重大旅游安全事故报告制度试行办法》;为了保证《旅游安全管理暂行办法》的有效实施，1994年国家旅游局又颁布了《旅游安全管理暂行办法实施细则》;同年6月10日，国家旅游局提出了《国家旅游局关于加强旅行团餐饮质量管理的意见》，并发出了《关于修订旅游团队订餐标准的通知》，制定了《定点餐馆质量初步标准》。1998年4月7日国家旅游局发布了《漂流旅游安全管理暂行办法》。由此，我国的旅游安全管理工作初步纳入规范化、制度化的轨道，旅游安全管理工作实现了有法可依、有章可循。

一、旅游安全管理的方针、原则与职责

1. 旅游安全管理的方针

《旅游安全管理暂行办法》明确规定，为加强旅游安全管理工作，保障旅游者人身、财物安全，旅游安全管理工作实行“安全第一，预防为主”的方针。所谓“安全第一”，即在旅游全过程中，无论是旅游行政管理部门，还是旅游企业，或旅游从业人员和游客，都必须始终把安全工作放在首要位置。这是因为安全问题，是一个极其重要、十分敏感的问题，它不仅影响到旅游业的形象和信誉，还关系到旅游业的生存和发展。没有安全，就没有旅游业的存在和发展，也没有对外开放、经济繁荣和社会稳定。所谓“预防为主”，即在旅游活动管理过程中，必须把预防工作做好，消除各种安全隐患，避免安全事故的发生。各级旅游行政管理部门、旅游企业和旅游从业人员要切实增强旅游安全责任心，制定并完善旅游安全规章制度，加强各级部门、员工和游客对旅游安全法律和规章制度的学习，树立良好的安全防范意识，提高应付突发事故的紧急救助能力，真正做到“预防为主”。

2. 旅游安全管理的原则

《旅游安全管理暂行办法》明确规定，我国旅游安全管理工作应遵循“统一领导、分级管理、以基层为主”的原则，即对旅游安全管理工作实行在国家旅游局的统一领导下，各级政府行政管理部门分级管理的体制。

3. 旅游安全的管理职责

各级旅游行政管理部门，必须建立和完善旅游安全管理机构，并应在当地政府的领导下，会同有关部门，对旅游安全进行管理。具体职责如下：

(1)国家旅游行政管理部门安全管理工作的主要职责。

①制定国家旅游安全管理规章，并组织实施；

②会同国家有关部门对旅游安全实行综合治理，协调处理旅游安全事故和其他安全问题；

③指导、检查和监督各级旅游行政管理部门和旅游企事业单位的旅游安全管理工作；

④负责全国旅游安全管理的宣传、教育工作，组织旅游安全管理人员的培训工作；

⑤协调重大旅游安全事故的处理工作；

⑥负责全国旅游安全管理方面的其他有关事项。

(2)县级以上(含县级)地方旅游行政管理部门的主要职责。

①贯彻执行国家旅游安全法规；

②制定本地区旅游安全管理的规章制度，并组织实施；

③协同工商、公安、卫生等有关部门，对新开业的旅游企事业单位的安全管理机构、规章

制度及其消防、卫生防疫等安全设施、设备进行检查，参加开业前的验收工作；

④协同公安、卫生、园林等有关部门，开展对旅游安全环境的综合治理工作，防止向旅游者敲诈、勒索、围堵等不法行为的发生；

⑤组织和实施对旅游安全管理人员的宣传、教育和培训工作；

⑥参与旅游安全事故的处理工作；

⑦受理本地区涉及旅游安全问题的投诉；

⑧负责本地区旅游安全管理的其他事项。

(3)旅游企业旅游安全管理的职责。

旅游企业包括旅行社、旅游饭店、旅游汽车、游船公司、旅游购物商店、旅游娱乐场所和其他经营旅游业务的企事业单位，它们是旅游安全管理工作的基层单位。

①设立安全管理机构，配备安全管理人员；

②建立安全规章制度，并组织实施；

③建立安全管理责任制，将安全管理的责任落实到每个部门、每个岗位、每个职工；

④接受当地旅游行政管理部门对旅游安全管理工作的行业管理和检查、监督；

⑤把安全教育及职工培训制度化、经常化，培养职工的安全意识，普及安全常识，提高安全技能，对新招聘的职工，必须经过安全培训，合格后才能上岗；

⑥新开业的旅游企事业单位，在开业前必须向当地旅游行政管理部门申请对安全设施设备、安全管理机构、安全规章制度的检查验收，检查验收不合格者，不得开业；

⑦坚持日常的安全检查工作，重点检查安全规章制度的落实情况和安全管理漏洞，及时消除不安全隐患；

⑧对用于接待旅游者的车辆、游船和其他设施，要定期进行维修和保养，使其始终处于良好的安全技术状况，在运营前进行全面的检查，严禁带故障运行；

⑨对旅游者的行李要有完备的交接手续，明确责任，防止损坏或丢失；

⑩在安排旅游团队的游览活动时，要认真考虑可能影响安全的诸项因素，制定周密的行程计划，并注意避免司机处于过度疲劳状态；

⑪负责为旅游者投保；

⑫直接参与处理涉及本单位的旅游安全事故，包括事故处理、善后处理及赔偿事项等；

⑬开展登山、汽车、狩猎、探险等特殊旅游项目时，要事先制定周密的安全保护预案和急救措施，重要团队需按规定报有关部门审批。

由此可见，贯彻旅游安全工作的"安全第一，预防为主"的方针和"统一领导，分级管理，以基层为主"的原则，其重点在于旅游企业。只有旅游企业切实做到相关规定要求，树立旅游安全第一的信念，旅游安全工作才能收到实效。

二、旅游安全事故的处理

1. 旅游安全事故的概念和事故等级

(1)旅游安全事故的概念。旅游安全事故是指在旅游活动的过程中，涉及旅游者人身、财产安全的事故。

(2)旅游安全事故的等级。旅游安全事故分为轻微、一般、重大和特大事故四个等级。

①轻微事故，是指一次事故造成旅游者轻伤，或者经济损失在1万元以下者；

②一般事故，是指一次事故造成旅游者重伤，或者经济损失在1万元以上(含1万元)10万元以下者；

③重大事故，是指一次事故造成旅游者死亡或旅游者重伤致残，或经济损失在10万元以上(含10万元)100万元以下者；

④特大事故，是指一次事故造成旅游者死亡多名，或者经济损失在100万元以上，或者性质特别严重，产生重大影响者。

2.旅游安全事故的一般处理程序

旅游安全事故一旦发生，应当严格按照规定的程序处理。依照《旅游安全管理暂行办法》的规定，事故发生单位在旅游安全事故发生后，应按照以下程序处理：

(1)陪同人员应当立即上报主管部门，主管部门应当及时报告归口管理部门。一般情况下，陪同人员即导游，在带团过程中，如果发生旅游安全事故，导游应立即向其所属旅行社和当地旅游行政管理部门报告。当地旅游行政管理部门在接到旅游安全事故报告后，要尽快向当地人民政府报告，对重大、特大旅游安全事故，要同时向国家旅游行政管理部门报告。

(2)会同事故发生地的有关单位严格保护现场。事故发生现场直接关系到能否准确地确定事故的性质和寻找破案的线索，也关系到安全事故的妥善处理。所以，一旦发生旅游安全事故，现场人员必须要配合公安机关和其他相关部门，严格保护事故发生现场，妥善处理善后事宜。

(3)协同有关部门进行抢救、侦查。当旅游安全事故发生后，地方旅游行政管理部门和有关旅游经营单位及人员要积极配合公安、交通、救护等有关方面，组织对游客进行紧急救援，并采取有效措施，妥善处理善后事宜。

(4)有关单位负责人应及时赶赴现场处理。当安全事故发生后，有关旅游经营单位和当地旅游行政管理部门的负责人应当及时赶赴现场，进行现场组织指挥，并采取适当的处理措施，这样有利于安全事故的处理。

(5)对特别重大事故，应当严格按照国务院《特别重大事故调查程序暂行规定》进行处理。

3.重大安全事故的处理程序

为及时了解和妥善处理好重大旅游安全事故，1993年4月15日国家旅游局颁发了《重大旅游安全事故处理程序试行办法》和《重大旅游安全事故报告制度试行办法》。重大旅游安全事故是指一次造成旅游者伤亡或者旅游者重伤致残，或经济损失在10万元以上(含10万元)100万元以下者。具体包括:造成海外旅游者人身重伤、死亡的事故;涉外旅游住宿、交通、游览、餐饮、娱乐、购物场所的重大火灾及其他恶性事故;造成其他经济损失严重的事故。

(1)重大旅游安全事故报告制度。各省、自治区、直辖市、计划单列市旅游行政管理部门和参加中国旅游紧急救援协调机构联络网的单位，都有责任将重大旅游安全事故上报中国旅游紧急救援协调机构。报告单位在接到旅游景区、饭店、交通途中或其他场合发生的重大旅游安全事故的报告后，除向当地有关部门报告外，应同时以电传、电话或其他有效方式直接向中国旅游紧急救援协调机构报告事故发生的情况。报告内容分为三项。

①事故发生后的首次报告。内容包括:事故发生的时间、地点;事故发生的初步情况;事故接待单位及与事故有关的其他单位;报告人的姓名、单位和联系电话。

②事故处理过程中的报告。内容包括:伤亡情况及伤亡人员姓名、性别、年龄、国籍、团名、护照号码;事故处理的进展情况;对事故原因的分析;有关方面的反映和要求;其他需要请示或

报告的事项。

③事故处理结束后，报告单位需认真总结事故发生和处理的全面情况，并做出书面报告，内容包括：事故经过及处理；事故原因及责任；事故教训及今后防范措施；善后处理过程及赔偿情况；有关方面及事故家属的反映；事故遗留问题及其他。

中国旅游紧急救援协调机构在接到报告单位的报告后，应及时向有关方面通报情况，并对所请示的问题做出答复。

（2）重大旅游安全事故处理程序。重大安全事故的处理原则上由事故发生地的人民政府牵头，协调有关部门以及事故责任方及其部门负责处理，必要时可成立事故处理领导小组。具体程序如下：

①现场救援并上报。在重大旅游安全事故发生后，报告单位应当立即派人赶赴现场，组织抢救工作，保护事故现场，并及时报告当地公安部门。报告单位如不属事故方或责任方的主管部门，应按照事故处理领导小组的部署做好有关工作。在旅游安全事故发生后，在公安部门人员未进入事故现场前，如因现场抢救工作需移动物证时，应做出标记，尽量保护事故现场的客观完整。

②医疗救助。如有伤亡情况，应立即组织医护人员进行抢救，并及时报告当地卫生部门。

③登记信息。核查伤亡人员的团队名称、国籍、姓名、性别、年龄、护照号码以及在国内外的保险情况，并进行登记。有死亡事故的应注意保护好遇难者的遗骸、遗体。对事故现场的行李和物品，要认真清理和保护，并逐项登记造册。

④海外伤亡游客处理。如果伤亡人员中有海外游客的，责任方和报告单位在对伤亡人员核查清楚后，要及时报告当地外事办公室和中国旅游紧急救援协调机构，由后者负责通知有关方面。中国旅游紧急救援协调机构在接到报告后，还应及时通知有关国际急救组织；而国际急救组织做出介入决策后，有关地方要协助配合其开展救援工作。在伤亡人员确定无误后，有关组团旅行社应及时通知海外旅行社，并向伤亡者家属发慰问函电。

⑤接待及提供证明文件。在伤亡事故的处理过程中，责任方及其主管部门要认真做好伤亡家属的接待、遇难者的遗体和遗物的处理以及其他善后工作，并负责联系有关部门为伤残者或伤亡者家属提供以下证明文件：为伤残人员提供医疗部门出具的“伤残证明书”；为骨灰遣返者提供法医出具的“死亡鉴定书”；丧葬部门出具的“火化证明书”；医院出具的“尸体防腐证明书”，防疫部分检疫后出具的“棺柩出境许可证”。

⑥赔偿。责任方及其主管部门要妥善处理好对伤亡人员的赔偿问题。报告单位要协助责任方按照国家有关规定办理对伤亡人员及其家属进行人身伤亡及财物损失的赔偿，协助保险公司办理购买入境旅游保险者的保险赔偿。

⑦总结教训。事故处理结束后，报告单位要和责任方及其他有关方面一起，认真总结经验教训，进一步改进和加强安全管理措施，防止类似事故的再次发生。

4. 特大旅游安全事故处理的程序

国务院1989年3月29日发布的《特别重大事故调查程序暂行规定》，所谓特别重大事故是指造成特别重大人身伤亡或者巨大经济损失以及性质特别严重，产生重大影响的事故。从旅游业来说，特别重大旅游安全事故是指一次事故造成旅游者死亡多名，或经济损失在100万元人民币以上，或者性质特别严重产生重大影响的事故。根据《旅游安全管理暂行办法》规定，对特别重大的旅游安全事故的调查处理适用国务院发布的《特别重大事故调查程序暂行规定》。

（1）特大事故现场保护和报告工作。当特别重大的旅游安全事故发生后，首先要做好特大事故的现场保护和报告工作。因此，特大事故发生单位在事故发生后，必须立即将发生特大事故的情况，报告上级归口管理部门和所在地地方人民政府，并报告所在地的省、自治区、直辖市人民政府和国务院归口管理部门。在24小时内写出事故报告，报送上述部门。如涉及军民两个方面的特大事故，特大事故发生单位在事故发生后，必须立即将所发生特大事故的情况报告当地警备司令部或最高军事机关，并应当在24小时内写出事故报告，报送上述单位。省、自治区、直辖市人民政府和国务院归口管理部门在接到特大事故报告后，应当立即向国务院作出报告。报告内容包括以下几点：

①事故发生的时间、地点、单位；

②事故的简要经过、伤亡人数，直接经济损失的初步估计；

③事故发生原因的初步判断；

④事故发生后采取的措施及事故控制情况；

⑤事故报告单位。

特大事故发生单位所在地地方人民政府接到特大事故报告后，应当立即通知当地公安部门、人民检察机关和工会，而公安部门得知发生特大事故后，应当立即派人赶赴事故现场负责事故现场的保护和收集证据的工作。而特大事故现场勘查工作，则由特大事故发生单位所在地地方人民政府负责组织有关部门进行。

（2）特大事故调查工作。根据《特别重大事故调查程序暂行规定》，特大事故的调查工作，必须坚持"实事求是、尊重科学"的原则，而任何单位或个人不得非法干预特大事故的调查工作。特大事故发生后，按照事故发生单位的隶属关系，由省、自治区、直辖市人民政府或者国务院归口管理部门组织成立特大事故调查组，负责事故的调查工作。国务院认为，应当由国务院调查的特大事故，由国务院或者国务院授权的部门组织成立特大事故调查组。特大事故调查组，应当根据发生事故的具体情况，由事故发生单位的归口管理部门、公安部门、监察部门、计划综合部门、劳动部门等单位派员组成，并应当邀请人民检察机关和工会派员参加。特大事故调查组根据调查工作的需要，可以选聘其他部门或者单位的人员参加，也可以聘请专家进行技术鉴定和财产损失评估。

（3）特大事故调查组的职责。

①查明事故发生的原因、人员伤亡及财产损失情况；

②查明事故的性质和责任；

③提出事故处理及防止类似事故再次发生所应采取措施的建议；

④提出对事故责任者的处理建议；

⑤检查控制事故的应急措施是否得当和落实；

⑥写出事故调查报告。

特大事故调查组有权向事故发生单位、有关部门及有关人员了解事故的有关情况并索取有关资料，任何单位和个人不得拒绝；同时任何单位和个人不得阻碍、干涉事故调查组的正常工作。经过调查，特别重大事故调查组写出事故调查报告后，应当报送组织调查的部门。经组织调查的部门同意，调查工作即告结束。特大事故的处理，由组织特大事故调查的部门或其授权的部门负责；国务院认为应当由国务院处理的特大事故，由国务院或者国务院授权的部门负责事故的处理。涉及军民双方的特大事故，由国务院、中央军委或者国务院、中央军委授权的部门负责事故的处理。

5. 国外旅游者在华旅游期间发生伤亡情况的处理程序

(1)国外旅游者伤亡注意事宜。

对于国外旅游者伤亡的事故，应当特别注意下列事宜：

①立即通过外事管理部门通知有关国家驻华使馆和组团单位。

②为前来了解,及处理事故的外国使、领馆人员的组团单位及伤亡者家属提供方便。

③与有关部门协调，为国际急救组织前来参与对在国外投保的旅游者(团)的伤亡处理提供方便。

④对在华死亡的外国旅游者严格按照外交部《外国人在华死亡后的处理程序》进行处理。

(2)国外旅游者在华死亡处理。按照《外国人在华死亡后的处理程序》，具体的处理程序包括以下几项：

①死亡的确定。死亡分正常死亡和非正常死亡。因健康原因自然死亡的，谓正常死亡；因意外事故或突发事件死亡的，谓非正常死亡。在旅游活动中，国外旅游者在华旅游期间的死亡情况也可分为正常死亡和非正常死亡。如发现外国人在华死亡，发现人(包括个人或单位)应立即通知死者接待或聘用单位或当地公安机关、人民政府外事办公室并在上述部门同意后通知死者所属的旅游组团负责人。如属正常死亡，善后处理由接待或聘用单位负责。无接待或聘用单位的(包括零散游客)，由公安机关会同有关部门共同处理。如属非正常死亡，应保护好现场，由公安机关进行取证并处理。一般来说，尸体在处理前应妥为保存(如防腐、冷冻)。

②通知外国驻华使、领馆及死亡家属。已经确定死亡后，根据《维也纳领事关系公约》或双边领事条约的规定以及国际惯例，应尽快通知死者家属及所属国家驻华使、领馆。凡属正常死亡的外国人，在通报公安机关和地方外办后，由接待或聘用单位负责通知死者家属及所属国家驻华使、领馆。如死者在华无接待或聘用单位，应由有关省、自治区、直辖市公安厅(局)负责通知。如果死者所属国同我国签订的领事条约有通知时限规定的，按条约规定办理;如果无此类条约规定，应按《维也纳领事关系公约》的规定和国际惯例尽快通知。

③尸体解剖。正常死亡者或死因明确的非正常死亡者，一般不需作尸体解剖。若死者家属或其所属国家驻华使、领馆要求解剖，我方可同意，但必须要有死者家属或其所属国家驻华使、领馆有关官员签字的书面要求。死因不明的非正常死亡者，为查明死因，需进行解剖时，由公安、司法机关按有关规定办理。

④出具证明。对于正常死亡，由县级或县级以上医院出具“死亡证明书”。如死者死前在医院治疗或抢救，应其家属要求，医院可提供诊断书或病历摘要。对于非正常死亡，由公安机关的法医出具“死亡鉴定书”。为了减少不必要的麻烦，证明书的内容应简单明了，解剖证明书也不必要过于详细。交死者家属或死者所属使、领馆的死亡证明书、死亡鉴定书、解剖结果证明书等，应注意与死者相符。对外公布死因要慎重。如死因尚不明确，或有其他致死原因，在查明前不要轻易对外公布，待查清或内部意见统一后，再向外公布和提供证明。外国人死在中国的村、镇或公民家中，县级或县级以上医院无法出具“死亡证明书”或者死者所属国家要求或者有关驻华使、领馆提出办理“死亡公证书”时，则应办理“死亡公证书”等公证文件。办理认证手续，必须先在死者居所地公证处申办公证，而后办理外交部领事司或外国驻

华领馆领区内中国地方外事办公室的认证和有关外国驻华使、领馆认证。

⑤对尸体的处理。在华死亡外国人的尸体，可在当地火化，亦可运回其国内。处理时也应尊重死者家属或所属国家驻华使、领馆的意愿。如果死者家属要求火化尸体，必须由死者家属或所属国家驻华使、领馆提出书面要求并签字，由当地殡仪馆负责火化，骨灰由他们带回或运回其国内。如外方不愿在中国火化，可将尸体运回其国内。运输(尸体骸骨、骨灰)手续和费用原则上均由外方自理。如果办理手续有困难，接待或聘用单位可在办理手续等方面给予必要的协助。为了做好外方工作和从礼节上考虑，对受聘或有接待单位的死者，在尸体火化或运回其国内前，可为死者举行简单的追悼仪式。如果外方要求举行宗教仪式，应视当地条件，如有教堂和相应的神职人员，条件允许，可安排举行一个简单的宗教仪式，且宗教仪式应在我方规定的宗教场所举行。如外方要求将死者在中国土葬，可以我国殡葬改革提倡火葬为由，予以婉拒。如外方要求将骨灰埋或撒在中国土地上，一般亦予以婉拒。但如死者是对中国做出特殊贡献的友好知名人士，应报请省级或部级民政部门决定。

⑥骨灰、骸骨和遗体运输出境。骨灰、骸骨、遗体运输出境，由中国殡葬协会国际运尸网络服务中心指定的承运人负责办理；托运人必须提供医院出具的“死亡证明书”或法医出具的“死亡鉴定书”，及殡葬部门出具的“火化证明书”。由中国殡葬协会国际运尸网络服务中心指定承运人办理《尸体/棺柩/骸骨/骨灰入出境入殓证明》《尸体/棺柩/骸骨/骨灰入出境卫生监管申报单》。尸体、棺柩出境须备以下证明：由医院或公安、司法机关出具的“死亡证明书”或者“死亡鉴定书”，亦可由有关涉外公证处出具的“死亡公证书”代替上述证明书；由殡葬管理部门或殡仪馆(必须是中国殡葬协会指定的国际运尸承运人)出具的三证：尸体/棺柩/骸骨/骨灰入出境《防腐证明》、《入殓证明》、《卫生监管申报单》；由口岸出入境检验检疫机关出具《尸体/棺柩/骸骨/骨灰入出境许可证》；海关凭出入境检验检疫局出具的《出境许可证》放行。

⑦遗物的清点和处理。清点死者遗物，应有死者家属或其所属国家驻华使、领馆官员和我方人员在场；如家属或者驻华使、领馆官员明确表示不能到场时，可请公证处人员到场，并由公证员将上述人员不能到场的事实和原因注明；遗物清点必须造册，列出清单，清点人均应签字。移交遗物要开出移交书，一式两份，注明移交时间、地点、在场人、物品件数、种类和特征等；签字后办理公证手续；如死者有遗嘱，应将遗嘱拍照或复制，原件交死者家属或其所属国家驻华使、领馆。

⑧撰写《死亡善后处理情况报告》。死者善后事宜处理结束后，由接待或聘用单位撰写《死亡善后处理情况报告》，无接待或聘用单位的，由处理死者善后事宜的公安机关或者司法机关写出，并报主管单位、地方外办、公安厅(局)，抄送外交部，其内容应包括死亡原因、抢救措施、诊断结果、善后处理情况及外方反应等。

三、旅游安全奖励与惩罚

1. 旅游安全的奖励

《旅游安全管理暂行办法》规定，对旅游安全工作中做出显著成绩或有突出贡献的单位或个人，旅游行政管理部门和有关部门应给予表彰或奖励。

2. 旅游安全的惩罚

对违反有关安全法规而造成旅游者伤亡事故和不履行《旅游安全管理暂行办法》的，由旅游行政管理部门会同有关部门分别给予直接责任人和责任单位以下处罚：

(1)警告；
(2)罚款；
(3)限期整改；
(4)停业整顿和吊销营业执照；
(5)凡违反旅游安全管理，触犯刑律者，由司法机关依法追究。

※课前导读

2005年10月，69岁的广东退休教师邹钦到成都游玩，参加了由成都中旅组织的九寨沟、黄龙风景区旅游。行前，他向旅行社交纳了旅游人身意外伤害保险费，在华安保险公司购买了旅游意外伤害保险。2005年10月16日傍晚，旅行团来到阿坝州松潘县川主寺镇，此处海拔3000余米。邹钦突发严重高原反应，导致脑梗塞伴出血，被紧急送往当地医院治疗。同日，病人转院至成都市第三医院抢救、治疗。2005年11月15日，邹钦因医治无效死亡。在成都市第三人民医院出具的诊断证明书中写着："邹钦入院诊断为右侧大脑半球梗塞，后因抢救无效死亡，其死亡原因为右额颞大脑半球梗死伴出血、颅内感染、肺部感染、呼吸系统衰竭。"家属将投保意外伤害险的华安保险公司及成都中旅告上法庭，要求赔保险金12万元。保险公司及旅行社则认为，旅游者因自身疾病原因导致死亡，不应赔偿保险金。

经成都市青羊区人民法院审理，认为旅游保险是意外保险，它不是健康保险。即在旅游活动过程中，因不可抗力、第三人、旅游项目或旅游设施造成旅游者的人身或财产损害时，被界定为意外伤害，才赔偿保险金。本案中，邹钦因高原反应，引起右侧大脑半球梗塞，抢救无效死亡，其死亡原因为自身健康原因，不在保险赔偿范围。

第二节　旅游保险

一、旅游保险

1. 旅游保险的概念

根据《中华人民共和国保险法》的规定，保险是指投保人根据合同约定，向保险人支付保险费，保险人对于合同约定的可能发生的事故因其发生所造成的财产损失承担赔偿保险金责任，或者当被保险人死亡、伤残、疾病或者达到合同约定的年龄、期限时承担给付保险金责任的商业保险行为。旅游保险是指随着旅游事业的发展而产生的一个新的保险项目。它是指旅游者或旅游经营者(投保人)根据合同约定，向保险人支付保险费，保险人对于合同约定可能发生的旅游事故因其发生所造成的各种人身和财产损失承担赔偿保险金责任。

2. 旅游保险的特征

(1)保证性。是指保险人对被保险人在旅游全过程中的人身和财产安全负责。保险人向旅游者保证在其遭受自然灾害或意外事故时，给予经济赔偿。

(2)补偿性。是指被保险人所得到的补偿费，具有补助救济的性质。它包括以下两层含义：

①被保险人财产和人身在旅游中完好无损，就不能得到赔偿;若其财产或人身虽有损伤，但不是自然灾害或意外事故造成的，仍不能获得赔偿。

②这种补偿是以保险金额来确定的，其最高赔偿只能以保险金额为限度，超过部分保险人不承担赔偿责任。

(3)短期性。是指与其他保险相比，旅游保险的有效性是比较短的。其中有的以旅行的旅程计算，如乘坐交通工具旅行的，一般以检票上车(船、飞机)开始计算，到达目的地下车(船、飞机)为止;有的以游览景点或游览次数计算，如游览泰山、黄山、华山，就是以检票上山开始计算，到游完下山为止;有的以旅行社接待计算等。综上看出，旅游保险的有效期都比较短。

3. 旅游保险的种类

旅游保险的种类依据不同的标准可以划分为不同的类型。

(1)以旅游保险定义范围的分类。按照旅游保险一词的定义范围为标准，可分为狭义的旅游保险和广义的旅游保险。狭义的保险指旅游者进行游览观光活动中的保险。广义的旅游保险，包括以下内容:游客游览观光保险;游客铁路旅行保险;旅客航空旅行保险;旅客公路旅行保险;游客水上旅行保险等。

(2)以旅游保险成立的形式分类。可分为旅游强制保险和旅游自愿保险。凡是以国家法律强制性规定为依据必须投保的，称为强制保险，它对投保人、保险人的行为具有强制性的约束力。如对于我国旅游的海外旅游者，法律规定必须实行强制保险。凡是由双方自愿通过合同确定的保险，称为自愿保险。

(3)以旅游保险的标的分类。以旅游保险对象为根据，可以分为旅游人身保险和旅游财产保险。前者是以旅游者的生命和人身健康作为标的进行的保险;后者是以旅游者携带的财产作为标的进行的保险。

(4)以旅游保险中被保险人的国籍分类。以参加旅游保险的被保险人的国籍身份为标准，可以分为国内旅游保险和涉外旅游保险。凡是中国公民在国内旅游的保险，统称为国内旅游保险;凡外国人、无国籍人来我国旅游的保险，以及华侨归国旅游保险，都属涉外旅游保险。

(5)以旅游保险业务范围分类。以保险业务范围为依据，可分为全程旅游保险和单项旅游保险。后者是对某一个旅游项目所进行的保险，如“索道意外保险”、“游船意外保险”等。

(6)以旅游保险责任分类。以保险责任为标准，可以分为旅游意外事故保险和旅游责任保险。保险人承担自然灾害和意外事故的保险，称为旅游意外事故保险。这类保险一般由个人投保，也可以由旅游者所在单位或旅游团体投保。保险人承担旅游服务部门服务的责任保险，称为旅游责任保险。这类保险一般由旅游服务部门投保。

二、旅游保险合同

1. 旅游保险合同的概念

旅游保险合同，是保险合同的一种，是各类旅游保险合同的总称。是指旅游保险关系双方当事人之间签订的一方缴纳保险费，另一方在保险标的遭受法律规定或当事人约定的保险事故时，承担经济补偿责任或者履行给付义务的一种协议。

2. 旅游保险合同的构成

根据《中华人民共和国保险法》，旅游保险合同是指投保人与保险人约定保险权利、义务关系的协议。旅游保险是基于旅游保险合同而产生的，或者说，旅游保险合同是保险关系得以产生的依据。构成旅游保险合同必须具备保险合同主体、保险合同客体和保险合同的内容。

(1)旅游保险合同的主体。保险合同的主体是指保险合同的参加者或当事人。没有主体，就没有保险合同。保险合同的主体一般包括投保人、被保险人、保险人和受益人。

①投保人是指与保险人订立旅游保险合同，并按照旅游保险合同负有支付保险费义务的人。投保人可以是旅游企业、旅游者个人或旅游团组。

②保险人是指与投保人订立旅游保险合同，并承担赔偿或者给付保险金责任的保险公司。按照《旅行社办理旅游意外保险暂行规定》，旅行社办理旅游意外保险，必须在境内保险公司办理，即旅游意外保险合同的保险人是我国境内的各类保险公司。

③被保险人是指其财产或者人身受保险合同保障，享有保险金请求权的人，投保人可以为被保险人。旅游意外保险合同的被保险人是旅游者、导游、领队人员。《旅行社办理旅游意外保险暂行规定》第十五条规定：旅行社应当为其派出的向旅游者提供服务的导游、领队人员办理旅游意外保险。

④受益人是指人身保险合同中由被保险人或者投保人指定的享有保险金请求权的人，投保人、被保险人可以为受益人。旅游意外保险合同的受益人可以是被保险人——旅游者、导游、领队人员，也可以是他们指定的第三人。如果旅游者、导游、领队人员没有指定受益人，则旅游者、导游、领队人员的法定继承人是受益人。

(2)旅游保险合同的客体。保险标的是指合同双方当事人权利和义务指向的对象。保险标的是保险合同的核心，也是确定保险条件、保险金额、计算保险费率和赔偿标准的依据。《保险法》规定，保险标的是指作为保险对象的财产及其有关利益或者人的寿命和身体。可见，保险标的有两种。

①财产及其有关利益。它包括动产与不动产，有形物和无形物，以此为客体构成财产保险。

②人的寿命和身体，具体指已经出生且具有生命的自然人。

(3)旅游保险合同的主要内容。即保险合同双方当事人的权利和义务。由于保险合同一般都是依照约定预先拟定的保险条款订立的，因此在保险合同成立后，双方当事人的权利和义务就主要体现在这些条款上。依据《保险法》规定，旅游保险合同的主要条款一般应当包括下列事项：

①投保人、被保险人名称和住所，以及人身保险的受益人的名称和住所。

②保险标的。

③保险责任和责任免除。

④保险期间和保险责任开始时间。《旅行社办理旅游意外保险暂行规定》第六条规定：旅行社组织的入境旅游，旅游意外保险期限从旅游者入境后参加旅行社安排的旅游行程时开始，直至该旅游行程结束，办完出境手续出境时为止；旅行社组织的国内旅游、出境旅游、旅游意外保险期限从旅游者在约定的时间登上由旅行社安排的交通工具开始，直至该次旅行结束离开旅行社安排的交通工具为止；旅游者自行终止旅行社安排的旅游行程，其保险期限至其终止旅游行程的时间为止；旅游者在终止双方约定的旅游行程后自行旅游的，不在旅游意外保险之列。

⑤保险价值。保险标的的保险价值，可以由投保人和保险人约定并在合同中载明，也可以按照保险事故发生时保险标的的实际价值确定。

⑥保险金额。保险金额是指保险人承担赔偿或者给付保险金责任的最高限额。旅行社为旅游者办理的旅游意外保险金额不得低于以下基本标准:入境旅游,每位旅游者30万元人民币,出境旅游,每位旅游者30万元人民币;国内旅游,每位旅游者10万元人民币,一日游(含入境旅游、出境旅游与国内旅游),每位旅游者3万元人民币。旅行社开展登山、狩猎、漂流、汽车及摩托车拉力赛等特种旅游项目,可在以上旅游意外保险金额基本标准之上,按照该项目的风险程度,与保险公司商定保险金额。

⑦保险费以及支付办法。

⑧保险金赔偿或者给付办法。

⑨违约责任和争议处理。

⑩订立合同的年、月、日。

3. 旅游保险合同的形式

合同一般分为口头和书面两种形式,旅游保险合同应采用书面的形式。而在旅游保险业务实践中,旅游保险书面合同主要有三种形式。

(1)保险协议形式。即双方必须共同签订旅游保险协议,并在保险协议上签名盖章,保险协议才能生效。

(2)保险单形式。即由投保人提交旅游保险申请书,由保险人即保险公司签发保险单,形成旅游保险合同。其特点是,协议双方当事人必须在同一张保险合同单上签名盖章后才生效。保险单上的条款由三部分组成:一是事先印制的既定条款,其为基础条款;二是附贴的条款,即在原保险单上用粘贴的方法附加的条款;三是书写的条款,即在原保险单上用书写或打字的方法附加的条款。这三种类型的条款都有同样的效力。但是,当这些条款出现矛盾时,首先要依据书写的附加条款,其次依据打字的附加条款,最后依据基本条款。

(3)保险凭证。是一种简化的保险单。目前主要应用于旅游交通运输保险和其他旅行游览保险,如,火车站出售的火车票、民航局出售的飞机票以及航运公司出售的轮船票等,既是旅客乘车、乘船、乘机的凭证,又是旅客参加旅游保险的凭证,而旅游景点的游览票也可以兼作旅游保险凭证。

4. 旅游保险的索赔与理赔

(1)索赔。旅游保险中的被保险人因自然灾害或意外事故而致人身伤亡和财物损失时,由被保险人或受益人要求索赔必须履行下列手续:

①将保险事故发生的情况尽快通知保险人,并提出索赔要求。索赔要求要在保险合同中规定的索赔时效内提出,逾期未提出索赔请求的,视为自动放弃权益。

②被保险人或受益人会同投保人提供保险凭证、事故证明,医疗诊断书、医疗费收据或死亡证明书、给付保险金的请求书。

③协助保险人做必要的审核工作。《旅行社办理旅游意外保险暂行规定》第十四条规定,旅行社应与承保保险公司在保险条款中对旅游意外保险索赔有效期限做出约定,一般应自事故发生之日起180天内为限。

(2)理赔。理赔是指保险人处理被保险人或者受益人的索赔请求,处理有关保险赔偿责任的程序及工作。凡是旅游保险合同规定的被保险人或受益人均为合法的理赔申请人。旅游保险合同未规定受益人的或以票据形式参加旅游保险的落难者,以及直系亲属或法定继承人为合法的理赔申请人。理赔工作涉及被保险职能作用的发挥,保险人应及时履行赔偿责任。

《旅行社办理旅游意外保险暂行规定》对保险理赔的规定是：当旅游者在保险有效期内发生保险责任范围内的事故时，旅行社应及时取得事故发生地公安、医疗、承保保险公司或其分、支公司等单位的有效凭证，并由组团社同承保保险公司办理理赔事宜；对旅游者的小额行李物品损失的赔偿，旅行社应与承保保险公司在保险条款中做出规定；在约定数额内可由旅行社先向旅游者垫付，旅行社凭理赔申请及损失证明与承保保险公司办理赔偿手续。

三、旅行社责任保险

为了保障旅游者和旅行社的合法权益，促进旅游业的健康发展，根据《旅行社管理条例》和《中华人民共和国保险法》的有关规定，国家旅游局于2001年5月15日发布了《旅行社投保旅行社责任保险规定》。

1. 旅行社责任保险的概念

旅行社责任保险，是指旅行社根据保险合同的约定，向保险公司支付保险费，保险公司对旅行社在从事旅游业务经营活动中，致使旅游者人身、财产遭受损害应由旅行社承担的责任，承担赔偿保险金责任的行为。根据《旅行社投保旅行社责任保险规定》，旅行社从事旅游业务经营活动，必须投保旅行社责任保险。旅行社责任保险，由于被保险人是旅行社，保险标的是责任，而旅游行程中，组团社和地接社都可能存在意外事故发生后的责任风险，因此无论是组团社还是地接社都必须投保旅行社责任保险。

2. 旅行社责任保险的投保范围及除外责任

(1)投保范围。依据《旅行社投保旅行社责任保险规定》第二章第五条，旅行社应当对旅行社依法承担的下列责任投保旅行社责任保险：

①旅游者人身伤亡赔偿责任；

②旅游者因治疗支出的交通、医药费赔偿责任；

③旅游者死亡处理和遗体遣返费用赔偿责任；

④对旅游者必要的施救费用，包括必要时近亲属探望需支出的合理的交通、食宿费用，随行未成年人的送返费用，旅行社人员和医护人员前往处理的交通、食宿费用，行程延迟需支出的合理费用等赔偿责任；

⑤旅游者行李物品的丢失、损坏或被盗所引起的赔偿责任；

⑥由于旅行社责任争议引起的诉讼费用；

⑦旅行社与保险公司约定的其他赔偿责任。

(2)除外责任。依据《旅行社投保旅行社责任保险规定》第二章第六、七、八条，有下列情形之一的，旅行社不承担赔偿责任：

①旅游者参加旅行社组织的旅游活动，应保证自身身体条件能够完成旅游活动。旅游者在旅游行程中，由自身疾病引起的各种损失或损害，旅行社不承担赔偿责任。

②旅游者参加旅行社组织的旅游活动，应当服从导游或领队的安排，在行程中注意保护自身和随行未成年人的安全，妥善保管所携带的行李、物品。由于旅游者个人过错导致的人身伤亡和财产损失，以及由此导致需支出的各种费用，旅行社不承担赔偿责任。

③旅游者在自行终止旅行社安排的旅游行程后，或在不参加双方约定的活动而自行活动的时间内，发生的人身、财产损害，旅行社不承担赔偿责任。

3. 保险期限和保险金额

(1)旅行社责任保险的保险期限为一年。与以往按照旅游者人数确定投保金额的规定相比，先行规定对于旅行社组织旅游者较多人数时能体现出规模优势，且一年期满后旅行社可以续保或重新选择保险公司和保险金额投保。

(2)旅行社办理旅行社责任保险的保险金额不得低于下列标准：国内旅游每人责任赔偿限额人民币8万元，入境旅游、出境旅游每人责任赔偿限额人民币16万元；国内旅行社每次事故和每年累计责任赔偿限额人民币200万元，国际旅行社每次事故和每年累计责任赔偿限额人民币400万元。各旅行社可以根据以往的经验、组织接待量的大小、自身的管理水平、抗风险能力等选择高于规定的或者合适的额度投保，以获得更充足的保障，满足实际需要。对于在不同地方有分支机构但为同一法人的旅行社或旅行社集团，可以一次性在一地集中投保。

(3)旅行社组织高风险旅游项目可另行与保险公司协商投保附加保险事宜。许多高风险的旅游项目在保险业中从惯例上是作为免责条款的，因此做出该项规定。

4. 投保和索赔

(1)投保

①旅行社投保旅行社责任保险，必须在境内经营责任保险的保险公司投保。

②旅行社应当按照《中华人民共和国保险法》规定的保险合同内容，与承保保险公司签订书面合同。

③旅行社投保旅行社责任保险采取按年度投保的方式，按照本规定的第十条规定，向保险公司办理本年度的投保手续。

(2)索赔

①旅行社对保险公司请求赔偿或者给付保险金的权利，自其知道保险事故发生之日起两年不行使而消灭。

②旅行社投保旅行社责任保险的保险费，不得在销售价格中单独列项。

③在保险期限内发生保险责任范围内的事故时，旅行社应及时取得事故发生地公安、医疗、承保保险公司或其分、支公司等单位的有效凭证，向承保保险公司办理理赔事宜：

A. 县级以上人民政府旅游行政管理部门按照《旅行社管理条例》等有关规定，对旅行社投保旅行社责任保险的情况进行监督检查，并将旅行社责任保险投保和理赔情况纳入旅行社年检范围。

B. 旅行社应当妥善保管旅行社责任保险投保和理赔的相关资料，接受旅游行政管理部门的检查；在理赔案件发生后，应及时将理赔情况报当地旅游行政管理部门备案。

C. 旅行社应当选择保险业务信誉良好、服务网络面广、无不良经营记录的保险公司投保。

5. 罚则

(1)旅行社未投保旅行社责任保险的，由旅游行政管理部门责令限期改正；逾期不改正的，责令停业整顿15~30天，可以并处人民币5000元以上2万元以下的罚款；情节严重的，还可以吊销其《旅行社业务经营许可证》。

(2)旅行社投保旅行社责任保险的责任范围，小于本规定第五条规定要求的，或者投保旅行社责任保险的金额低于本规定第十条规定的基本标准的，由旅游行政管理部门责令限期改正，给予警告；逾期不改正的，可处以人民币5000元以上1万元以下的罚款。

(3)旅行社投保的责任范围或保险金额低于《责任保险规定》要求的，以及拒不接受旅游行政管理部门的管理和监督检查的，由旅游行政管理部门责令限期改正，给予警告；逾期不改正的，责令停业整顿3～15天，可以并处人民币3000元以上1万元以下的罚款。

※单元实训

实训一：

1. 实训资料

2008年2月18日，旅游者李某一家三口参加某旅行社组织的港、澳、泰10日游。在香港时，李某因其随身携带的装有护照、往返机票、现金等财物（价值3万余元）的背包遗失，致使其一家三口身无分文滞留在香港达6天之久。为此，李某认为，依据《旅行社管理条例》规定，旅行社应当为旅游者提供符合保障旅游者人身、财产安全需要的服务，对有可能危及旅游者人身、财产安全的项目，应当为旅游者作出说明和明确的警示，并采取防止危害发生的措施。但旅行社未能认真履行该义务，致使其随身携带物品丢失。他要求旅行社退还旅游团费，赔偿丢失物品损失。而该旅行社辩称在组织此港、澳、泰旅游团的过程中遵守了国家有关规定，为旅游者办理了旅游意外保险，对有关旅游者人身财物安全事项，作了多次明确的警示和说明。因此，不应对旅游者随身携带物品的丢失承担责任。按照惯例和常识，旅游者的个人携带物品属个人隐私，理应自己保管好，如有遗失，责任自负。此外，在旅游者李某声称遗失随身携带物品后，该旅行社及时积极协助其报案，登报声明，补办临时护照，提供通信方便，安排食宿和垫款购买由香港直航青岛的机票，共垫付各项费用达11960元港币，给出事游客以积极的帮助，因此，旅行社从道义上已尽了责任。

2. 实训问题

（1）旅行社是否应对游客随身携带物品的遗失承担赔偿责任？

（2）你认为如何对游客随身携带物品的遗失进行赔偿？

实训二：

1. 实训资料

2008年3月，英国某公司总经理B先生组织本企业代表团来中国旅游，入住在北京某五星级涉外酒店。第二天晚上公司内部举办宴会，席间，B先生兴致盎然，与同事们频频敬酒，大约饮用烈性白酒一瓶。宴会结束后，B先生在卧室内感到头重脚轻、胃痛难忍，在卫生间洗漱期间，不料眼前发黑，一头扎进浴缸里，失去知觉。该酒店服务员发现后，立即将B先生送往附近一家著名的大医院进行抢救，但B先生终因饮酒过度，经抢救无效死亡。事故发生后，该酒店立即报告北京市公安局及外办。北京市外办迅即通知英国驻北京领事馆及B先生家属来华处理后事。

2. 实训问题

（1）你认为外国人在华死亡后应如何处理？

（2）你认为可否对死者作尸体解剖？

（3）你认为如何对死者进行尸体处理？

实训三：

1. 实训资料

2008 年 4 月，一旅游团参加某旅行社组织的旅游活动，他们乘坐的大客车行驶在崎岖不平的山路上，行至一急转弯时，司机并没有放慢速度，致使车碰在崖壁上，坐在车窗边的一位旅客头部被撞伤，因诊治无效，致使右脸面部神经麻痹。据查，大客车在山路行驶时，车体颠簸厉害，而车上的导游人员并未作任何警示也未采取必要的措施（如让司机减速而行）。事后，该游客向旅行社提出索赔要求。但旅行社认为此事属于意外事故，因该旅客并没购买旅游意外保险，所以不能得到赔偿。

2. 实训问题

（1）你认为该事故属于旅游意外事故吗？

（2）你认为旅行社是否应当对受伤游客进行赔偿？

（3）你认为旅行社应承担哪些责任？

实训四：

1. 实训资料

2007 年 8 月 2 日，王某到某旅行社联系外出旅游事宜。根据该社提供的旅游行程分解表，双方口头达成了 8 月 3 日至 7 日游览普陀山等地的旅游合同，王某预付了旅游费 1000 元。旅游行程分解表中注明，旅游价格包含了人身保险费。8 月 3 日上午，该旅行社组织王某等 10 人的旅游团出发。8 月 5 日晚，该旅游团在普陀山下的一个饭店住宿后，王某带着 14 岁的儿子到距饭店不远的普陀山海滨浴场游玩。约 18 时 30 分左右，王某的儿子因不慎被海浪卷走，经奋力救助仍未能生还。为此，海滨浴场赔偿了王某浴场门票所含保险金额 5 万元和其他费用 3 万元。

王某回江都后，在处理儿子的善后事宜时发现，该旅行社在旅游团出发前并未给其儿子投保，而是事后补办的投保手续，保险公司拒绝给王某理赔。为此，王某与该旅行社发生纠纷，要求该旅行社赔偿旅游意外保险的最高责任限额 30 万元。但该旅行社辩称，王某已从事故发生单位海滨浴场获得赔偿，且王某儿子之死与旅行社无关，因而不承担责任。

2. 实训问题

游客王某的要求是否合理，有何法律依据？

实训五：

1. 实训资料

2008 年 4 月 20 日，平顶山市鸿业建安工程公司谢某等 15 人每人出资 1900 元，以单位名义与该市某旅行社签订了组团旅游合同，游览山东曲阜、泰山、济南、青岛等地。4 月 24 日，谢某一行 15 人出发外出旅游。27 日早 6 时，当谢某等人乘车返回途经山东省梁山县后孙庄乡姜庄村时，旅游车与当地一辆大货车相撞，谢某身受重伤，被送往梁山县人民医院急救，经诊断为重型颅脑开放性损伤、脑挫裂伤、混合性失语，住院 10 天。5 月 7 日，谢某转回平顶山市第一人民医院治疗，7 月 7 日出院。后经平顶山市中级法院司法技术处鉴定为三级伤残。事发后，谢某的亲属及单位领导多次找旅行社协商，要求其支付谢住院期间的医疗费、住院费、司法鉴定费等 39304.96 元，赔偿残疾费、生活补助费等 318848.4 元，未果。谢某遂向法院提起诉讼。

2. 实训问题

法院应如何判决，有何法律依据?

实训六：

1. 实训资料

高中生王某随其父亲参加某旅行社组织的普陀山等地五日游。8 月 5 日下午，应一些旅游者要求，随团导游同意游完普济寺和小西天两景点后，留出些时间，让旅游者去海滨浴场游泳。王某等 7 名旅游者从普陀山小西天下山后，在地接社导游的带领下，直接到了百步沙海滨浴场。由于初次下海，几个人就在海滩边的浅水处游玩，一阵海浪袭来，惊慌过后，人们才发觉少了王某。有关部门随即组织寻找，但没有结果。直到 9 日下午，才在普陀山朝阳阁附近的礁石间发现了溺水身亡的王某。普陀山海滨浴场依照门票上约定的人身意外伤害保险及相关责任，向王某家人支付了 5 万元保险金及 3 万元赔偿金。王某家人对此表示满意，不再向浴场提其他要求。王某家人在有关部门的主持下与旅行社就善后事宜进行了几次协商，要求依照旅游意外保险的规定，赔偿保险金。对于王某家的索赔要求，旅行社称：由于发团时间比较急，没来得及投保，但依据保险规定，被保险人的年龄应在16 岁至65 岁之间，而王某不在此列；另外，普陀山海滨浴场不是旅行社安排的旅游项目，王某罹难属擅自活动而发生的意外，即使旅行社事先投保，保险公司也不会理赔。

2. 实训问题

旅行社的说法是否成立？为什么？

第十一章 旅游纠纷处理法律、法规

※章节重点

1. 消费者权益保护法
2. 消费者组织
3. 旅游投诉
4. 旅游投诉管辖
5. 级别管辖
6. 地域管辖
7. 移送管辖
8. 指定管辖

※课前导读

白天审案已司空见惯，夜间开庭却颇为少见。近日，云南省腾冲县人民法院旅游巡回法庭就破了这样一次例，在深夜11点半开庭。原来，不久前，来自江苏的旅游团游客张先生在腾冲县热海景区泡温泉时不小心摔倒，脚趾被擦破流血。热海公司对其伤口进行了简单处理，建议送张先生到医院检查治疗。而张先生则要求热海公司给予赔偿，出具受伤证明，否则拒绝支付全团20人的浴费(浴费属旅游团自费项目，张先生为该团负责人)。

接到热海公司的情况反映后，腾冲县旅游局质监所便到热海召集双方进行协商。热海公司同意免去张先生一个人在热海消费的所有费用，张先生不同意，拒绝支付全团浴费，协商没能达成共识。几日后，根据旅游团行程安排，张先生一行人即将乘飞机离开腾冲，但双方的纠纷仍然没有得到解决。县旅游局质监所负责人想到了今年刚刚挂牌的县法院旅游巡回法庭，于是便和法庭庭长杜青取得了联系。杜青获悉案件情况后，决定多方进行协调，争取在游客离开腾冲前解决纠纷。于是，便有了深夜开庭的一幕——晚上11点半，纠纷双方坐在了一起，在巡回法庭、旅游局质监所、旅行社的沟通协调下，自愿达成和解协议，握手言和。

腾冲县法院院长李映宏告诉记者，作为一个旅游胜地，腾冲近年来吸引了越来越多的游客，伴随而来的是旅游纠纷逐渐多样化和复杂化。在旅游纠纷中，由于游客流动性大、居留时间短、对旅游地情况不熟，处于相对弱势地位，因而维权难度较大。而旅游行政执法因为手段单一和力量薄弱，不能完全适应腾冲旅游发展实际。在这样的背景下，腾冲县法院经过与旅游局等部门沟通协商，于今年3月在全省法院系统率先设立“旅游法庭”，并在4个景区设立巡回点，以及时处理行政执法部门调处无果的涉旅纠纷。——法制日报2009－10－28。

第一节　旅游者的合法权益及其保护

旅游者，作为旅游活动中的重要主体之一，首先是一名消费者。他们主要是通过从旅游市场购买旅游商品或接受服务，满足其旅游需求，这种消费性质显然属于生活消费；同时，旅游者在与旅游经营者的交易中处于弱者地位，因为，旅游者是以支付货币的方式从经营者那里获得消费资料的。由于旅游活动中的消费还具有在生疏的环境、陌生的地域上进行，以及旅游商品的特殊性，旅游者的权益更需要得到法律保护；旅游者与向其提供旅游商品、旅游服务的旅游经营者之间发生纠纷，除依据相应的旅游法规外，《消费者权益保护法》作为保护消费者的基本法律，无疑是适用的法律依据。

一、消费者和经营者

1. 消费者及其法律特征

(1)消费者的定义:《消费者权益保护法》规定的消费者，是指为生活消费需要，购买使用商品或接受服务的居民。此处居民是自然人或称个体社会成员，以区别于政府或其他组织。

(2)消费者的法律特征：消费特征属于生活消费；消费客体是商品或服务；消费方式包括购买、使用商品和接受服务；主体范围包括公民个人和进行生活消费的单位。

2. 经营者的定义及法律特征

(1)经营者，是指以营利为目的，从事经营活动的公民、法人和其他经济组织。

(2)经营者的法律特征：主体包括为消费者提供其生产、销售的商品或者提供服务的所有经营者；类别可以从所有制形式、经营形态、国籍等不同角度来划分；提供商品或服务以营利为目的，表明其提供的是有偿服务；提供商品或服务的方式包括直接和间接两种形式；成立时必须依法注册登记。

实践中，个别单位和个人未经登记注册即从事经营活动，或者持他人营业执照从事生产经营活动，虽然他们不是合法的经营者，由于所提供的商品或服务直接关系到消费者的切身利益，实际上处于消费者相对应的经营者地位。因此，《消费者权益保护法》中规定的经营者也涵盖这些单位和个人。

二、《消费者权益保护法》概述

1.《消费者权益保护法》的概念

《消费者权益保护法》是指调整国家在保护消费者权益过程中发生的社会关系的法律规范的总称。

2.《消费者权益保护法》的调整对象

《消费者权益保护法》的调整对象是国家在保护消费者权益过程中发生的社会关系。诸如:消费者为生活消费在购买、使用商品或接受服务过程中，因经营者侵犯其合法权益而发生的社会关系；国家机关和其他组织在保护消费者权益过程中与消费者之间发生的社会关系；国家机关、其他社会组织或者个人在监督损害消费者合法权益行为过程中发生的社会关系。

3. 消费者权益保护法的立法宗旨

消费者权益保护法的立法宗旨是保护消费者的合法权益，维护社会经济秩序，促进社会主义市场经济的健康发展。

4. 消费者权益保护法的基本原则

(1)国家全面保护消费者权益的原则；

(2)经营者依法提供商品或服务的原则；

(3)交易应遵守自愿、平等、公平、诚实信用的原则；

(4)社会监督的原则。

三、消费者合法权益的保护

1. 国家对消费者合法权益的保护

保护消费者合法权益是国家应尽的职责，由立法机关、行政机关、司法机关通过采取相应措施来实现。

(1)国家对消费者合法权益的立法保护

完善的法律、法规、政策体系是国家保护消费者合法权益的基础和依据。国家对消费者合法权益的立法保护表现在以下两个方面：

①法律规定国家采取立法措施保护消费者合法权益。

②国家制定有关消费者权益的法律、法规和政策时，应当根据不同情况、通过不同方式听取消费者的意见和要求。

(2)国家对消费者合法权益的行政保护

在行政保护措施中，《消费者权益保护法》加重了各级人民政府和工商行政管理部门的责任，通过相应条款将各级人民政府作为该法的主要实施者，并将工商行政管理部门作为该法的主要行政执法机关。各级人民政府通过行使领导权、监督权来履行保护消费者合法权益的职责。有关行政部门通过行政执法来履行保护消费者合法权益的职责。承担保护职责的有关行政执法机关主要是工商行政管理部门，此外，还有技术监督部门、卫生监督管理部门、进出口商品检验部门、各行业主管部门等。按照国家有关规定，行业主管部门负有对所属行业经营者监督管理之职责。据此，旅游行政主管部门保护旅游者合法权益的责任在于：加强对旅游经营者的管理，防止损害旅游者利益行为的发生，对已出现的问题积极进行调查处理，并强化有关旅游者权益的服务职能；认真听取旅游者、消费者协会及其他保护消费者权益的社会团体对经营者的交易行为、商品和服务质量问题的意见，及时调查处理。

(3)国家对消费者合法权益的司法保护

负有惩处经营者在提供商品和服务中侵害消费者合法权益的违法犯罪行为职责的公安机关、检察机关、审判机关，应当依照法律、法规履行职责。人民法院应当采取措施，方便消费者提起诉讼。对符合《民事诉讼法》起诉条件的消费者权益争议，必须及时审理。

2. 消费者组织对消费者合法权益的保护

消费者组织，目前主要是指中国消费者协会和地方各级消费者协会，它们是依法成立的对商品和服务进行社会监督的保护消费者合法权益的社会团体。《消费者权益保护法》对消费者组织的范围、性质、设立、任务等做了规定。

(1)消费者协会的职能

消费者协会，作为消费者组织的主要类型，在人民政府支持下，其职能如下：

①向消费者提供消费信息和咨询服务；

②参与有关行政部门对商品和服务的监督、检查；

③就有关消费者合法权益问题，向有关行政部门反映、查询，提出建议；

④受理消费者投诉，并对投诉事项进行调查、调解；

⑤投诉事项涉及商品和服务质量问题的，可以提请鉴定部门鉴定。鉴定部门应当告知鉴定结论；

⑥就损害消费者合法权益的行为，支持受损害的消费者提起诉讼；

⑦对损害消费者合法权益的行为，通过大众传播媒介予以揭露、批评。

(2)消费者组织的权利限制

维护消费者合法权益是消费者组织的宗旨，法律通过赋予其职能来实现消费者权利的保护。为保证消费者组织的公正性和独立性，发挥其应有的作用，很好地担当起法律赋予的重任，《消费者权益保护法》作出的禁止性规定如下：

①消费者组织不得从事经营活动和营利性服务；

②消费者组织不得以牟利为目的向社会推荐商品和服务。

※课前导读

2008年3月17日下午4点，从贵州到北京旅游的王先生入住了北京一家宾馆的2403房间，房价为每日148元人民币。次日下午两点，他在宾馆前台退房离店。当时，服务员要求他多支付半日的房费，理由是他过了中午12点才退房。王先生说，一天是24小时，而他只入住了22小时，连一天都不到。王先生说，他当时提出此规定不合理，但宾馆说一直是这么做的，他只好多付了半日房费。王先生认为，宾馆的做法没有法律依据，属于“霸王条款”，违背了公平交易原则。因此，他起诉到法院，要求宾馆退还多收他的半日房费74元，向他作书面的赔礼道歉，并赔偿他因起诉所花费的交通费、住宿费、饮食费、误工费、通讯费等共计6000余元。而宾馆方面则认为，住宾馆，中午12点前应退房，否则要加收费用，这是酒店业的行规，也是国际惯例，大多数宾馆酒店都是这么做的，此做法并没有违反规定。《消费者权益保护法》中明确规定了消费者有公平交易权，住宿一天一夜显然应该是24个小时，而有的消费者只住了十几个小时，却被按照24个小时收费，显然侵犯了消费者的公平交易。实际上，只要不影响其他的客人入住，宾馆方面就应该给消费者最大限度地提供方便，这对于其自身的品牌健康发展也是有好处的。

据2008年6月30日报道，由维权网、搜狐网结合北京市消费者协会“14点退房符合消费者权益”的倡议，联合开展的“14点退房符合消费者权益”网上调查结果近日出炉。在16031位网友中，认为“宾馆12点结账不合理”的高达92%。北京市消费者协会关于宾馆、酒店“14点结账”的倡议得到了许多业者的支持，北京密云等部分酒店、宾馆已经开始实施“14点结账”制度。

第二节　消费者的权利与经营者的义务

一、消费者的权利

1. 概念

消费者的权利是指在消费领域中所具有的权能，是消费者利益在法律上的体现，即在法律保障下，消费者有权做出一定的行为或者要求他人做出一定的行为。消费者的权利是国家对消费者进行保护的前提和基础。

2. 权利

根据《消费者权益保护法》第七条至第十五条的规定，消费者享有9项权利。

(1)保障安全权

消费者在购买、使用商品和接受服务时,享有人身、财产安全不受损害的权利。有权要求经营者所提供的商品和服务，符合保障人身、财产安全的要求。

(2)知悉真情权

消费者享有知悉其购买、使用的商品或接受的服务的真实情况的权利。消费者有权根据商品或者服务的不同情况，要求经营者提供商品的价格、产地、生产者、用途、性能、规格、等级、主要成分、生产日期、有效期限、检验合格证明、使用方法说明书、售后服务，或者服务的内容、规格、费用等有关情况。

(3)自主选择权

消费者享有自主选择商品或者服务的权利，包括自主选择提供商品或者服务的经营者，自主选择商品品种或者服务方式，自主决定购买或者不购买任何一种商品、接受或者不接受任何一项服务。消费者在自主选择商品或者服务时，有权进行比较、鉴别和挑选。

(4)公平交易权

消费者享有公平交易的权利，在购买商品或者接受服务时，有权获得质量保障、价格合理、计量正确等公平交易条件，有权拒绝经营者的强制交易行为。

(5)依法求偿权

消费者因购买、使用商品或者接受服务受到人身及财产损害的，享有依法获得赔偿的权利。

(6)依法结社权

消费者享有依法成立维护自身合法权益的社会团体的权利。

(7)获得消费专业知识权

消费者享有获得有关消费和消费者权益保护方面的知识的权利。消费者应当努力掌握所需商品或者服务的知识和使用技能，正确使用商品，提高自我保护意识。

(8)维护尊严权

消费者在购买、使用商品和接受服务时，享有其人格尊严、民族风俗习惯得到尊重的权利。

(9)监督批评权

消费者享有对商品和服务以及保护消费者权益工作进行监督的权利。消费者有权检举、控告侵害消费者权益的行为和国家机关及其工作人员在保护消费者权益工作中的违法失职行为，有权对保护消费者权益工作提出批评、建议。

3. 消费者权利的特征：一是消费者的权利是消费者所享有的权利，消费者的权利与消费者的身份紧密相连；二是消费者的权利通常是法定的权利，因而具有强制性；三是消费者的权利是法律基于消费者的弱者地位特别赋予的。

二、经营者的义务

1. 概念

经营者的义务是经营者在经营活动中应履行的责任，即经营者依法必须做出一定行为或者抑制自己的某种行为。经营者的义务与消费者的权利相对应，消费者权利的实现在一定程度上是通过经营者履行义务来完成的。

2. 义务

根据《消费者权益保护法》第十六条至第二十五条规定，经营者必须履行的义务有10项。

(1) 依照法定或约定履行义务

经营者向消费者提供商品或者服务，应当依照我国产品质量法和其他有关法律、法规的规定履行义务。经营者和消费者有约定的，应当按照约定履行义务，但双方的约定不得违背法律、法规的规定。

(2) 接受消费者监督

经营者应当听取消费者对其提供的商品或者服务的意见，接受消费者的监督。

(3) 保障消费者人身和财产安全

经营者应当保证其提供的商品或者服务符合保障人身、财产安全的要求。对可能危及人身、财产安全的商品和服务，应当向消费者作出真实的说明和明确的警示，并说明和标明正确使用商品或者接受服务的方法以及防止危害发生的方法。经营者发现其提供的商品或者服务存在严重缺陷，即使正确使用商品或者接受服务仍然可能对人身、财产安全造成危害的，应当立即向有关行政部门报告和告知消费者，并采取防止危害发生的措施。

(4) 提供商品和服务的真实信息

经营者应当向消费者提供有关商品或者服务的真实信息，不得做引起消费者误解的虚假宣传。对消费者就其提供的商品或者服务的质量和使用方法等问题提出的询问，应当作出真实、明确的答复。商店提供商品应当明码标价。

(5) 标明经营者真实名称和标记

经营者，包括租赁他人柜台或者场地的经营者，应当标明其真实名称和标记。

(6) 出具购货凭证或服务单据

经营者提供商品或者服务，应当按照国家有关规定或者商业惯例向消费者出具购货凭证或者服务单据；消费者索要购货凭证或者服务单据的，经营者必须出具。

(7) 保证商品或者服务质量

经营者应当保证在正常使用商品或者接受服务的情况下其提供的商品或者服务应当具有的质量、性能、用途和有效期限，除非消费者在购买该商品或者接受该服务前已经知道其存在瑕疵。经营者以广告、产品说明、实物样品或者其他方式表明商品或者服务质量状况的，应当保证其提供的商品或者服务的实际质量与表明的质量状况相符。

(8) 履行“三包”或其他承诺的责任

经营者提供商品或者服务，按照国家规定或者与消费者的约定，承担包修、包换、包退或者其他责任的，应当按照国家规定或者约定履行，不得故意拖延或者无理拒绝。

(9)不得以格式合同等方式排除或限制消费者的权利

经营者不得以格式合同、通知、声明、店堂告示等方式作出对消费者不公平、不合理的规定，或者减轻、免除其损害消费者合法权益应当承担的民事责任。格式合同、通知、声明、店堂告示等含有上述内容的，其内容无效。

(10)不得侵犯消费者人格权

经营者不得对消费者进行侮辱、诽谤，不得搜查消费者的身体及其携带的物品，不得侵犯消费者的人身自由。

※课前导读

1991年6月1日国家旅游局发布，于1991年10月1日起实施的《旅游投诉暂行规定》(以下简称《投诉规定》)，是根据我国民法、民事诉讼法、行政诉讼法、行政复议条例等法律、法规制定的。制定宗旨是：保护旅游者、旅游经营者的权益，及时、公正处理旅游投诉，维护国家声誉。在中国境内旅游活动中发生的投诉均适用于该规定。

第三节 旅游纠纷的处理

一、消费者权益争议的解决

消费者权益争议，是指消费者与经营者之间因消费者权益问题而发生的纠纷。《消费者权益保护法》不仅规定了争议解决的途径，而且规定了现实生活中反映比较强烈、问题比较严重的几种特殊的赔偿主体和赔偿顺序。

1. 争议解决的途径

消费者经营者之间的权益争议，从法律性质上看，为民事权益争议的范畴。解决争议的途径分为五种：

(1)与经营者协商和解

协商和解，是指消费者与经营者在发生争议后，就与争议有关的问题进行协商，达成和解协议，使纠纷得以解决的活动。协商和解的性质属于当事人自力救济的一种形式。因此，协商和解中，应当坚持自愿原则，并不得损害第三方利益。

(2)请求消费者协会调解

调解，是由第三人对争议双方当事人进行说服劝导、沟通调和，以促成争议双方达成解决纠纷的协议的活动。调解的性质属于私力救济，因此，消费者协会在调解中，应认真履行监督职责，严格遵守自愿原则，不得拒绝调解，调解中坚持依法公正，并且不妨碍当事人行使申诉权。

(3)向有关行政部门申诉

行政申诉，是指公民或法人认为自己的合法权益受到损害而向行政部门提出的要求行政部门依法保护的请求。行政申诉提出后，由行政部门依法作出处理决定，即行政裁决。行政裁决行为具有准司法行为的性质。

(4)根据与经营者达成的仲裁协议提请仲裁机构仲裁

仲裁，是由第三人根据当事人之间的仲裁协议，以中间者的身份，按照一定的程序，对纠纷进行审理，并作出裁决的活动。仲裁具有法律强制力，可以作为法院强制执行的依据，一般应当由仲裁机构进行。

(5)向人民法院起诉

消费者争议从性质上看，一般为民事案件，对消费者而言，适用最为普遍的司法救济途径就是民事诉讼。这是指人民法院在当事人及其他诉讼参与人的参加下，依照法定程序，审理和解决民事纠纷的活动。

2. 赔偿主体及赔偿顺序

法律根据不同情况规定了赔偿主体及顺序。

消费者在购买、使用商品时，其合法权益受到损害的，可以向销售者要求赔偿。属于生产者的责任或属于销售者提供商品的其他销售者的责任，销售者赔偿后，有权向生产者或其他销售者追偿，也可以向生产者要求赔偿。属于生产者责任的，销售者赔偿后，有权向生产者追偿，反之亦然。

消费者在接受服务时，其合法权益受到损害的，可以向服务者要求赔偿。消费者在购买使用商品或者接受服务时，其合法权益受到损害,因原企业分立、合并的，可以向变更后承担其权利、义务的企业要求赔偿。

使用他人营业执照的违法经营者提供商品或者服务，损害消费者合法权益的，消费者可以向其要求赔偿，也可以向营业执照的持有人要求赔偿。

消费者在展销会、租赁柜台购买商品或者接受服务，合法权益受到损害的，可以向销售者或者服务者要求赔偿。展销会结束或者柜台租赁期满后，有权向销售者或者服务者追偿。

经营者利用虚假广告提供商品或者服务，使消费者合法权益受到损害的，可以向经营者要求赔偿。广告经营者发布虚假广告的，消费者可以请求行政主管部门予以惩处。广告的经营者有能提供经营者真实名称地址的，应承担赔偿责任。

二、旅游投诉的概念、条件及投诉范围

1. 旅游投诉的概念

旅游投诉，是指旅游者、海外旅行商、国内旅游经营者为维护自身和他人的旅游合法权益，对损害其合法标准的旅游经营者和有关服务单位，以书面或口头形式向旅游行政管理部门提出投诉，请求处理的行为。

2. 旅游投诉的条件

投诉者的投诉必须具备下列条件：

(1)投诉者是与本案有直接利害关系的旅游者、海外旅行商、国内旅游经营者和从业人员。

(2)有明确的被投诉者，具体的投诉请示和事实依据。

(3)属于投诉条例规定的投诉范围。

3. 旅游投诉的范围

投诉者对于下列损害行为，可以向旅游投诉管理机关投诉：

(1)认为旅游经营者不履行合同或协议的；

(2)认为旅游经营者没有提供质价相符的旅游服务的；

(3)认为旅游经营者故意或过失造成投诉者行李物品破损或丢失的；

(4)认为旅游经营者故意或过失造成投诉者人身伤害的；

(5)认为旅游经营者欺诈投诉者，损害投诉者利益的；

(6)旅游经营单位职工私自收受回扣和索要小费的；

(7)其他损害投诉者利益的。

三、旅游投诉时效

向旅游投诉管理机关请示保护合法权益的投诉时效期间为60天。投诉时效期间从投诉者知道或者应当知道权利被侵害时起算。有特殊情况的，旅游投诉管理机关可以延长投诉时效期间。

四、旅游投诉管理机构

1. 旅游投诉管理机构

《投诉规定》第四条规定，旅游行政管理部门依法保护旅游投诉者和被投诉者的合法权益。旅游投诉管理机构是县级以上旅游行政管理部门设立的旅游投诉管理机关。这表明，在我国旅游投诉管理部门是县级以上的旅游行政主管部门。旅游行政主管部门依法设置的旅游投诉管理机关则是一个内部工作机构，具体负责旅游投诉工作，代表设置它的旅游行政主管部门办理投诉案件，作出投诉决定。但它不具有独立的行政机关法人地位，不能以自己的名义作出任何行政行为。所作出的投诉处理决定的后果应由设立它的行政机关承担。我国旅游投诉管理机关依其职责不同，分为国家旅游行政主管部门设立的国家旅游投诉管理机关和县级以上地方旅游行政主管部门设立的地方旅游投诉管理机关。它们分别依据其职责范围管理旅游投诉工作。

2. 国家旅游投诉管理机关的职责

根据《投诉规定》第五条，国家旅游投诉管理机关的职责如下：

(1)制定全国旅游投诉管理的规章制度并组织实施；

(2)指导、监督、检查地方旅游行政管理部门的旅游投诉管理工作；

(3)对收到的投诉，可以直接组织调查并作出处理，也可以转送有关部门处理；

(4)受理对省、自治区、直辖市旅游行政管理部门作出的投诉处理决定不服的复议申请；

(5)表彰或者通报地方旅游投诉处理工作，组织交流投诉管理工作的经验与信息；

(6)管理旅游投诉的其他事项。

3. 地方旅游投诉管理机关的职责

根据《投诉规定》第六条，地方旅游投诉管理机关的职责如下：

(1)贯彻国家的旅游投诉规章制度；

(2)受理本辖区内的旅游投诉；

(3)受理对下一级旅游投诉管理机关作出的投诉处理决定不服的复议申请；

(4)协助上一级旅游投诉管理机关调查涉及本辖区的旅游投诉；

(5)向上一级旅游投诉管理机关报告本辖区内重大旅游投诉的调查处理情况；

(6)建立健全本辖区旅游投诉管理工作的表彰或通报制度；

(7)管理本辖区内旅游投诉的其他事项。

五、地域管辖

地域管辖，是指同级旅游投诉管理机关之间，横向划分在各辖区内处理旅游投诉案件的分工和权限，即确定旅游行政管理部门实施其行政权力的地域范围。确定旅游行政管理部门实施其行政权力的地域范围是根据各级行政区划确定的：省级旅游投诉管理机关在本省行政区域内依法行使管辖权；县级旅游投诉管理机关在本县行政区域内依法行使管辖权。地域管辖一般来说是以行为地作为管辖机关的标准。行为地，是指侵权、违约行为发生时行为人所处的地域空间范围。它包括违约行为着手地、经过地、发生地和危害结果发生地。但这并不排除在某些情况下根据行为发现地和行为人住所地来确定管辖，这样才符合处理投诉的效率原则。根据我国的实际情况和旅游特点，《旅游投诉暂行规定》确定了三个标准，即被投诉者所在地、损害行为发生地或者损害结果发生地。

1. 被投诉者所在地的确定

被投诉者是公民的，其所在地是其长久居住的住所。《民法通则》第十五条规定，公民以他的户籍所在地的居住地为住所，经常居住地与住所不一致的，经常居住地视为住所。被投诉人是法人的，根据《民法通则》的规定，法人以其主要办事机构所在地为住所。法人的办事机构，是指法人组织机构的一部分，即负责对外处理法人事务的机构。在法人的管理机构中，有的仅负责内部事务，有的肩负对内、对外处理法人事务的双重职责，只有后者才能作为法人的办事机构。法人的办事机构可以有一个，也可以有多个。旅游企业法人，以其主要办事机构所在地或主要营业场所所在地为其所在地。

2. 损害行为发生地的确定

损害行为发生地，是指导致投诉人人身、财产权利或其他权利受到损害的被投诉人的过错行为发生地。《河北省旅游投诉办法》第八条规定的可以投诉的五种行为中，前四条损害行为发生地都很容易确定。第五条规定的内容，因其没有具体行为的描述，将视具体行为的不同而确定。

3. 损害结果发生地的确定

损害结果发生地，是指被投诉人的过错行为对投诉人的人身、财产权利或其他权利产生损害后果的显现地。损害结果发生地在实际工作中确定起来比较复杂。如果损害行为导致多种损害结果的发生，应以主要的损害结果发生地为先。

上述三个标准，没有先后顺序之分。可以本着完全尊重投诉者意愿的精神，允许投诉者自愿选择。只要投诉者提出，被投诉者所在地、损害行为发生地或损害结果发生地的旅游投诉管理机关都有权管辖该投诉案件。

六、移送管辖与指定管辖

1. 移送管辖与管辖权的转移

移送管辖，是指旅游投诉管理机关受理投诉后，发现该投诉案件本投诉管理机关无权管辖，依据法律规定将其移送至有管辖权的旅游投诉管理机关审理。受移送的投诉机关认为，受移送的案件依照规定不属其管辖的，应当报请上级旅游投诉管理机关指定管辖，不得再移送。管辖权的转移是级别管辖中的特殊情况，具体指上级旅游投诉管理机关有权管辖下级旅游投诉管理机关管辖的投诉案件；下级旅游投诉管理机关对其管辖的旅游投诉案件，认为需要上一级旅游投诉管理机关管辖的，可以报请上级旅游投诉管理机关管辖。管辖权的转移与移送管辖最大的区别在于：管辖权的转移，存在于有管辖权的投诉管理机关因为某种原因将案件转至本无管辖权的机关管辖。

2. 指定管辖

指定管辖，是指上级旅游投诉管理机关以决定方式指定下级旅游投诉管理机关对某一投诉案件行使管辖权。指定管辖实际上是赋予旅游投诉管理机关在受理投诉案件上一定的自由，以适应各种错综复杂的处罚情况，有利于解决重复管辖和管辖空白等问题。上级旅游投诉管理机关指定下一级旅游投诉管理机关对某一投诉案件行使管辖权，是一种具有法律效力的行政行为，应以书面方式进行，按行政行为的程序做出指定性的决定。根据我国旅游业的实际情况，《旅游投诉暂行规定》第七条规定："跨行政区的旅游投诉，由被投诉者所在地、损害行为发生地或者结果发生地的旅游投诉受理机关协商确定管理机关，或者由上一级旅游投诉受理机关协调指定管理机关。"该规定有以下三层含义：

(1)投诉人已向三地有管辖权的旅游投诉管理机关提出投诉，三个受理机关不能互相推诿，也不能固守管辖权各不相让。应本着互相协作精神，从维护国家旅游声誉出发，根据尽量方便投诉与被投诉双方，并且有利于受理机关调查取证、查明核实案情的原则，协商确定一个管辖机关。

(2)几方无法确定管辖权的归属时，则由几方的共同上级旅游投诉管理机关指定管辖机关。

(3)投诉者直接向有管辖权的上级旅游投诉管理机关提出投诉，而该上级旅游投诉管理机关认为不应该由自己管辖，可以指定其认为有管辖权的机关管辖。

七、旅游投诉受理程序

1. 投诉的条件

(1)旅游投诉必须符合下列条件：

①投诉者是本案有直接利害关系的旅游者、海外旅行商、国内旅游经营者和从业人员；

②有明确的被投诉者、具体的投诉请求和事实根据；

③属于本规定所列的旅游投诉范围。

(2)不符合受理条件的，主要有以下几种情况：

①不属于旅游投诉管理机关管辖范围的；

②投诉者不是与本案有直接利害关系的旅游者、海外旅行商、国内旅游经营者和从业人员；

③没有明确的被投诉者，或者虽有明确的被投诉者，却没有具体的投诉请求和事实根据；

④不属于投诉规定所列的旅游投诉范围的；

⑤超过投诉时效的。

2. 旅游投诉处理程序

(1)旅游投诉处理程序的概念

旅游投诉的处理程序，是指旅游投诉管理机关受理投诉案件后，调查核实案情，促进纠纷解决或作出处理决定所必须经过的程式和顺序。

（2）被投诉者的答复

旅游投诉管理机关作出受理决定后，应当及时通知被投诉者，被投诉者应在接到通知之日起30日内作出书面答复。书面答复应当载明下列事项：

①被投诉事由；

②调查核实过程；

③基本事实与证据；

④责任及处理意见。

旅游投诉管理机关应当对被投诉者的书面答复进行复查。

3. 旅游投诉的调解

调解是指旅游投诉管理机关主持投诉双方通过和解解决纠纷，达成协议的行为。

旅游投诉管理机关处理投诉案件，能够调解的，应当在查明事实、分清责任的基础上进行调解，促使投诉者与被投诉者互相谅解，达成协议。调解达成协议，必须双方自愿，不得强迫。

4. 投诉处理决定

旅游投诉管理机关处理投诉案件，应当以事实为根据，以法律为准绳。经调查核实，行为事实清楚、证据充分，可以分别做出如下几种决定：

（1）属于投诉者自身的过错，可以决定撤销立案，通知投诉者并说明理由。对投诉者无理投诉，故意损害被投诉者权益的，可以责令投诉者向被投诉者赔礼道歉，或者依据有关法律、法规承担赔偿责任。

（2）属于投诉者与被投诉者的共同过错，可以决定由双方各自承担相应的责任。双方各自承担责任的方式，可以由双方当事人自行协商确定，也可以由投诉管理机关决定。

（3）属于被投诉者的过错，可以决定由被投诉者承担责任。可以责令被投诉者向投诉者赔礼道歉或赔偿损失及承担全部或部分调查处理投诉费用。

（4）属于其他部门的过错，可以决定转送有关部门处理。

5.《旅游投诉处理决定书》

《旅游投诉处理决定书》是指旅游投诉管理机关对投诉作出处理决定的书面文书。旅游投诉管理机关作出的处理决定应当用《旅游投诉处理决定书》在15日内通知投诉者和被投诉者。如果投诉者或被投诉者对处理决定或行政处罚决定不服的，可以直接向人民法院起诉，也可以在接到处理决定通知书之日起15日内，向处理机关的上一级旅游投诉管理机关申请复议；对复议决定不服的，可以在接到复议决定之日起15日内，向人民法院起诉。逾期不申请复议，也不向人民法院起诉，又不履行处理决定和处罚决定的，由作出决定的投诉管理机关申请人民法院强制执行或依法强制执行。

6. 行政处罚和其他处罚

旅游投诉管理机关作出投诉处理决定时，可以依据有关法律、法规、规章的规定，对损害投诉者权益的旅游经营者给予行政处罚；没有规定的，由旅游投诉管理机关根据投诉规定单独或者合并给予以下处罚：

（1）警告；

（2）没收非法收入；

（3）罚款；

(4)限期或停业整顿;

(5)吊销旅游业务经营许可证等有关证件;

(6)建议工商行政管理部门吊销其工商营业执照。

旅游投诉管理机关作出的行政处罚决定应当载入投诉处理决定书。凡涉及对直接责任人给予行政处分的,由其所在单位根据有关规定处理。

※单元实训

实训一:

1. 实训资料

某旅游团一行10人,参加某国际旅行社组织的新、马、泰、港澳游,返程后游客诉称:他们按合同约定足额交纳了团款和每人1500元自费项目费用,到达泰国后,泰国地接社导游又收取每人1000元自费项目款。他们对此提出质疑,但泰国地接社导游解释每人所交1500元是补交的团款。他们认为领队伙同泰国地接社导游巧立名目,违反合同约定,擅自加收自费项目费用。要求旅行社就此事予以说明,并退还每人多收的1000元自费项目款。

旅行社辩称:临行前收取的每人1500元是境外白天参加自费项目的费用,到泰国后,游客自愿参加了泰国地接社组织的夜间自费项目。泰国地接社导游所说:"前面每人所交1500元是用于补团款……"是为能顺利推销自费项目所采取的不负责的说法,领队没有及时制止,负有不可推卸的责任。但是游客已经参加了这1000元自费项目费用所包括的活动,已产生了费用,故无法退还每人1000元。旅行社愿与投诉者协商解决经济赔偿问题,并对领队严肃处理。经旅游质监所调查核实,并召集旅行社与旅游者进行调解后,旅行社与投诉者达成了《和解协议》。旅行社一次性补偿每位投诉者400元,10人共计4000元。

2. 实训问题

(1)你认为旅行社的哪些行为不符合法律、法规以及合同约定?

(2)你认为旅行社应如何承担法律责任?

实训二:

1. 实训资料

游客李某到某景区游览时,因不慎在景区的一个冰洞摔断腿,遂与景区就赔偿责任发生纠纷。景区认为自己不应承担责任,其理由是:景区已在冰洞门口处放置了一个提示牌,上面有"小心路滑、注意安全"的警示,因此景区已经尽到告知义务,况且李某是个成年人,自己应该知道冰洞的危险性,所以不应承担责任。李某则辩称,虽然冰洞门口确实有一个提示牌,但是牌子太小且放在暗处,一般游客很难注意到,并且,这种提示概括非常笼统,并没有明确地说明冰洞路面有冰,不宜穿高跟鞋等,所以自己摔断腿的责任,主要应由景区负责。双方各持己见,互不相让。后经法院调查,李某的陈述是真实的。

2. 实训问题

(1)你认为谁应对此事故承担主要责任?

(2)根据我国《消费者权益保护法》的规定,景区应承担李某哪些费用?

实训三:

1. 实训资料

张某在某报纸上见到某旅行社新推出的一条旅游线路广告。该广告称,这条线路在目前同类旅游线路中价格最便宜、项目最齐全。张某来到该旅行社,仔细阅读了该旅游线路的介绍说明书,内容与广告上的完全一致。于是,张某当场交付了此线路的旅游费用,并按时参加了该旅行社组织的旅游活动。可是在旅游过程中，张某发现实际情况与广告和说明书并不相符，有许多景点根本没有游到。因此，张某要求退还部分费用，但旅行社拒绝退款。张某遂向法院起诉，要求旅行社退款。

2. 实训问题

(1) 该旅行社侵犯了张某何种权利?

(2) 法院依据何法对旅行社进行处罚，对张某会更有利?

实训四:

1. 实训资料

甲旅行社在旅游黄金周期间，为了扩大业务，把营业执照借给张某，准许其以甲旅行社的名义经营业务，并由张某付给甲旅行社一定的费用。双方在合同中约定，如果出现问题，损失由张某自己承担。游客李某在参加张某以甲旅行社名义组织的一次旅游中严重摔伤，被送到医院进行手术治疗。张某见势不妙便解散了办公机构，不知去向。事后，李某找到甲旅行社要求赔偿，但是甲旅行社以自己和张某所签订的合同书为凭据，拒绝承担责任。

2. 实训问题

甲旅行社与张某签有合同，是否就可以不承担责任?

实训五:

1. 实训资料

2008 年 6 月，南京某旅行社接待一个会议团队，在团队开会期间，游客李某由于业务需要，使用了该酒店的长途电话。当李某准备离开酒店到总服务台结账时，酒店要求李某交电话费 281 元;李某认为该酒店的收费有误，要求酒店出示电脑收票单;经过核对，发现该酒店在计长途电话费时，无论是否拔通，均加收 4 元/次的代办服务费。李某认为这种计费方法违反了电信部门的有关规定，于是，要求酒店退还多收的 23 次长途电话服务费 92 元，而酒店以电脑计费不会出错为由，拒绝退还，双方各执一词，李某遂向该市旅游质监所投诉。

2. 实训问题

根据我国《消费者权益保护法》，应如何处理该纠纷?

实训六:

1. 实训资料

2008 年 2 月 6 日至 11 日，李某等 18 名旅游者参加某旅行社组织的“云南 4 飞 6 日游”。按合同约定应于 2 月 10 日乘飞机从西双版纳返回昆明。但由于大雾和雷电天气，预定航班被取消。旅行社为了确保 2 月 11 日准时乘上昆明至北京的航班，拟改乘大巴赶回昆明。经与旅游者协商未达成一致，旅游者坚持按原约定乘机返昆明，由此滞留西双版纳 4 天，直到 2 月 15 日，旅行社设法买到机票后才返程。李某等旅游者为此投诉旅行社，要求旅行社承担违约责任并支付他们滞留西双版纳期间的食宿费用及误工费。

2. 实训问题

(1) 你认为旅游者投诉旅行社是否合理?

(2) 你认为旅游者的投诉要求是否合理?

附录 旅游纠纷处理实用文书表格

（表 1）

案件承办审批表

案件来源	投诉 举报 稽查		发生地点	
案件性质	投诉（ ） 违规（ ）		事发时间	
投诉/举报、稽查人	姓名（名称）		电话	
	联系地址		邮编	
被投诉/举报、稽查人	姓名（名称）		电话	
	联系地址		邮编	
简要事由及要求				
领导审批意见				

（表 2）

旅游投诉不予受理通知书

旅投不字（ ）第 号

：

你（你们）投诉 的材料，我队（所）已于 月 日收悉。经我队（所）审查认为

，决定不予受理。

年 月 日

（表 3）

移 送 函

旅投移（ ）第 号

：

兹转来

的投诉材料 1 件，请酌情处理。

年 月 日

（表 4）

旅游投诉转办通知书

旅投转字（　　）第　号

　　　　：

现转来　　　　等　人的投诉函（材料）　件，请查收。根据有关规定请按下列第　项办理：

一、请调查处理，并在　日内将处理结果函告我队（所）。

二、请调查处理，并在　日内将处理结果直接答复投诉者。

三、请酌情处理。

年　月　日

（表 5）

旅游投诉受理通知书

旅投受字（　　）第　号

　　　　：

你（你们）投诉　　　　　　　的材料，我队（所）已于　月　日收悉。根据有关规定，经我队（所）研究，决定按下列第　　项办理：

一、由我队（所）直接受理。

二、已转　　　　　　处理，请与其直接联系。

联系方式：　　　　地址：　　　　邮编：

电话：

年　月　日

（表 6）

旅游投诉调解书

旅投调字（　　）第　号

投诉人		电　话	
地　址		邮　编	
被投诉人		电　话	
地　址		邮　编	
法定代表人		职　务	
投诉内容			
投诉调查情况以及投诉调解结果			
投诉人签字：		经办人签字：	
被投诉人签字：		所领导签字：	

（质监所盖章）

年　月　日

（表7）

旅游投诉处理意见书

旅投意字(　　)第　号

投诉人		电　话	
地　址		邮　编	
被投诉人		电　话	
地　址		邮　编	
法定代表人		职　务	
投诉内容			
投诉调查情况以及处理意见			
投诉人签收：		经办人签字：	
被投诉人签收：		所领导签字：	

（盖章）　　年　月　日

（表8）

旅游投诉立案报告

案件编号		案件来源		受理时间	
投诉人				电　话	
地　址				邮　编	
被投诉人				电　话	
地　址				邮　编	
投诉内容摘要					
承办人意见	承办人：　　年　月　日				
队（所）领导意见	签名：　　年　月　日				
局主管领导意见	签名：　　年　月　日				

（表 9）　　旅游投诉立案通知书

旅投立字(　　)第　号

：
投诉你单位的材料我局已决定立案受理，请你单位在接到本通知之日起 5 日内，就与投诉事项有关的情况进行自查核实并向我局作出书面答复，说明被投诉事由、基本事实和证据以及处理意见。
我局地址：　　　　邮编：
联系电话：　　　　传真：
联系人：

年　月　日

（表 10）　　旅游投诉撤销立案通知书

旅投撤字(　　)第　号

：
你(你们)投诉　　　　的材料，经我局调查认为：
根据《　　　　》第　条之规定，决定撤销立案。

年　月　日

（表 11）　　旅游投诉处理决定呈批报告

案件编号		案件来源		受理时间	
投诉人				电　话	
地　址				邮　编	
被投诉人				电　话	
地　址				邮　编	
案件调查取证情况					
承办人意见	承办人：　　年　月　日				
队(所)领导意见	签名：　　年　月　日				
局主管领导意见	签名：　　年　月　日				

（表12）　旅游投诉处理决定书

旅投决字(　　)第　号

投诉人		性　别		电　话	
地　址				职　业	
被投诉人		性　别		电　话	
地　址				法定代表人及职务	
投诉内容					
投诉调查情况及处理决定					
投诉人签收：			被投诉人签收：		

如不服本决定，可直接向人民法院起诉，也可以在接到处理决定通知书之日起15日内，向国家旅游局申请行政复议。

（旅游局盖章）　年　月　日

（表13）　旅游投诉质保金赔偿案件处理呈批报告

案件编号		案件来源		受理时间	
投诉人				电　话	
地　址				邮　编	
被投诉人				电　话	
地　址				邮　编	
案件调查处理情况					
使用质保金赔偿原因	由于被投诉人不承担或无力承担赔偿责任，根据《旅行社质量保证金赔偿暂行办法》《旅行社质量保证金财务管理暂行办法》规定，建议从被投诉人保证金账户支付给投诉人（赔偿请求人）赔偿金共计（大写）　　元人民币。 请领导审批。　　经办人				
队（所）领导意见	签名：　　年　月　日				
局主管领导意见	签名：　　年　月　日				
财务负责人意见	签名：　　年　月　日				
分管财务局领导意见	签名：　　年　月　日				

（表14）　　旅行社质量保证金赔偿决定书

旅保赔字（　　）第　号

投诉人		电　话	
地　址		邮　编	
被投诉人		电　话	
地　址		邮　编	
案件调查处理情况	承办人：		
处理决定	由于被投诉人（赔偿人）不承担或无力承担赔偿责任，根据《旅行社质量保证金赔偿暂行办法》《旅行社质量保证金财务管理暂行办法》规定，决定从被投诉人保证金账户支付给投诉人（赔偿请求人）赔偿金共计（大写）　　元人民币。 （局章） 年　月　日		
投诉人签名		被投诉人签名	
备注	旅游财务管理部门在接到本通知5日内，将承担赔偿责任旅行社应赔款项在其已缴保证金内支付给投诉人（赔偿请求人）。旅行社须在以保证金支付赔偿款60日内补足其质量保证金		

（表15）　　旅游投诉撤销立案呈批报告

案件编号		案件来源		受理时间	
投诉人				电　话	
地　址				邮　编	
被投诉人				电　话	
地　址				邮　编	
案件调查取证情况					
承办人意见	承办人：　　年　月　日				
队（所）领导意见	签　名：　　年　月　日				
局主管领导意见	签　名：　　年　月　日				

（表16）　　　　　　　　旅游投诉案件结案报告

案件编号		案件来源		受理时间	
投诉人				电　话	
地　址				邮　编	
被投诉人				电　话	
地　址				邮　编	
案件调查处理情况					
承办人意见	承办人：　　　年　月　日				
队(所)领导意见	签　名：　　　年　月　日				
主管局领导意见	签　名：　　　年　月　日				

参考文献

1. 王健. 旅游法原理与实务. 天津:南开大学出版社, 1998.
2. 孙子文. 旅游法规教程. 大连:东北财经大学出版社, 2002.
3. 韩玉灵. 旅游法规. 北京:高等教育出版社, 2002.
4. 潘展新. 旅游职业道德. 北京:高等教育出版社, 2002.
5. 李春秋. 公民道德建设通论. 青岛:青岛出版社, 2002.
6. 蒋炳辉. 旅游案例分析与启示. 北京:中国旅游出版社, 2003.
7. 袁海洲, 史广峰. 旅游法规案例精选与解析. 北京:中国旅游出版社, 2004.
8. 马勇虎. 旅游职业道德概论. 合肥:合肥工业大学出版社, 2004.
9. 徐丽朱. 思想道德修养. 北京:科学出版社, 2004.
10. 李柏槐. 旅游法规概论. 成都:成都时代出版社, 2004.
11. 周利兴. 旅游职业道德专题讲座. 昆明:云南大学出版社, 2005.
12. 国家旅游局人事劳动教育司. 旅行社经理岗位培训用书——政策与法规. 北京:旅游教育出版社, 2006.
13. 孟宪刚, 刘晓杰. 旅游法规简明教程. 大连:大连理工大学出版社, 2006.
14. 赵利民. 旅游法规教程. 北京:科学出版社, 2007.
15. 韩力军. 旅游政策与法规. 武汉:华中科技大学出版社, 2008.

读者反馈意见

亲爱的读者：

感谢您对《旅游政策与法规》的学习和热爱！为了今后能给您提供更优质的服务，请您抽出宝贵时间填写下面意见反馈表，以便我们更好地对本教材做进一步的改进。同时，如果您在使用本教材的过程中遇到了什么问题，或者有什么好的建议，也请您来信、来电告诉我们。

地址：北京市丰台区科学城南极星大厦108室

电话：010－83794590/83794403

电子邮箱：caikai6223@263.net　QQ：649319527　QQ：1694299827

网址：WWW.KFHWH.CN

教材名称：《旅游政策与法规》

个人资料：

姓名：________ 年龄：________ 所在院校/专业____________

文化程度：________ 通讯地址：____________

联系电话：________ 电子信箱：____________

您使用本书是作为：□指定教材、□选用教材、□辅导教材

您对封面设计的满意度：

□很满意、□满意、□一般、□不满意　改进建议____________

您对本书印刷质量的满意度：

□很满意、□满意、□一般、□不满意　改进建议____________

您对本书的总体满意度：

从语言质量角度看：□很满意、□满意、□一般、□不满意

从科技含量角度看：□很满意、□满意、□一般、□不满意

本书最令您满意的是：

□指导明确 □内容充实 □讲解详尽 □实例丰富

您认为本书在哪些地方应进行修改？（可附页）

____

____

您希望本书在哪些方面需进行改进？（可附页）

____

____